"中国制造2025"知识产权保护理论研究系列丛书

宁 波 市 律 师 协 会
宁 波 市 科 技 信 息 研 究 院　组织编写
宁波市知识产权综合运用与保护第三方平台

知识产权保护理论与判例研究

主　编　吕甲木
副主编　董　莎　黄　妙　严宁荣　杜　晶

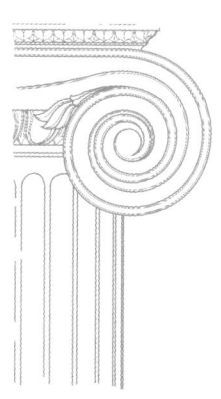

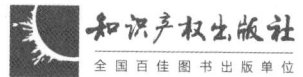

图书在版编目（CIP）数据

知识产权保护理论与判例研究/吕甲木主编. —北京：知识产权出版社，2017.5
ISBN 978-7-5130-5039-5

Ⅰ.①知… Ⅱ.①吕… Ⅲ.①知识产权保护—研究—中国 Ⅳ.①D923.404

中国版本图书馆 CIP 数据核字（2017）第 182770 号

内容提要

本书以"一带一路"和"中国制造2025"建设过程中出现的典型知识产权案例为蓝本，对涉外定牌加工和跨境电子贸易中的商标侵权，商标"撤三"，OEM/ODM 生产中的专利侵权，专利侵权中的技术特征比对、等同判定、禁止反悔、现有技术抗辩、先用权抗辩，以及关键词竞价排名不正当竞争等知识产权司法实践中出现的争议问题，根据现行法律结合相关理论进行深入研究分析，提出一种既有法理法律依据又具有实务可操作性的解决方案。

责任编辑：崔　玲　　　　　　责任校对：谷　洋
封面设计：刘　伟　　　　　　责任出版：刘译文

知识产权保护理论与判例研究

主　编　吕甲木
副主编　董　莎　黄　妙　严宁荣　杜　晶

出版发行：知识产权出版社有限责任公司	网　　址：http://www.ipph.cn
社　　址：北京市海淀区气象路 50 号院	邮　　编：100081
责编电话：010-82000860 转 8121	责编邮箱：cuiling@cnipr.com
发行电话：010-82000860 转 8101/8102	发行传真：010-82000893/82005070/82000270
印　　刷：北京科信印刷有限公司	经　　销：各大网上书店、新华书店及相关专业书店
开　　本：787mm×1092mm　1/16	印　　张：19.75
版　　次：2017 年 5 月第 1 版	印　　次：2017 年 5 月第 1 次印刷
字　　数：320 千字	定　　价：48.00 元
ISBN 978-7-5130-5039-5	

出版权专有　侵权必究
如有印装质量问题，本社负责调换。

"中国制造2025"知识产权保护理论研究系列丛书

编委会

总顾问：吕　强　　应向健

顾　问：罗仙兵　张炳生　朱代红　王明珍　涂建民
　　　　叶　明　杨根飞　黄爱琴　赵永清　涂立华
　　　　范　云　蔡祖红　涂　敏　范红枫　涂沂修
　　　　胡力明　刘慧杰　涂自力　钱荣麓　张爱军

编　委：吕甲木　董　莎　黄　妙　严宁荣　杜　晶

Foreword 序 一

中国近代以来，宁波一直是在对外开放方面走在前列的城市。晚清时期，宁波是最早对外开放口岸的城市之一。改革开放后，宁波又是最早对外开放的城市之一。与此相应，宁波人也就具有了似乎是天然的拥抱外部世界的精神，一方面引进外来因素，另一方面又将外来因素与本土因素结合起来，创造出不同凡响的成就。

知识产权是一个舶来品。对于这样一个外来因素，宁波人不仅加以拥抱，而且将其转化为自身的发展力量。近年来，宁波在注册商标申请和专利申请方面，一直走在同类城市的前列。根据《2016年宁波市知识产权发展与保护状况》（白皮书），宁波市2016年的商标注册申请量是35 295件，核准注册21 401件；三种（发明、实用新型和外观设计）专利申请量是68 244件，授权量是40 792件；其中最具技术含量的发明专利申请量和授权量分别是19 328件和5 669件。除此之外，宁波的文化创意产业也非常发达。戏剧、动漫、计算机软件，再加上以"天一阁"为代表的传统文化，都反映了宁波人恪守传统但又热情拥抱现代的精神。

显然，专利申请量和商标注册申请量，不仅仅是一个数字的概念，而是反映了创新和企业经营的理念。宁波的企业主要是中小企业，民营企业遍布城市和乡镇的各个角落。正如世界各国的经验所展示的那样，中小企业始终是创新的主力军。中小企业为了谋得生存和发展，必须依赖技术创新和管理创新，必须依赖自己的品牌而在市场上占有一席之地。正是由此出发，宁波的中小企业以极大的热情投入技术创新和企业经营管理的创新，投入了商标和商号所承载的商誉的积累。由此可见，宁波已经形成崇尚创新和创意、崇尚品牌建设的精神。

关于知识产权的创造、运用、保护和管理，企业仅仅是其中的一个要素。除此之外，知识产权的服务业、相关的政府部门、法官和律师，以及专家学者，都在其中发挥着重要作用。正如在国内外的很多地方一样，宁波的发明人、商业标识所有人、著作权所有人和商业秘密所有人，与宁波的专利商标代理人、知识产权官员、知识产权法官、知识产权律师和知识产权专家学者，一道构成了一个"知识产权共同体"，一同谱写了以技术创新、文化创意和品牌建设推动宁波经济社会发展的辉煌诗篇。

宁波的知识产权事业具有很强的吸引力。我第一次来宁波是2004年，参加一个文化创意产业方面的培训班，为学员们讲解版权保护与文化创意产业的关系。授课之余，我还参观了自中学时代就心向往之的天一阁以及周边的文化市场。无论是讲课还是参观，都让我深深地感受到了宁波的文化创意产业自古至今的发展脉络。到了2010年以后，随着中国社会科学院与宁波市政府的学术合作项目的推进，我又与宁波理工学院的领导，共同主持了该项目中知识产权与地方经济发展的课题。更进一步，到了2012年宁波理工学院设立法律系，因为缺乏合适的人选，我又兼任了系主任，时间长达3年之久。在这个过程中，我以知识产权的专业背景，与宁波的产业界、学术界、政府部门、法院和律师，进行了多层次地和深入地互动。

应该说，在宁波的"知识产权共同体"中，律师是一个引人注目的群体。首先，宁波的知识产权律师是我国知识产权律师群体中的一个组成部分。他们与全国各地的同行们一道，共同感受着中国知识产权维权事业的脉动，以及由此而对于社会经济发展的推动作用。例如，本书的作者吕甲木律师、黄妙律师、张民元律师和胡维朗律师，都担任了中华全国律师协会知识产专业委员会的委员。这个委员会总共有102名委员。又如，吕甲木律师和张民元律师还担任了最高人民法院知识产权案例指导（北京）研究基地的专家咨询委员会的专家。就本书的内容而言，无论是有关专利法的先用权抗辩、现有技术抗辩、等同原则的探讨，还是关于反不正当竞争法中有关虚假宣传、商业诋毁的探讨，都反映了宁波知识产权律师群体对于相关法律规则的认知程度。在这些问题上，宁波的知识产权律师群体，与全国的知识产权律师群体，处于同一起跑线上。

其次，宁波的知识产权律师又是一个特殊的群体。他们站在民营企业密集的土地上，他们呼吸着港口城市的新鲜空气，不断发现和应对进出口贸易中的知识产权问题，进而在律师的舞台上提出自己的意见、建议和解决方案。就本书的内容而言，作者们着力探讨定牌加工贸易中对于他人商标的使用是否构成商标侵权的问题，着力探讨跨境电子商务中的商标使用和商标侵权问题，以及中小企业知识产权融资的问题。显然，在应对和探讨这些问题方面，宁波的律师群体具有得天独厚的优势。因为，宁波是世界上吞吐量最大的港口之一，宁波又是中小企业密集的区域，类似的前沿法律问题有可能最先出现在宁波的知识产权纠纷案件中。

我在很多场合都讲过，一个好的判决至少需要三个要素。一是有新的案件事实，二是有优秀的律师提出前沿的法律问题，三是有睿智的法官对于案件的事实和前沿的法律问题作出很好的回答。在我看来，本书作者们所讨论的很多案件，基本上都属于既具有新鲜案件事实、律师们又提出很好法律问题的案件。至于审理案件的法官们，也在当事人和律师们的帮助下，恰当地适用相关的规则，作出了值得肯定的判决。由此之故，其中的有些案件入选了"浙江法院十大知识产权保护案件"，甚至入选了"全国法院五十大知识产权案件"。

知识产权制度和规则的发展，与技术创新和商业模式的变迁密切相关。站在古老的天一阁上，眺望那繁忙的港口和民营企业密布的城市与乡镇，我们能够感受到处处涌动的文化创新、技术创新和商业模式创新的力量。我希望，宁波的律师群体，宁波的法官、政府官员和企业家们，在推动创新和经济发展的过程中，在应对各种知识产权纠纷的过程中，能够百尺竿头更进一步，立足宁波而引领知识产权保护的潮流。

中国社会科学院知识产权中心　李明德

Foreword 序 二

知识产权事业：制度·实践·研究

人类社会的历史，是创造并实践知识的历史。

无论是金字塔耸立的北非，还是雨林葱郁的南美，从远古的两河流域到中国黄河、长江以及古代印度，凡是有人类足迹的地方，便创造并留下了璀璨夺目的知识成果。人类在改造世界的过程中，不断发展和完善自身，创造文明，其中，制度建构无疑是人类文明史中最重要的成果。

众所周知，作为一种制度文明成果的知识产权，相比于人类创造的其他制度，其历史是短暂的。如以威尼斯共和国的《专利法》（1474年）诞生作为标志，知识产权制度的历史近550年；如以学界较为公认的英国《垄断法规》（1623年）作为近代知识产权制度的滥觞，则不足400年光景，然而人类制订的第一部成文法典《乌尔纳姆法典》，则可以追溯到4 000多年之前，❶即其他法律制度早就先于知识产权制度而存在了。

按照马克思主义经典理论，法律制度属于上层建筑，"人们在自己生活的社会生产中发生一定的、必然的、不以他们的意志为转移的关系，即同他们的物质生产力的一定发展阶段相适合的生产关系。这些生产关系的总和构成社会的经济结构，即有法律的和政治的上层建筑竖立其上并有一定的社会

---

❶ 《乌尔纳姆法典》是古代西亚乌尔第三王朝（约公元前2113—前2008年）创始者乌尔纳姆颁布的，原件由30—35块泥板组成，其中大多数都未能保存下来。《乌尔纳姆法典》包括序言和正文29条两大部分，没有结语，主要涉及政治、宗教和法律等方面。现已发现的最早抄本大约是巴比伦时代的。从破损较严重的法典残片看，法典的主要内容是对奴隶制度、婚姻、家庭、继承、刑罚等方面的规定。

意识形式与之相适应的现实基础"。❶ 因为如此，法律制度的存在样态，受制于特定时期各国的生产方式、经济发展、历史文化和地理环境，即法律制度是国别化的存在，而意识形态的差异，更使法律大同的理想很难实现。

然而，知识产权制度以另一种面貌呈现。

世界知识产权组织（WIPO）作为国际知识产权事务的大管家，掌管着26个与知识产权有关的国际条约（公约、协定或议定书），除此之外，还有WTO的《与贸易有关的知识产权协议》（TRIPS）、UPOV的《国际植物新品种保护公约》、UNESCO《世界版权公约》《保护非物质文化遗产公约》《保护和促进文化表现形式多样性公约》和UNEP《生物多样性公约》。同时，还有大量地区间、国家（地区）间通过双边或多边谈判达成的知识产权保护协议或条约。

众多的知识产权国际条约，体现了人类尊重知识文明成果的基本理念，是对知识产权在世界经济发展与社会进步中作为"第一生产力"的基本认可，是对知识产权创造与应用予以保护的基本规则。各国以此为基础甚至为标准制订的国内知识产权法，尽管仍然存在理念的不同、标准的不一和水平的高下，以及国家利益之下的规则之争，但是，无论是国内法还是国际条约，其体现的超越国家与民族的共同理性与价值目标，发挥着"打造人类命运共同体"的功能，是其他法律制度所远不及的。从一定意义上说，知识产权事业的发展，不仅促进了私的财产权利保护与正当竞争秩序的维护，同时还承载着促进法律全球化的重大使命并且已经取得了巨大成就。

但是，"知识"成为"产权"并不天然具有正当性。

托玛斯·杰斐逊1818年在写给麦克弗森的信中曾说："假如大自然让某样东西比其他所有东西都更加不易成为财产，那就是被称作观念的思维活动，一个人只要将某个观念仅仅保留给自己，就能独占它；但这个观念一旦公开，

---

❶ 马克思.《政治经济学批判》序言［EB/OL］.［2017-07-03］. http://marxists.anu.edu.au/chinese/marx/06.htm.

就让它为每个人所占有，获得这个观念的人无法把它撑走。观念的特质也在于，不因为其他每个人拥有它的全部，一个人就对它少拥有一分。谁从我那里接受一个观念，谁就获得教益而无损我所受教益；就好比谁用我的灯芯点燃他的灯芯，获得光亮而无须黯淡我的光亮。全世界各种观念都应该从一人向另一人自由传播，让诸君端正品行，互师所长，改善处境，它仿佛是大自然特别充满爱心设计似的，大自然令它们像火一样无穷无尽，燃遍每处地方，而任何一处都不衰竭，又好比我们在其中呼吸、活动和生存的空气一样，不受禁锢或只由一人独享。那么，从本质上说，发明不能成为一项财产。"

确实，在知识被共有共享了几千年之后的某一天，突然被宣告它应当是被某人专有专用的"产权"，并且被告知这是因为"劳动"或者"自由意志"抑或"社会公意"，理论家的学说自然具有思辨的理性与逻辑的圆通，但无论如何，知识产权学说仅仅限于理论的说明是不够的，尤其证之于人类知识创造与使用的历史，这种说明往往显得捉襟见肘。

知识"产权"化的原因在于需要，是工业化生产实践的需要催生了知识产权制度，是资本扩张的需要发展了知识产权制度，是"知识"强者的利益需要强化了知识产权制度。为在竞争中取胜，个体资本必然要不断革新技术并控制技术。不断革新技术就要求不断获取创造性劳动；控制技术就必须通过法律手段将"知识"权利化。知识产权制度是个体资本不断扩大经济利益在竞争中取胜的根本前提，满足了资本获取扩大利润的物质需要。科学技术掌握在谁手中就可以变成社会财富是生产力的发展，立即形成为人们的一种新领域生产关系的反映。因此，知识产权制度是资本生产方式的必然要求，符合资本生产力的发展方向，在特定的历史条件下和生产力关系中，知识产权制度的产生、发展具有"物质"的正当性和进步意义。❶

中外研究的结果表明知识产权实践的正向效果。2016 年 9 月，美国商务部经济和统计管理局（ESA）、美国专利商标局（USPTO）联合发布了《知

---

❶ 王莹. 求索 [J]. 2006 (5).

识产权与美国经济：2016更新版》研究报告显示：与2010年相比，2014年知识产权密集型产业创造的产值和占GDP的比重均有大幅度的提升。2014年，知识产权密集型产业创造产值为6.6万亿美元，比较2010年的5.06万亿美元，增长1.5万亿美元，增幅为29.4%。知识产权密集型产业占国内生产总值（GDP）的比重，也从2010年的34.8%上升到2014年的38.2%。其中，商标密集型产业创造产值从2010年的4.5万亿美元增长到6.1万亿美元，占GDP比重从2010年的30.8%上升为34.9%；专利密集型产业创造产值从2010年的7 630亿美元增长到8 810亿美元，但占GDP比重从2010年的5.4%下降为5.1%；版权密集型产业占GDP比重从2010年的4.4%上升到5.5%。❶

对应的中国研究中，得出结论是一致的。知识产权密集型产业对中国的经济贡献。2008—2010年中国知识产权密集型产业对GDP的贡献值为190 786.94亿元、203 680.60亿元和254 597.11亿元，对GDP的贡献率分别为26.87%、26.33%和26.67%。2008—2010年中国知识产权密集型产业为全国城镇人口就业提供岗位分别为3 551.79万人，3 549.75万人和4 077.30万人，对就业的贡献率分别为26.19%、26.15%和27.03%。2010年中国知识产权密集型产业对GDP的贡献率为26.87%，2010年中国知识产权密集型产业对城镇就业人数的就业贡献率为27.03%。❷

实证的数据可以说明知识产权对于经济发展的重要意义，但知识产权对于人类与世界深远影响远非数据所体现的成果，在它产生的400多年中，带给世界的"是一个日益国际化、全球化的规范系统、理论系统、知识系统和文化系统，同时也是现代人类的基本生活方式、行为方式、思维方式和发展方式"。❸

---

❶ 漆苏. 知识产权密集型产业对美国经济的贡献 [EB/OL]. [2017-06-27]. http://www.sipo.gov.cn/zlssbgs/zlyj/201704/t20170405_ 1309242.html.
❷ 姜南，单晓光，漆苏. 知识产权密集型产业对中国经济的贡献研究 [J]. 科学学研究，2014 (8).
❸ 刘春田. 知识产权制度与中国的现代性 [N]. 光明日报，2012-06-06 (9).

著名学者沈四宝教授说"法律的真谛是实践"。知识产权制度因实践而产生，在实践中发展，而且只能在实践中证明其产生与发展的正当性。

实践之外无知识产权。

知识产权研究无疑是伴随知识产权制度的发展及其实践而不断深入的。近代知识产权制度起源于西方，解释与证成知识产权的研究曾经专属于西方话语，无论是理论学说还是规则标准，对于中国而言，在相当程度上亦属于"舶来品"。然而中国研究者在贫瘠的土地上开始耕耘，由初始的知识介绍、法律翻译逐步发展到理论阐释和学说建构，刘春田老师说中国知识产权研究走过了"从理论贫瘠背景下的制度诠释"，再"从制度诠释到理论建设"，直至开启"寻找自己"的阶段，❶ 反映了"'实践—经验—理论'是理论产生和发展的客观过程"。❷

从知识产权的知识普及到观念接受，从法律移植到制度建立，从观点阐释到理论构建，直到形成较为完善的知识产权学术体系、学科体系和人才培养体系，以及人数颇为壮观的知识产权研究、管理和服务的人才队伍，是中国知识产权事业产生发展的过程，也是中国知识产权事业成长繁荣的标志。知识产权事业就是由知识产权制度、知识产权实践和知识产权研究三部分组成的。

知识产权执业律师队伍的形成无疑是中国知识产权事业发展的最大成果之一，他们不仅是知识产权制度的亲身实践者，还是知识产权的忠实信仰者和知识产权法律的坚定捍卫者，甚至他们还是中国知识产权研究队伍中不可小觑和或阙的专家与学者。他们对中国知识产权研究的贡献成果既体现为专著与论文，也呈现在国内外有关知识产权的研讨会和论坛。身体力行的知识产权实践，使他们更加清楚既存的知识产权制度与理论的不足；法庭内外的论辩交锋，使他们更懂得真正亟待研究的知识产权真问题并使他们更易获得

---

❶ 刘春田. 新中国知识产权法学学科的开拓者［J］. 法学家，2010（4）.
❷ 刘春田. 知识产权制度与中国的现代性［N］. 光明日报，2012-06-06（9）.

研究的灵感和观点的启迪；而对知识产权事业的热忱与忠诚，更是驱策他们在这个领域思考不止、笔耕不辍的不竭动力。

"书藏古今，港通天下"的宁波，融深厚的文化底蕴和开阔的国际视野于一体。近代以降，当曾经辉煌的"晋商""徽商"逐步淡出历史舞台后，"甬商"脱颖而出，实现了集团性的近代化转型，成为近代最大、最有代表性的商帮。宁波商人下南洋、走世界，积累巨大的财富，形成颇具特色的甬商文化："重商不轻义，近民不疏官；积财守于正，厚德书传家。"这种传统或商文化特质体现在改革开放后的"甬商"身上，相当程度上是通过宁波企业和企业家对知识产权、知识产权制度的理解、尊重和实践得以表达的，这是宁波知识产权事业得以良好发展的商文化基础，亦因此，为宁波律师在知识产权事业上有所作为、有所建树提供了良好的平台，相应地，良好的知识产权法律服务也成为宁波知识产权事业发展的必要条件。

宁波律师界活跃着一批专门或者主要从事知识产权法律服务的律师，他们的活动与业绩在业界颇受注目，更受到企业界和企业家的高度认可。他们不只是在法庭上激辩论战，在大学讲台和学术论坛中高谈阔论，法律业务之外的学术研思也成为他们的事业与乐趣。吕甲木的深思，张民元的精研，黄妙的妙谈，胡维朗的厚述，杜晶的高论，严宁荣的真议，以及众多其他知识产权律师们多年的智慧与研究成果汇集于《知识产权保护理论与判例研究》一书，展现出宁波知识产权律师们对中国知识产权事业的关注与热爱，呈献于读者，供欣赏，共讨论，使读者受益，使业界获益，甚至能够获得国内外知识产权界的关注与批评，相信一定是本书作者们的共同愿望，同样也是我的愿望。

是为序。

宁波大学法学院　张炳生

目 录

第一编 商标权保护理论与判例研究

第一章 论商标权保护的界限
——以涉外定牌加工商标侵权问题为视角 ·············· 003

第二章 再论"涉外定牌加工"行为的构成要件 ·············· 059

第三章 涉外定牌加工中商标侵权认定的争议与分析
——以上海、浙江法院生效判决为例 ·············· 071

第四章 论跨境贸易电子商务平台进境商品商标侵权问题
——从跨境贸易电子商务平台的角度 ·············· 083

第五章 商标撤三行政纠纷案件中的商标使用证明标准 ·············· 102

第六章 供犯罪所用的本人财物的处理方式探析
——从陈某华、刘某燕假冒注册商标罪案谈起 ·············· 110

第二编 专利权保护理论与判例研究

第七章 论贴牌生产中专利侵权责任主体的认定 ·············· 119

第八章 论先用权必要准备工作的认定 ·············· 144

第九章 判定专利侵权应遵循技术特征——对应原则 ·············· 155

第十章 专利侵权诉讼中技术比对实务指引
——以"前置过滤器"专利侵权纠纷案为例 ·············· 162

第十一章 论专利侵权中的现有技术抗辩原则兼使用公开之认定
——以夏某诉成亚公司专利侵权案为视角 ·············· 171

第十二章　论等同规则在专利侵权判定中的应用
　　　　　——以莹冀公司诉精灵厂专利侵权案为视角 …………… 183
第十三章　相同侵权判定可适用禁止反悔原则 ………………………… 195
第十四章　权利人申请相似专利对于侵权判定的影响
　　　　　——金丰公司诉梅西公司侵害外观设计专利权纠纷案评析 ……… 203
第十五章　外观设计专利侵权取证问题浅谈 ……………………………… 208

第三编　互联网领域反不正当竞争问题研究

第十六章　畅想公司与中源公司、中晟公司商业诋毁、虚假宣传、
　　　　　关键词竞价排名案 ………………………………………… 217
第十七章　互联网领域商业诋毁的认定 ………………………………… 229
第十八章　互联网领域虚假宣传的认定 ………………………………… 232
第十九章　使用竞争对手的商业标识作为搜索推广关键词行为的定性 ……… 236

第四编　知识产权保护对策研究

第二十章　金融商业方法专利设置与保护问题研究 …………………… 259
第二十一章　知识产权质押融资的风险及防范 ………………………… 269
第二十二章　中小企业知识产权保护问题及对策建议 ………………… 276

第五编　知识产权损害赔偿制度研究

第二十三章　论比例原则下的知识产权法定赔偿制度 ………………… 283

后　　记 …………………………………………………………………… 297

第一编

商标权保护理论与判例研究

第一章 论商标权保护的界限

——以涉外定牌加工商标侵权问题为视角

吕甲木[*]

摘　要：定牌加工作为一种贸易形式，其法律性质为加工承揽。商标权的保护应该遵循的诚实信用原则、利益平衡原则、地域性原则和混淆性原则。对于在相同商品或服务上使用相同商标的行为，以立法推定的形式且不可反驳的推定为构成混淆；对于类似商品或服务以及近似商标的判断则采主观混淆理论，对是否造成混淆予以个案判断。商标侵权的归责原则为过错责任中的实体法上不可反驳的严格化的过错推定原则而非无过错责任原则。商标法意义上的商标使用行为在商标的授权确权环节与侵权环节的判断标准应有所区别，作为商标侵权构成要件的商标法意义上的商标使用行为应是混淆性的商标使用行为。基于全球化和互联网电子商务的发展，商标使用的混淆性以境内相关公众是否具有接触可能性为标准。对我国涉外定牌加工的现状与我国鼓励以自主品牌参与国际竞争的知识产权国家战略进行利益平衡，司法政策可以结合诚实信用原

---

[*] 吕甲木，浙江海泰律师事务所合伙人、知识产权部主任，兼任最高人民法院知识产权案例指导研究（北京）基地专家咨询委员会专家、宁波市律师协会知识产权委员会主任、宁波市法学会知识产权法学研究会副会长、中华全国律师协会知识产权专业委员会委员、宁波市知识产权纠纷人民调解委员会调解员。曾获"浙江省知识产权宣讲活动先进个人""宁波市十佳律师"等荣誉。承办的案件多次入选全国法院50大知识产权典型案例，以及浙江法院、宁波法院十大知识产权保护案件。撰写的论文曾分别被评为2011年、2013年、2015年、2016年全国知识产权律师年会十佳论文。本文原稿在中华全国律师协会、中国审判理论研究会、中国知识产权研究会主办的"2011中国知识产权实务论坛"上被评为"十佳论文"。十佳论文中作者为律师的只有6篇，其余4篇为具有博士学位的法官所撰写。

则，以及是否属于混淆性的商标使用行为，合理界定涉外定牌加工中商标权保护的界限，境外是否有合法商标权以及加工人是否尽到合理审查义务不是我国商标侵权行为的构成要件，司法实践可以认定以下情形不构成侵权：在境内在先使用未注册商标的；若境内注册商标权人知道或者应当知道在其注册前境外已经有注册商标权人的；在类似商品或相同商品上使用与非驰名商标近似的商标的；若境内的注册商标连续3年不使用的。对境内的注册商标未投入实际使用或准备使用但没有达到连续3年使用的，可不予赔偿损失。对构成商标侵权但未造成实际损失或实质性损害的，仅赔偿维权费用。

关键词： 定牌加工　商标侵权　地域性　混淆性　商标使用　过错推定

定牌加工，又称贴牌加工、贴牌生产、代工生产，是指加工承揽人根据约定，为定作人加工生产使用特定商标的产品，并将该产品交付给定作人，根据约定向定作人收取加工费的贸易方式。狭义上的定牌加工是指 OEM 加工方式，广义上的定牌加工还包括近来兴起的 ODM、OBM、反向 OEM、反向定牌加工等贸易方式。❶ 当今的中国已经跃居世界第二经济强国，在成为世界最大加工厂的时候，也将成为世界大市场，跨国企业纷纷进军中国。改革开放以来，我国的广东、福建、浙江等地的民营企业凭借来料加工、来样加工、来件装配和补偿贸易的"三来一补"贸易方式为国外企业定牌加工取得了经济的长足发展，为我国的出口作出了巨大的贡献。按照不同的标准，定牌加工可以分为以下几种类型：（1）按照委托人和加工人的国别，分为国内企业之间的定牌加工和涉外企业之间的定牌加工。

---

❶ OEM 是英文 Original Equipment Manufacture 的缩写，直译是"原始设备制造者"，也称"原产地委托加工"，在我国习惯上称为"贴牌"，是指企业通过接受合同委托的方式，按照委托人的要求为其生产产品并直接标注委托人的商标，所生产的产品全部由委托人包销的生产方式。ODM 是英语 Original Design Manufacturer 的缩写，直译是"原始设计制造商"。ODM 是指某制造商设计出某产品后，在某些情况下可能会被另外一些企业看中，要求配上后者的品牌名称来进行生产，或者稍微修改一下设计来生产。承接设计制造业务的制造商被称为 ODM 厂商，其生产出来的产品就是 ODM 产品。OBM 是 Original Brand Manufacturer 的缩写，直译是"原始品牌生产商"，指的是生产商自行创立产品品牌，生产、销售拥有自主品牌的产品，标上定人的商标，但也可以标注加工人的商标。反向 OEM，境内生产厂家收购境外采购商，贴境外采购商的商标进行加工生产。反向定牌加工，是指境内企业在境外注册企业或注册商标，再委托境内企业加工生产，贴境外商标。

(2) 按照委托人对加工人的授权范围，分为单纯加工型定牌加工和加工、销售复合型定牌加工。(3) 按照委托人（商标权人）与加工人之间的环节层次，分为直接定牌加工和间接定牌加工，如甲公司直接委托乙公司加工某种产品，为直接定牌加工关系；如甲公司委托乙公司，乙公司再委托丙公司代为加工产品，为间接定牌加工关系。此外，还可以按照委托加工产品使用的商标是注册商标还是未注册商标，是在国外注册的商标还是在中国注册的商标的标准进行分类。❶ 定牌加工作为我国一种重要的贸易形式，由此也产生了很多商标侵权纠纷。我国商标法规定，未经商标注册人的许可，在同一种商品上使用与注册商标相同的商标，或者在相同或类似的商品上使用与注册商标近似的商标，容易导致混淆的，均属于侵犯注册商标专用权的行为。理论界和实务界对于涉外定牌加工是否构成商标侵权争论了十多年，发表了大量的论文，但一直没有共识，期盼最高人民法院出台司法解释或者修改商标法。但是最高人民法院不愿表态，原最高人民法院知识产权庭庭长孔祥俊曾表示："最高人民法院的司法决策从来都是高度审慎的，非常重视决策当时是否已对特定问题达成共识。在尚未形成共识的情况下，最高人民法院迄今尚未对该问题作出明确的表态，但已经表示关注，在《关于当前经济形势下知识产权审判服务大局若干问题的意见》中指出'认真研究加工贸易中的知识产权保护问题，抓紧总结涉及加工贸易的知识产权案件的审判经验，解决其中存在的突出问题，完善司法保护政策，促进加工贸易的转型升级。妥善处理当前外贸贴牌加工中多发的商标侵权纠纷，对于构成商标侵权的情形，应当结合加工人是否尽到必要的审查注意义务，合理确定侵权责任的承担'。因此，对此类行为的定性和处理，仍需要进一步研究探索。"❷ 最高人民法院知识产权庭宋晓明庭长认为："要加强我国经济发展阶段性所形成的特殊知识产权问题的研究和解决。例如定牌加工问题，该问题具有阶段性。随着我国从全球经济贸易价值链的低端向高端跃迁，这一现象和问题将最终得到缓解。在这个过程中，司法要考虑我国经济发展的阶段性、定牌加工的法律属性、社会共识等因素，稳妥地加以解决，不能

---

❶ 阎卫国. 定牌加工中的商标侵权 [J]. 中华商标，2002（7）：15.
❷ 孔祥俊. 商标的标识性与商标权保护的关系——兼及最高人民法院有关司法政策和判例的实证分析 [J]. 人民司法·应用，2009（15）：46.

超越现实和急躁冒进。"❶ 以下就已经争论了十几年的涉外定牌加工中的商标侵权问题,以传统民法的诚实信用原则、利益平衡原则和商标法的地域性原则、混淆性原则,结合市场的全球化予以论述。

一、定牌加工的法律性质

《合同法》第251条规定:"承揽合同是承揽人按照定作人的要求完成工作,交付工作成果,定作人给付报酬的合同。承揽包括加工、定作、修理、复制、测试、检验等工作。"在涉外定牌加工中,初期的"三来一补",加工产品的材料和商标标识均由境外定作人提供。我国建立起市场经济后,国内的采购资源逐渐丰富起来,加工产品的原材料一般也由境内的加工人自行采购,定作人仅提供商标标识的样稿,由承揽人在境内委托印刷商标标识,但承揽人均按照定作人指示的规格和要求进行加工生产。最近几年兴起的原始设计制造商(ODM)贸易方式中,产品的技术和设计均由境内承揽人拥有,甚至申请了专利,而境外定作人看中了这一产品后,仅要求境内承揽人贴上其商标用于出口,并且这一贸易方式逐渐成为货物出口的主流,实质上就是具有加工性质的贴牌买卖合同,是一种复合型的合同形式。但由于商标是区别商品来源的标识,使标注了该商标的商品予以特定化,体现了接收商品一方的特殊要求,符合承揽合同的特征。

1. 定牌加工的法律特征

定牌加工作为承揽合同下的贸易形式,首先,必须符合承揽合同的法律特征,按照定作人的要求加工生产产品,并将产品交付给定作人;其次,产品上标注的商标必须由定作人拥有所有权或者使用权,包括再许可使用的权利;再次,加工生产的产品必须交付定作人或者定作人指示的收货人;最后,定牌加工产品的标注应符合国际公约、国际贸易惯例以及销售地法律的规定。

2. 定牌加工与商标许可的关系

(1)主体间的相互关系不同。在商标使用许可关系中,被许可人和许可人之

---

❶ 宋晓明. 新形势下我国的知识产权司法政策 [N]. 人民法院报, 2015-04-23 (5).

间是商标权利借用关系，许可人出借给被许可人部分商标使用权。在贴牌生产中定作人和加工人是一种委托和被委托加工产品的关系。

（2）商标权的处分方式不同。在商标使用许可关系中，商标权人许可被许可人使用的是权利人的部分商标使用权，被许可人可以在自己制造或销售的商品上使用该商标，对商品及其附着的商标权可一并处分。而在贴牌生产关系中，加工人既可以接受定作人提供的原料加工产品，也可以根据其要求自行购置产品原料生产产品。当自行购置原料时，该原料的物权属于加工人，但原料上贴附的商标权不属于加工人，加工人无权处分该商标权。不论是加工还是定作，在产品所有权转移给定作人之前，物权所有人与商标权所有人是相分离的，加工人无权处分商品上的商标权。

（3）商标使用许可关系不同。商标作为一项知识产权，有时间和地域的限制，商标使用许可合同必须约定被许可人行使商标权的时间和地域范围，被许可人对许可使用商标的产品，自主销售，自负盈亏，独立承担产品质量责任。贴牌加工人按约完成产品的加工或生产，就是履行了合同义务，贴牌生产合同不涉及商标许可，未经定作人同意，加工人擅自销售贴牌产品的，构成违约与商标侵权。[1]

3. 定牌加工与平行进口的区别

平行进口与定牌加工是我国商标法领域的两大主要研究课题，已经有大量的研究性文章发表，但立法机关和最高人民法院均未表态。平行进口是指某一特定商品的商标已为进口国法律所保护，且该商标权人自己或者授权他人在进口国制造、销售其商标商品的情况下，进口商未经该商标权人的授权，擅自从境外进口经合法授权生产的标注有同一商标商品的行为。平行进口，又称"灰色市场"或"灰色市场商品"（gray market goods），因为是货真价实的"正品"（genuine goods），不同于一般的仿冒产品或黑市产品的进口的"水货"。而涉外定牌加工是指境内加工人按照境外定作人的要求在其加工的产品上标注定作人商标的行为。两者之间的主要区别在于以下几点。

（1）形成的原因不同：平行进口产生的主要原因是由于不同国家或地区科技

---

[1] 浙江省高级人民法院课题组. 贴牌生产中商标侵权问题研究 [J]. 法律适用，2008（4）：65.

发展水平和劳动力成本、生产原料成本的差别，使得同样商品生产成本不同，致使相同商标的商品在不同国家或地区出现较大的价格差异。定牌加工出现的原因则是由于委托人产品有市场和销售渠道，而生产能力有限，为了增加产量销量，或为了降低新上生产线的风险，或为了赢得市场时间，通过合同订购方式委托其他同类产品厂家生产，而加工人可以以其成熟的技术和工艺，按标准规格、标准工艺为委托人加工产品。

（2）表现形式不同：商标平行进口一般表现为以下几种形式：①A国商标权人将其在B国的商标权转让给B国的制造商或销售商，第三者从B国或从其他渠道将有关的商标产品进口到A国。②A国的商标权人授权B国代理商在B国独家制造销售，第三者从A国或从其他渠道将有关商标的产品进口到B国。③商标权人分别在A、B两国获得了同一商标注册，取得商标权，并且制造销售产品。第三者从其中一国将该商标产品输入到另一国。而定牌加工表现形式则因委托人和加工人的所在国别、合作程度和委托环节不同而不同。

（3）相互关系不同：在商标平行进口中，商标权人和平行进口商的关系是一种竞争或冲突关系，而在定牌加工中，委托人和加工人的关系表现为协作或链条关系。❶

上述平行进口表现形式中的第3种形式，商标权人分别在A、B两国获得了同一商标注册，取得商标权，并且制造销售产品，第三者从其中一国将该商标产品输入到另一国的形式。这中间的商标权人可以是同一主体，还可以是有关联的不同主体，还可以是毫无关联的不同主体。如果不同主体分别在出口国和进口国注册了同一商标，这与涉外定牌加工中境内外商标权冲突的情形相似，只是产品的流转方向不同，平行进口是将标注境外商标的产品输入到境内，涉外定牌加工是将标注境外商标的产品从境内输出到境外。

---

❶ 闫卫国. 定牌加工中的商标侵权 [J]. 中华商标，2002（7）：15.

二、涉外定牌加工商标侵权问题的代表性观点

（一）认为涉外定牌加工构成商标侵权的代表性判例和观点

1. 原告美国耐克国际有限公司诉被告西班牙赛得体育（CIDESPORT）公司、浙江省嘉兴市银兴制衣厂、浙江省畜产进出口公司商标权侵权纠纷案

深圳市中级人民法院认为：西班牙赛得体育公司在西班牙对"NIKE"商标拥有合法的专有使用权，但是商标权作为知识产权，具有地域的特性，在中国法院拥有司法权的范围内，原告取得"NIKE"商标的专有使用权，被告在未经原告许可的情况下，就不得以任何方式侵害原告的注册商标专用权；三被告在该案的侵权行为中主观上有意思联络，行为上有明确分工，构成共同侵权。遂判决三被告停止侵权，西班牙赛得体育公司赔偿原告经济损失20万元，另两被告分别赔偿原告10万元和6万元，并由西班牙赛得体育公司承担连带赔偿责任。❶ 该案的判决

---

❶ 参见：深圳市中级人民法院（2001）深中法知产初字第55号民事判决书。原告美国耐克国际有限公司诉称，原告是第146658号NIKE注册商标的专用权人。第146658号注册商标的核定商品使用范围是运动衣。2000年8月原告发现，西班牙赛得体育公司授权浙江省嘉兴市银兴制衣厂生产标有NIKE商标的男滑雪夹克。该批服装生产出来后。浙江省嘉兴市银兴制衣厂又委托浙江省畜产进出口公司代理出口并在深圳海关报关。原告认为被告的行为侵犯了原告的注册商标专用权，向深圳市中级人民法院提起诉讼。被告西班牙赛得体育公司认为：（1）在西班牙，原告没有NIKE商标的注册商标专用权，NIKE商标权由FLORA BERTRAND MATA享有，被告得到西班牙商标权人的许可。而该案的服装消费者在西班牙，西班牙人不会对由FLORA BERTRAND MATA享有商标权并许可答辩人使用的NIKE与原告在中国享有商标权的NIKE产生误认。（2）答辩人也不存在中国《商标法》第52条所规定的使用行为。商标只有投入市场才能视为使用，该案商品的消费市场是西班牙，在中国没有使用。（3）因为该案商品不在中国市场销售，因此答辩人的行为没有给原告造成损害，按照侵权行为构成的要件看，答辩人的行为也不构成侵权。被告浙江省嘉兴市银兴制衣厂辩称，答辩人通过浙江省畜产进出口公司代理采用进料加工的方式，定牌加工生产了梭织男滑雪夹克4 194件。答辩人的上述行为有商标人的授权，商标标识由商标权人提供。服装加工完成后全部销往西班牙。而在西班牙原告不是商标权人。答辩人在该案中主观上没有侵权故意，客观上因为服装被海关查扣，答辩人的行为也没有给原告造成损害。相反，由于海关查扣了服装，而本批服装采用信用证付款，无法交单结汇，因此答辩人至今没有得到任何加工费的付款。答辩人认为，答辩人加工该案服装系因为外方授权引起，如果涉及侵权，答辩人也应当免责。所以请求法院驳回原告对答辩人的诉讼请求。深圳市中级人民法院认为，西班牙赛得体育公司在西班牙对NIKE商标拥有合法的专有使用权，但是商标权作为知识产权，具有地域的特性，在中国法院拥有司法权的范围内，原告取得NIKE商标的专有使用权，被告在未经原告许可的情况下，

可谓一石激起千层浪,引起了社会的强烈关注。❶

2. 佛山市泓信贸易有限公司不服广州海关行政处罚案

2004年12月20日,佛山市泓信贸易有限公司(以下简称"泓信公司")报关时,广州海关发现该批货物标注的"HENKEL"商标,与深圳市恩同实业有限公司已经在同类产品注册备案、受海关保护的注册商标相似,广州海关认定泓信公司的货品侵权,并于2005年3月30日对该批货物作没收并处罚款2万元的行政处罚。泓信公司不服广州海关的处罚,向广州市中级人民法院提起了行政诉讼。一审广州市中级人民法院判决驳回泓信公司的诉讼请求。泓信公司不服,继续上诉。2006年4月27日,广东省高级人民法院作出二审判决,维持一审判决。❷

(接上注)

就不得以任何方式侵害原告的注册商标专用权;三被告在该案的侵权行为中主观上有意思联络,行为上有明确分工,构成共同侵权。遂判决三被告停止侵权,西班牙赛得体育公司赔偿原告经济损失20万元,另两被告分别赔偿原告10万元和6万元,并由西班牙赛得体育公司承担连带赔偿责任。

❶ 林广海,郑颖. 涉外定牌加工中的商标权问题 [J]. 人民司法·应用,2007 (23):84.

❷ 参见:广州市中级人民法院(2005)穗中法行初字第10号行政判决书和广东省高级人民法院(2006)粤高法行终字第22号行政判决书。2004年10月22日,阿联酋客商史丹利贸易有限公司(以下简称"史丹利公司")委托佛山市泓信贸易有限公司(以下简称"泓信公司")生产加工机动车用卤钨灯近14.6万只。根据泓信公司的要求,史丹利公司出示了注册国为阿联酋、注册号码为45875号的知识产权持有证明,以及经阿联酋外交部官员签名盖章证实、并经中华人民共和国驻迪拜总领事馆认证的商标证两张,该商标证说明"HENKEL"商标的持有人为史丹利公司。史丹利公司同时还提供了多次委托国内其他企业加工生产同样产品的证明文件。泓信公司审查确认后,依约履行了生产加工合同。2004年12月20日,泓信公司报关时,广州海关发现该批货物标注的"HENKEL"商标,与深圳市恩同实业有限公司(以下简称"恩同公司")已经在同类产品注册备案、受海关保护的注册商标相似,广州海关认定泓信公司的货品侵权,并于2005年3月30日对该批货物作没收并处罚款2万元的行政处罚。泓信公司不服广州海关的处罚,向广州市中级人民法院提起了行政诉讼。泓信公司认为其作为定牌加工人,相当于委托人设的一个生产加工车间,按照国际惯例,这视同为中国的工人在外国生产,和中国市场毫无关系,其不存在任何过错,主观上没有任何侵权故意,其进行的贴牌生产不是《商标法》意义上的使用行为,况且所有贴牌产品均出口到阿联酋,不在中国市场销售,不会导致相关公众混淆,不侵权。广州海关在答辩状中辩称,商标专用权具有地域性,"HENKEL"商标即使已被史丹利公司在阿联酋合法注册,该公司因注册享有的法律权利也仅在阿联酋国内,并不延伸到中国。在中国,恩同公司是"HENKEL"商标的合法注册人,享有商标专用权,受到国内有关法律法规的保护。按照《知识产权海关保护条例》规定,在中国境内相同商品上使用"HENKEL"商标,应当获得恩同公司或其授权人的许可。在未取得恩同公司的许可下,泓信公司在货物本体和外包装上使用了"HENKEL"标识,侵犯了恩同公司的注册商标专用权。一审广州市中级人民法院判决驳回泓信公司诉讼请求。泓信公司不服,继续上诉。2006年4月27日,广东省高级人民法院作出二审判决,维持一审判决。

3. 宁波保税区瑞宝国际贸易有限公司诉慈溪市永胜轴承有限公司侵犯商标专用权纠纷案

宁波市中级人民法院认为商标地域性是商标权的基本特征之一,宁波保税区瑞宝国际贸易有限公司(以下简称"瑞宝公司")的"RBI"商标于1996年10月21日在我国核准注册以后,其注册商标专用权即在我国境内受到法律保护。慈溪市永胜轴承有限公司(以下简称"永胜公司")作为境内企业,在接受美国公司定牌加工业务时,虽已审查了美国公司在美国的商标注册情况,但因永胜公司的制造行为地和交货地均在我国境内,故仍应遵守我国商标法的相关规定,对瑞宝公司商标尽到合理的注意义务。现永胜公司未经瑞宝公司许可,在其加工的轴承产品和小包装上使用与瑞宝公司注册商标相同的"RBI"商标,构成对瑞宝公司注册商标专用权的侵害,依法应承担相应的民事责任。遂判决永胜公司立即停止对瑞宝公司注册商标专用权的侵害;赔偿瑞宝公司损失10万元。永胜公司不服,向浙江省高级人民法院提起上诉。浙江省高级人民法院认为,认定是否构成商标侵权,并非以造成混淆或误认为构成要件,而是以是否在相同或类似商品上使用了与注册商标相同或近似的商标;是否造成混淆或误认,仅是判断商标是否近似的要件,而非判断是否构成商标侵权的直接要件。二审判决驳回上诉,维持原判。❶

---

❶ 参见:宁波市中级人民法院(2005)甬民二初字第232号民事判决书和浙江省高级人民法院(2005)浙民三终字第284号民事判决书。2001年8月14日,宁波保税区瑞宝国际贸易有限公司(以下简称"瑞宝公司")通过转让方式取得了"RBI"注册商标的所有权。1999年3月28日,经国家工商行政管理总局商标局(以下简称"国家商标局")核准,该商标转让给宁波保税区联易公司。2005年6月15日,慈溪市永胜轴承有限公司(以下简称"永胜公司")与美国某公司和美国公司的国内代理商无锡公司签订了一份贴牌出口合同,委托永胜公司贴牌生产"RBI"品牌轴承并直接出口美国,并约定了轴承的型号、数量、单价等。在该合同实际履行期间,经瑞宝公司举报,被慈溪市工商行政管理局查扣(尚未作出行政处罚)。2005年6月17日,瑞宝公司认为永胜公司的行为构成对其注册商标专用权的侵犯,给其造成重大损失,遂向宁波市中级人民法院提起诉讼,请求判令永胜公司停止侵权、赔偿损失等。争议焦点在于:永胜公司的贴牌生产行为是否构成对瑞宝公司注册商标权的侵害。宁波市中级人民法院认为商标地域性是商标权的基本特征之一,瑞宝公司的"RBI"商标于1996年10月21日在我国核准注册以后,其注册商标专用权即在我国境内受到法律保护。永胜公司作为境内企业,在接受美国公司定牌加工业务时,虽已审查了美国公司在美国的商标注册情况,但因永胜公司的制造行为地和交货地均在我国境内,故仍应遵守我国《商标法》的相关规定,对瑞宝公司商标尽到合理的注意义务。现永胜公司未经瑞宝公司许可,在其加工的轴承产品和小

4. 宁波工星电器有限公司诉宁波市工商行政管理局余姚分局行政诉讼案

余姚市人民法院认为工星公司未经青岛澳柯玛集团总公司的许可，擅自在自己生产的冰柜上使用与其"AOCMA"注册商标相近似的"AOCMU"商标，侵犯了澳柯玛集团的注册商标专用权。宁波市工商行政管理局余姚分局作出的具体行政行为证据充分，适用法律法规正确，符合法定程序，维持宁波市工商行政管理局余姚分局作出的行政处罚决定。❶

5. 认为涉外定牌加工构成商标侵权的代表性观点

赞成涉外定牌加工构成商标侵权的，基本上为实务界人士或曾经为实务界的人士。中国政法大学知识产权研究中心副主任王殊教授对于涉外定牌加工是否构成商标侵权未明确表态，但他认为将产生混淆和误认作为认定商标侵权行为的要件，应该是商标法的本意；商标专用权的范围非常广泛，不仅包括销售环节还包

（接上注）

包装上使用与瑞宝公司注册商标相同的"RBI"商标，构成对瑞宝公司注册商标专用权的侵害，依法应承担相应的民事责任。遂判决永胜公司立即停止对瑞宝公司注册商标专用权的侵害；赔偿瑞宝公司损失10万元。永胜公司不服，以原判决认定贴牌加工出口行为构成侵权，属适用法律错误，以及即使其行为构成商标侵权，但其并未给瑞宝公司造成任何损失而不应判令赔偿损失等为由，向浙江省高级人民法院提起上诉，请求撤销原判决，改判驳回瑞宝公司的诉讼请求。浙江省高级人民法院认为，认定是否构成商标侵权，并非以造成混淆或误认为构成要件，而是以是否在相同或类似商品上使用了与注册商标相同或近似的商标；是否造成混淆或误认，仅是判断商标是否近似的要件，而非判断是否构成商标侵权的直接要件。二审判决驳回上诉，维持原判。

❶ 参见：浙江省余姚市人民法院（2006）余行初字第10号行政判决书。2005年3月19日，宁波工星电器有限公司（以下简称"工星公司"）接受伊拉克客商的委托，委托加工标有"AOCMU"字样的冰柜外包装箱184只，委托加工标有"AOCMU"字样的标贴184只。尔后工星公司用上述包装纸箱和标贴生产冰柜184台，总经营额103 906元。"AOCMA"商标是第三人青岛澳柯玛集团总公司（以下简称"澳柯玛集团"）于2004年5月7日经国家商标局依法核准的注册商标。2005年11月21日，宁波市工商行政管理局余姚分局（以下简称"余姚市工商局"）作出行政处罚决定，认定工星公司未经商标注册人的许可，擅自在自己生产的冰柜上使用与"AOCMA"注册商标相近似的"AOCMU"字样，其行为属《商标法》第52条第（1）项规定所指的侵犯注册商标专用权的行为，根据2001年《商标法》第53条、2002年《商标法实施条例》第52条的规定，对工星公司作出下列处罚：责令立即停止侵权行为；没收、销毁外包装上标有"AOCMU"字样的包装纸箱80只，标贴上标有"AOCMU"字样的标贴80张；罚款100 000元。工星公司不服，向余姚市人民法院提起行政诉讼。余姚市人民法院认为工星公司未经澳柯玛集团的许可，擅自在自己生产的冰柜上使用与其注册商标相近似的"AOCMU"商标，侵犯了澳柯玛集团的注册商标专用权。余姚市工商局作出的具体行政行为证据充分，适用法律法规正确，符合法定程序，维持余姚市工商局作出的行政处罚决定。

括生产环节;现阶段通过签订双方或多边协定的方式来解决这一问题。❶最高人民法院知识产权庭前庭长蒋志培认为:从法律的地域性效力分析,定牌加工的经营行为涉嫌侵犯我国注册商标权。只要委托定作的牌子,与我国注册商标权人的注册商标相同或者近似,又属于我国法制管辖的地域,就会涉嫌违反我国《商标法》,就会受到商标执法机关、司法机关的管制。有人以为加工的地点在靠近口岸的特殊地区,就可以不受相关法律约束,但根据法律效力的原则,没有立法的特殊规定,凡法律效力所及的领域内,都为注册商标权效力和商标法律效力实施的地域,没有"国中之国""法外之法"。"定牌加工的合法地位"特殊立法理由不足,司法不能法外开恩。❷广东省高级人民法院知识产权庭原庭长林广海认为未经国内商标权人许可,在同一种或类似商品上使用相同或近似商标的定牌加工,构成对国内注册商标的侵权。对这种侵权行为之追究,与其说是知识产权理论逻辑上的必然。毋宁说是保护知识产权现实上的需要。一是遵循知识产权基本原理的需要,知识产权的无形性决定了其与有形财产不同的存在、支配和处分形态,知识产权的地域性决定了在我国注册的商标权受我国法律的保护,作为定作人的外国企业虽然在其本国注册某一商标而成为商标权人;但如果其并未在我国进行商标注册,则该外国企业并不当然地在我国享有商标权。相应地,国内受托进行定牌加工的企业对于商标的使用亦难谓正当。二是捍卫国家尊严和司法尊严的需要。三是维护知识产权法制统一的需要。定牌加工纠纷中,若要求只有在产生实际损害时(所谓在国内市场销售)国内商标权人才能请求保护,其结果是:一方面否定了国内商标权人对即发侵权请求救济的权利,实质上意味着在执行法律的环节将涉外定牌加工中的商标纠纷排除在立法上已经涵盖的即发侵权救济制度之外,撕裂原本统一的国内商标纠纷和涉外商标纠纷的法律救济体系;另一方面在侵权行为归责原则上,片面强调涉外定牌加工的产品不在国内市场销售就不构成侵权,这与不以实际损害发生为要件(法律明文规定的除外)的知识产权侵权归责原则不统一。四是倡导现代知识产权意识的需要。五是合理控制知识产权保护成本的

---

❶ 王殊.佛山鸿信贸易有限公司不服海关行政处罚复议诉讼案件引发的思考——国际定牌加工知识产权边境保护问题[J].中国法律,2007(8):27.

❷ 蒋志培.定牌加工的法律风险[J].中华商标,2008(12):14.

需要。以不会引起相关公众的混淆或误认来支撑不侵权的理由不能成立。❶ 深圳市中级人民法院祝建军法官认为商标的地域性规则决定只能保护在中国注册的商标；涉外贴牌加工并出口的行为构成商标法意义上的商标使用，市场经济中的交易行为是一个链条，包括生产、销售环节。为了生产、销售，要准备原材料，考虑劳动力因素、供求关系、生产成本等方面。在国际贸易交往频繁的现代社会，生产、销售环节可能要在全世界范围内考虑。❷ 国家工商总局商标局原副局长吕志华认为在涉外定牌加工中，加工企业应审核所加工商品的商标是否有合法授权。定牌加工属于使用商标的环节，商标法既没有考虑使用人是否有主观故意，也未在后果上强调使用他人商标是否造成实际损害。工商部门在对定牌加工企业擅自使用商标的行为进行定性时，不考虑其是否明知和是否造成损害，只要发现擅自使用，就认定为商标侵权。商标行政执法是中国特色，需要考虑及时制止侵权行为。如果没有导致损害后果，可能是行政执法介入的结果。海关总署政策法规司副司长李群英曾指出，对于涉外定牌加工行为是否构成商标侵权，海关部门在执法中采用与工商部门相同的判断标准。对于国内学术界、法院和行政执法机关存在的不同意见，他建议利用修订《商标法》的机会，重新界定"使用"的含义，可以考虑增加损害标准，防止商标权人滥用权利；建议最高人民法院尽快研究出台有关定牌加工案件审理的司法解释，以统一司法审判；针对定牌加工中出现的新问题和相关法律之间的冲突，应加强法院、工商、海关之间的沟通，协调认定商标侵权的标准。❸ 重庆市高级人民法院孙海龙法官和西安市中级人民法院姚建军法官认为：混淆原则仅是理论上判断商标侵权的基本原则，认定商标侵权并不以造成混淆为绝对要件；在司法实践中认定加工人承担侵权责任是符合我国现有的法律条款规定的；是否发生实际损失不应作为是否判断侵犯商标专用权的构成要件。❹

---

❶ 参见：林广海，郑颖. 涉外定牌加工中的商标权问题 [J]. 人民司法·应用，2007（23）：84.
❷ 参见：祝建军. 涉外定牌加工中的商标侵权 [J]. 人民司法·案例，2008（2）：58.
❸ 徐光明，朱理. 金融危机下的我国知识产权司法保护政策——知识产权审判如何应对金融危机对实体经济的冲击暨服务外包法律论坛综述 [N]. 人民法院报，2009-01-22（理论与实践专版）.
❹ 参见：孙海龙，姚建军. 贴牌加工中的商标问题研究 [J]. 知识产权，2010（5）：79.

(二) 认为涉外定牌加工不构成商标侵权的代表性判例和观点

1. 上海申达音响电子有限公司与玖丽得电子（上海）有限公司侵犯商标专用权纠纷案

上海市第一中级人民法院认为该案中关联企业内部由于投资关系的变化，造成了企业间在不同国家法域内各自独立享有原关联企业内部的商标专用权。涉外定牌加工行为中商品由于全部出口仅涉及的是美国市场及相关消费者，在中国市场内由于没有销售，所以相关消费者不会对该产品发生混淆和误认的可能。因此，被告玖丽得电子（上海）有限公司的行为不构成商标侵权，判决驳回原告诉讼请求。原告不服判决，上诉至上海市高级人民法院。上海市高级人民法院认为，商标的基本功能是区分商品或服务来源的识别功能，侵犯商标权其本质就是对商标识别功能的破坏，使得一般消费者对商品来源产生混淆、误认。在该案中，被上诉人玖丽得电子（上海）有限公司接受案外人美国朱利达公司的委托定牌加工涉案产品，涉案产品全部出口至美国，未在中国境内销售，中国的相关公众在国内不可能接触到涉案产品，不会造成国内相关公众的混淆和误认。另外，在定牌加工关系中，境内加工人在产品上标注商标的行为形式上虽由加工人所实施，但实质上商标真正的使用者仍为境外委托人。该案涉案产品所贴商标只在中国境外具有商品来源的识别意义，并不在国内市场发挥识别商品来源的功能。❶

---

❶ 参见：上海市第一中级人民法院（2008）沪一中民五（知）初字第317号民事判决书和上海市高级人民法院（2009）沪高民三（知）终字第65号民事判决书。"JOLIDA"图形文字组合商标（商标注册证第1163193号）的注册人为上海申达音响电子有限公司（以下简称"申达公司"），核定使用商品类别第9类：扩大器、收音机、影碟机。2008年7月23日，美国朱利达电子有限公司（买方）与玖丽得电子（上海）有限公司（卖方）（以下简称"玖丽得公司"）签订合同，约定玖丽得公司向买方出售JD1501RC、JD202及JD1301电子管功率放大器，总价为18 800美元。2008年8月1日，上海海关查获玖丽得公司以一般贸易方式申报出口美国的电子管功率放大器98台，价值18 800美元，商品上标有"Jolida+图形"商标，涉嫌侵犯申达公司在海关总署备案的知识产权。经申达公司申请，上海海关对该批货物予以扣留。申达公司以玖丽得公司侵犯商标专用权为由向上海市第一中级人民法院提起诉讼。上海市第一中级人民法院认定，美国朱利达电子有限公司为"JOLIDA"文字和图形的商标注册人。"JOLIDA"文字商标的注册编号3209962，首次使用和商业中使用时间均为1986年12月31日，商品国际分类为第9类：电子器材，如声音扩音器和调谐器。图形商标的注册编号为3134802，注册时间为2006年8月29日，首次使用和商业中使用均为1986年12月31日，商品国际分类第9类：电子器材、调谐器、CD播放器。上海市第一中级人民法院认为该案中

2. 台山利富服装有限公司与鳄鱼恤有限公司侵害商标专用权纠纷案

鳄鱼恤有限公司（以下简称"鳄血恤公司"）是我国第246898号"CROCO-DILE"商标注册人。2010年8月18日，台山利富服装有限公司（以下简称"利富公司"）通过拱北海关申报出口男装衬衫1 996件（目的地：日本）。一审法院认为被诉侵权商标与鳄鱼恤公司第246898号"CROCODILE"注册商标构成近似，属于侵害注册商标专用权的行为。二审法院认为，在司法实践中不宜将涉外定牌加工行为一概认定为侵权或不侵权，而应区别案件的具体情况予以处理。就该案而言，首先，鳄鱼恤公司主张保护的"CROCODILE"注册商标，与被诉侵权商标"Crocodile"英文加鳄鱼图形组成的组合商标并不相同。利富公司在接受委托加工时，审查了委托人Yamato公司在日本的商标注册证书，利富公司在履行必要注意义务后，按照订单进行加工，并无侵害鳄鱼恤公司注册商标的故意。其次，受委托定牌加工出口的产品全部销往日本。涉案产品并未在中国国内市场实际销售，涉案产品的被诉侵权商标并未在中国国内市场发挥识别商品来源的功能，中国国内相关公众不存在对该商品的来源发生混淆和误认的客观基础，鳄鱼恤公司的中国市场份额也不会因此被不正当挤占，其注册商标的商标识别功能并未受到损害。综上，被诉侵权商标与鳄鱼恤公司注册商标不足以造成相关公众的混淆、误认，不构成侵害注册商标专用权意义上的商标近似。❶

3. 亚环公司与莱斯公司商标侵权再审案

2003年5月21日，许某荣注册了第3071808号"PRETUL及椭圆图形"商

（接上注）
关联企业内部由于投资关系的变化，造成了企业间在不同国家法域内各自独立享有原关联企业内部的商标专用权。涉外定牌加工行为中商品由于全部出口仅涉及的是美国市场及相关消费者，在中国市场内由于没有销售所以相关消费者不会对该产品发生混淆和误认的可能。因此，玖丽得公司的行为不构成商标侵权，判决驳回原告诉讼请求。申达公司不服判决，上诉至上海市高级人民法院。上海市高级人民法院认为，商标的基本功能是区分商品或服务来源的识别功能，侵犯商标权其本质就是对商标识别功能的破坏，使得一般消费者对商品来源产生混淆、误认。在该案中，被上诉人玖丽得公司接受案外人美国朱利达公司的委托定牌加工涉案产品，涉案产品全部出口至美国，未在中国境内销售，中国的相关公众在国内不可能接触到涉案产品，不会造成国内相关公众的混淆和误认。另外，在定牌加工关系中，境内加工人在产品上标注商标的行为形式上虽由加工人所实施，但实质上商标真正的使用者仍为境外委托人。该案涉案产品所贴商标只在中国境外具有商品来源的识别意义，并不在国内市场发挥识别商品来源的功能。

❶ 参见：广东省高级人民法院（2011）粤高法民三终字第467号民事判决书。

标，核定使用商品为第 6 类的家具用金属附件、五金锁具、挂锁、金属锁（非电）等。2010 年 3 月 27 日，国家商标局核准该商标转让给莱斯公司。2010 年 12 月 31 日、2011 年 1 月 6 日，宁波海关分别查获亚环公司自该海关出口至墨西哥的被控侵权挂锁。该两批挂锁的锁体、钥匙及所附的产品说明书上均带有"PRETUL"商标，而挂锁包装盒上则均标有"PRETUL 及椭圆图形"商标。一审法院认为相同侵权，近似不会发生混淆不侵权。二审法院认为全部侵权。最高人民法院认为：再审申请人根据墨西哥的储伯公司的授权，使用"PRETUL"相关标识的行为，在中国境内仅属物理贴附行为，为储伯公司在其享有商标专用权的墨西哥使用其商标提供了必要的技术性条件，在中国境内并不具有识别商品来源的功能。因此，亚环公司在委托加工产品上贴附的标识，既不具有区分所加工商品来源的意义，也不能实现识别该商品来源的功能，不具有商标的属性，该公司在产品上贴附标识的行为不能被认定为商标意义上的使用行为。❶

4. 认为涉外定牌加工不构成商标侵权的代表性观点

与大多数实务界人士认为涉外定牌加工构成商标侵权的情形相反，理论界的学者基本上认为涉外定牌加工不构成商标侵权。

2004 年 2 月 18 日，北京市高级人民法院曾在其制定的《关于审理商标民事纠纷案件若干问题的解答》（京高法发〔2004〕48 号）中明确规定："造成相关公众的混淆、误认是构成侵犯注册商标专用权的前提。定牌加工是基于有权使用商标的人的明确委托，并且受委托定牌加工的商品不在中国境内销售，不可能造成相关公众的混淆、误认，不应当认定构成侵权。"鉴于商标法律和法规的立法情况，最高人民法院一直认为北京市高级人民法院的有关问答不具有法律效力，人民法院审判商标侵权案件应当依照商标法律和法规以及最高人民法院司法解释的规定办理。❷ 因此，北京市高级人民法院在 2006 年 3 月 7 日重新公布的《北京市高级人民法院关于审理商标民事纠纷案件若干问题的解答》将上述定牌加工不构成侵权的规定予以删除，并声明京高法发〔2004〕48 号解答废止。但前北京市高级人民法院知识产权庭庭长，现任北京知识产权法院副院长陈锦川认为，商标侵

---

❶ 参见：最高人民法院（2014）民提字第 38 号民事判决书。
❷ 参见：蒋志培. 定牌加工的法律风险［J］. 中华商标，2008（12）：14.

权判断应该考虑商标的本质和功能：商标是区别商品来源的标志，依附于商品；商标只有使用在商品上并投入市场，才能发挥其功能、体现其价值；商标权的核心在于避免混淆。应该从这个意义上来理解《商标法》第52条第1款及《商标法实施条例》的相关规定。TRIPS第16条第1款也明确要求，商标侵权应该以造成混淆或者有造成混淆的可能为条件。涉外定牌加工如果基于有权使用商标的人的明确委托，加工的商品不在中国境内销售，不可能造成相关公众的混淆、误认，不应当认定构成侵权。❶ 青岛市中级人民法院知识产权庭林鸿姣法官认为：商标侵权行为的实质在于混淆商品或服务的来源，误导消费者，破坏市场经济秩序，使商标权人的利益受到损害。因此，在对商标侵权行为进行认定时，应从商标的功能和商标制度的设立目的出发，以是否造成相关公众的误认为实质要件进行综合考虑。涉外定牌加工，根本不可能导致相关公众混淆和误认商品的来源，产生误导。涉外定牌加工不存在侵权损害后果。定牌加工行为不是一种产品销售行为，而只是一种加工承揽行为。因此，从本质上来说，此时的商标使用者应为委托生产者而非定牌生产者。❷ 西南政法大学张玉敏教授认为：致消费者对商品/服务的来源可能产生混淆、误认，是侵犯注册商标专用权的实质要件。国际贸易中的定牌加工贴附境外委托人商标的产品全部交付给委托人，不在境内销售，因此不可能在境内市场上造成混淆，不存在欺骗消费者的问题，也不会对境内商标权人的利益造成任何损害，也就是说，不具备构成侵犯商标权行为的实质要件，因此，此种定牌加工不应被认定为侵犯境内商标权的行为。进一步说，这些产品在境外销售，也不损害境内商标权人在国际贸易中的利益。商标法上的商标使用，应当是与商品流通相联系的使用，在"定牌加工"中，加工人按照委托人的要求将商标贴附于加工之产品上，就其性质而言，属于加工行为的一部分，而且加工人并不销售加工产品，而是将产品全部交付委托人，因此，其行为不构成商标法上的商标使用。涉外定牌加工中有关知识产权侵权纠纷的处理，可以参照适用《联合国国际货物销售合同公约》第42条的规定，适用销售地法律。❸ 中国政法大学的

---

❶ 徐光明，朱理. 金融危机下的我国知识产权司法保护政策——知识产权审判如何应对金融危机对实体经济的冲击暨服务外包法律论坛综述 [N]. 人民法院报，2009-01-22（理论与实践专版）.
❷ 参见：林鸿姣. 国际定牌加工与商标权的地域性 [J]. 中华商标，2005（6）：40.
❸ 参见：张玉敏. 涉外定牌加工商标侵权纠纷的法律适用 [J]. 知识产权，2008（4）：71.

张今教授认为：知识产权的地域性其实并非是绝对的、一成不变的。随着社会、经济的发展和国际间交流与合作的进一步加深，知识产权的地域性逐渐出现一些突破或是例外情况。避免让知识产权地域性成为国际贸易的障碍，避免片面主张知识产权地域性而故步自封。在认定商标侵权行为时，要以存在"误认、混淆"为前提，即国际上通常所说的商标侵权理论之混淆原则。在认定是否存在混淆或混淆之可能时，至少应将以下几个因素纳入考察范围：①产品的目标消费者，或所谓的"相关公众"；②是否有实际混淆的情况；③被告选择商标的意图；④产品的销售渠道或目标市场。因此在混淆原则的标准下，如果涉外贴牌生产的实际情况按照上述参考因素不存在混淆或混淆之可能，就不应认定构成商标侵权。涉外贴牌生产中的特定情形下，贴牌生产行为虽发生在我国，表面上完全符合我国商标法及相关法规中的"商标使用"的规定，但是这种"商标使用"和商标法上规定的侵权行为是不同的。涉外贴牌生产中的贴牌产品是为运往贴牌商标的注册国进行销售的，而该贴牌产品在该国是可以合法性销售的，基于该结果行为的合法性，作为其原因行为的贴牌生产行为也应视为正当合法的。❶中国社科院法学所管育鹰教授认为：商标法上的"使用"概念，应当是商业活动中的正常使用。商业活动必定包括营销的环节，即商家向消费者提供商品的过程，无任何贩卖意图、无流通与交换的单纯制造行为并不是一个完整的商业活动。因此，制造产品并将商标贴附于产品之上、但并没有向市场提供商品的行为，不应当被认定为商标法所称的"商标的使用"；常见的依照委托合同进行的贴牌加工活动即是如此。尤其在我国，许多涉外定牌加工企业只负责按照合同生产制造，连出口环节都未参与，这种情形之下认为其生产行为是商业活动、从而侵犯了国内商标权人的权利是不公平的。从商标的主要作用看，其基本功能是识别，即区分商品和服务的来源；换言之，商标侵权的实质是混淆了商品和服务的来源。因此，是否造成商品或服务来源混淆、误导公众是认定是否构成商标侵权的必备条件。事实上，从主要国家的立法和司法实践来看，混淆原则在侵权判定过程中起到基本的指导作用。TRIPS 也暗含了商标侵权判断的"造成混淆的可能"之标准。判定是否造成混淆、误认，首先必然要划定市场地域及相关公众的范围，这一点在我国相关的司法解

---

❶ 参见：张今，陆锡然. 涉外贴牌生产的商标问题 [J]. 中华商标，2008（5）：13.

释中是比较明确的。显然，基于对商标权地域性的正确理解，是否侵犯国内商标权人的权利，首要的是看是否在中国市场上引起相关公众的混淆。定牌加工企业只要做到切实审查核实了委托人的商标权证明文件，且在合同中明确自己仅仅进行制造行为、所加工的产品将全部回销回委托人享有权利的地域，则已经履行了审查义务。❶ 北京市高级人民法院知识产权庭原副庭长，现北京务实知识产权发展中心主任程永顺认为：商标的识别功能，其作用在于使消费者能够准确地识别该经营者提供的商品或者服务，不致对其商品或服务与其他生产经营者的商品或服务发生混淆和误认。混淆原则是判断商标侵权的基本原则，也是整个商标法的基石之一。在商标侵权判断中，若当事人举证证明即使《商标法》第52条第（1）项规定之要件满足，但仍不足以构成消费者混淆的，则仍应认定侵权行为不成立。给中国商标权以地域性保护，也能扩大到在国外市场上可能造成混淆的产品。定牌加工人其实仅相当于委托人设的一个生产加工车间，按照国际惯例，虽然产品是在中国制造，这视同为中国的工人在外国生产，和中国市场毫无关系，委托人是外国商标的合法权利人，产品出口国外，并不在中国市场销售和使用，作为定牌加工实质上是一种国际间的劳务输出。定牌加工符合时代发展潮流，也符合我国国情。随着经济全球化的进程不断加快以及我国加入世界贸易组织，大力开展定牌加工业务，有利于促进各种生产资源和劳动力资源的合理分配和优势互补，有利于促进社会的合理分工，成为国内企业生存与发展过程中极具生命力的生产方式。我国《民法通则》规定了民事侵权的赔偿原则，就是赔偿实际损失原则。在定牌加工引发的商标侵权纠纷中，看不到原告有任何的经济损失，在这种情况下，法院仍然要酌情确定被告赔偿原告经济损失是没有法律依据的。❷ 上海市第一中级人民法院沈强法官认为：从立法技术解释，商标法整体系统上包含了混淆、误认是构成商标侵权的实质要件，商标近似以及类似商品和服务的判断都涉及运用容易混淆和误认作为判断标准，而相同商标及相同商品或者服务造成的混淆、误认的可能是不言而喻的。涉外定牌加工产品全部交付国外委托人，并不进入我国国内市场，不存在使我国国内相关公众对商品来源产生混淆、误认的可能，不

---

❶ 参见：管育鹰. 定牌加工与商标权的保护 [J]. 中国经贸导刊, 2008 (21): 41.
❷ 参见：程永顺. 定牌加工中的商标侵权问题 [J]. 中华商标, 2008 (12): 17.

构成侵权。相反该商品的相关公众为国外委托人所属国的消费者和经营者，以他们的注意力只可能认为该商标是该国商标，商品的来源是涉外定牌加工的委托人。在涉外定牌加工生产中的劳动产品也是为了交换的目的而生产的，具有价值和使用价值，因此这些劳动产品属于商品的范畴。对于商标标识没有进入流通领域来解释商标未投入实际使用而不构成商标法意义上的使用的理解也是不周延的。国内注册商标权人通过国内侵权诉讼直接干预了国外委托人在国内的委托生产及在其外国本国销售等其他经营行为，实际上是国内注册商标权效力范围的扩展，并不符合商标地域性的原则。❶ 北京市第一中级人民法院认为："贴牌"不是商标法意义上的商标使用行为，"贴牌后的产品"也没有进入商业流通环节而不致使相关公众产生混淆、误认。对于产品全部用于出口的外贸型贴牌加工行为不宜认定为侵权。❷ 时任最高人民法院知识产权庭庭长的孔祥俊曾以最高人民法院知识产权庭庭长的名义发文认为："定牌加工中商标侵权的定性，可能是综合考虑我国国情、发展实际、法律和法理等各种因素的结果，但考量的结果最终要落实到法条之上，以法条为依据。倘若认为全部用于出口国（境）外'贴牌'（附加委托人商标）对于我国注册商标专用权并未造成损害，就要落实于《商标法》第 48 条规定的'用于识别商品来源的行为'等法条的适用，可以据此认定不属于此类商标商品来源的行为。"❸

（三）认为涉外定牌加工是否构成商标侵权应区别对待的代表性判例和观点

我国也有法院认为对涉外定牌加工是否构成商标侵权应该区别对待，并且在其司法辖区内也作出了相关判决。但在如何区别对待上，做法并不一致，有从商标混淆角度考量，也有从有未尽到审查注意义务角度考量。浙江省是贴牌生产大省，浙江省高级人民法院组成课题组曾在其 2008 年的研究报告中指出：在混淆的判断中应当以相关公众的标准进行判断，混淆主要侵害了商标的本质属性——识别功能，所以混淆理论应成为判定商标侵权的必要标准。涉外贴牌生产只要在相

---

❶ 参见：沈强. 涉外定牌加工中的商标侵权问题——对我国商标法第 52 条第（1）项的理解与适用 [J]. 国际商务研究, 2009（5）: 57.
❷ 参见：许波. 侵犯商标权行为相关法律问题研讨会概述 [J]. 中国专利与商标, 2011（1）: 106.
❸ 孔祥俊. 新修订商标法适用的几个问题（上）[N]. 人民法院报, 2014-06-18.

同商品或服务上使用相同标记的,就应直接推定混淆成立,从而认定定作人和加工人构成侵权;在涉外贴牌行为中,如贴牌产品与国内商标权人核准使用的商品或服务不相同,或者贴牌产品与国内商标权人的注册商标不相同,因涉外贴牌产品均出口,不在国内销售,国内的消费者不会发生混淆的可能,应认定为不属于类似商品、类似服务、或商品与服务类似或不构成商标近似,从而不构成商标侵权。❶

1. 浙江省法院系统的区别对待判例和观点

(1) 义乌市聚宝日化有限公司诉义乌市工商行政管理局行政诉讼案。

义乌市法院认为,义乌市聚宝日化有限公司受美国消费品有限责任公司(美国"DeLa Ritz"注册商标权人)的委托,制造标注"DeLaRitz"商标的产品销往美国的行为,仅限于生产领域,并未进入国内市场,不会造成相关公众的混淆和误认,生产该产品本身不构成对列兹·查尔斯有限公司(中国"RITZ"注册商标权人)的商标侵权。义乌市工商行政管理局行政处罚中对义乌市聚宝日化有限公司生产标注"DeLaRitz"商标的产品构成商标侵权的决定,属适用法律、法规错误,法院判决撤销义乌市工商行政管理局的行政处罚决定。❷

(2) 于某刚与浙江容大商贸有限公司侵害商标权案。

浙江省高级人民法院再审认为于某刚取得的商标权合法、正当,应当受到我国法律的保护。在国际贸易中,接受国外委托方进行贴牌加工的国内受托方应当对该委托方是否在境外享有商标权及该商标权的具体形态进行审查,未尽到合理注意义务加工侵害国内商标权人权利的商品,应当承担相应的侵权责任。虽然,容大公司主张被诉侵权产品全部销往墨西哥,与标有权利人商标的商品之间没有

---

❶ 浙江省高级人民法院课题组. 贴牌生产中商标侵权问题研究 [J]. 法律适用, 2008 (4): 65.

❷ 参见:浙江省义乌市人民法院(2007)义行初字第 84 号行政判决书。2005 年 11 月义乌市聚宝日化有限公司对义乌市工商行政管理局就其侵犯列兹·查尔斯有限公司"RITZ"注册商标专用权而进行的行政处罚不服,向义乌市法院提起行政诉讼。义乌市法院认为,义乌市聚宝日化有限公司受美国消费品有限责任公司(美国"DeLa Ritz"注册商标权人)的委托,制造标注"DeLaRitz"商标的产品销往美国的行为,仅限于生产领域,并未进入国内市场,不会造成相关公众的混淆和误认,生产该产品本身不构成对列兹·查尔斯有限公司(中国"RITZ"注册商标权人)的商标侵权。但义乌市聚宝日化有限公司在生产后将标注有"The Ritz""De La Ritz"字样的化妆品在国内销售,侵犯了列兹·查尔斯有限公司的商标权。而义乌市工商行政管理局行政处罚中对义乌市聚宝日化有限公司生产标注"DeLaRitz"商标的产品构成商标侵权的决定,属适用法律、法规错误,法院判决撤销义乌市工商行政管理局的行政处罚决定。

混淆的空间机会,故不构成商标侵权,但结合于某刚宣传使用其注册商标的实际情况,于某刚注册的商标早已及于国外市场,为相关公众所知悉。即使被诉侵权产品系进入该境外市场,但于某刚注册商标核准使用的商标也销往同一境外市场,故足以使相关公众产生混淆误认,客观上势必导致国内商标权人利益实质损害。❶

2. 福建省法院系统的区别对待判例和观点

(1) 香港雨果博斯有限公司与武夷山市喜乐制衣有限公司商标侵权纠纷案。

一审福州市中级人民法院认为该案中"NEW BOSS COLLECTION"商标与"BOSS"商标不构成近似;且系出口国外,国外公众更易区分,不会混淆,不构成对原告香港雨果博斯有限公司"BOSS"商标专用权的侵犯,驳回原告的诉讼请求。原告不服一审判决,上诉至福建省高级人民法院。福建省高级人民法院认为商标可分为注册商标和未注册商标,各国均无法限制未注册商标在本国的在先使用权。被上诉人委托定牌加工标有"NEW BOSS COLLECTION"商标的西服全部出口到意大利,从未在中国境内销售,因此,中国的相关公众在国内不可能也没有机会接触到标有讼争"NEW BOSS COLLECTION"商标的西服,就更不可能造成国内相关公众的混淆和误认,而造成相关公众的混淆、误认是认定构成侵犯注册商标专用权的前提。从侵权的一般构成理论而言,损害事实是侵权行为成立的必要条件之一。该案中由于该西服从未在国内进行销售,因此,该定牌加工行为不会对上诉人及"BOSS"商标权人在国内的产品市场带来任何实质性的损害,同理也不会对上诉人在国内享有的商标权利造成损害,从这一角度而言,被上诉人的行为也不构成对上诉人商标的侵权。事实上,被上诉人喜乐制衣公司受意大利公司委托定牌加工,其仅为该公司定牌加工西服而不享有对定牌加工西服的商标使用权和销售权;其与委托人意大利公司的关系实质为合同法中所指的加工承揽的合同关系,因此,被上诉人在其承揽的定牌加工西服上定贴"NEW BOSS COL-LECTION"商标的行为不应认定为商标法意义上的商标实际使用行为;而诉争商标的实际使用人应为定作人意大利公司,据此,不论使用讼争商标的行为是否构

---

❶ 参见:浙江省高级人民法院(2016)浙民再121号民事判决书。

成侵权,其法律责任均应由定作人意大利公司承担。二审判决驳回上诉,维持原判。❶

(2)鲁道夫·达斯勒体育用品波马股份有限公司与福建福日科技有限公司侵犯注册商标专用权纠纷案。

福州市中级人民法院认为涉案注册商标"PUMA"和被诉侵权商标"PIMA"

---

❶ 参见:福州市中级人民法院(2007)榕民初字第033号民事判决书和福建省高级人民法院(2007)闽民终字第459号民事判决书。原告香港雨果博斯有限公司(以下简称"雨果博斯公司")系在香港注册的公司,对BOSS商标拥有商标使用权。2006年8月15日,福州马尾海关扣留了被告武夷山市喜乐制衣有限公司(以下简称"喜乐制衣公司")生产的准备出口到意大利的6 720套西装,其西装上贴有"NEW BOSS COLLECTION"商标,但被告使用该商标事先已经得到意大利的商标所有人的合法授权。一审福州市中级人民法院认为该案中"NEW BOSS COLLECTION"商标与"BOSS"商标在读音上、外形及字母数上均不相同,也不构成近似。并且喜乐制衣公司带有"NEW BOSS COLLECTION"商标的西装系出口国外,国外公众更易区分,不会混淆。喜乐制衣公司生产加工的"NEW BOSS COLLECTION"牌西装系贴牌代工生产,喜乐制衣公司已提供证据证明"NEW BOSS COLLECTION"商标在意大利已申请注册。另外,原告也未有证据证明喜乐制衣公司有在境内销售的情况,故喜乐制衣公司加工的"NEW BOSS COLLECTION"牌西装不构成对原告"BOSS商标"专用权的侵犯,驳回原告的诉讼请求。原告不服一审判决,上诉至福建省高级人民法院。福建省高级人民法院认为该案中,被上诉人喜乐制衣公司受意大利"NEW BOSS SAS DI LONGO SALVATORE"服装进出口公司的委托,在国内为其定牌加工标有"NEW BOSS COLLECTION"商标的西服,而该公司已于2005年3月21日即向其公司所在国意大利专利商标局申请注册讼争的"NEW BOSS COLLECTION"商标,该商标至今虽未获注册,但也未被驳回申请。商标可分为注册商标和未注册商标。各国对商标权的取得原则也有所不同,有的国家是通过对商标的实际使用自然取得;有的则要通过注册取得。但不论如何取得,各国均无法限制未注册商标在本国的在先使用权。上诉人在诉讼中始终不能举证证明其讼争商标在意大利已申请注册或者在先使用,故该公司在意大利有权使用讼争的"NEW BOSS COLLECTION"未注册商标。被上诉人喜乐制衣公司是受该公司的委托定牌加工标有"NEW BOSS COLLECTION"商标的西服,由于该西服全部出口到意大利,从未在中国境内销售,因此,中国的相关公众在国内不可能也没有机会接触到标有讼争"NEW BOSS COLLECTION"商标的西服,就更不可能造成国内相关公众的混淆和误认,而造成相关公众的混淆、误认是认定构成侵犯注册商标专用权的前提。因此,被上诉人喜乐制衣公司的上述行为不构成侵权。上诉人关于被上诉人的定牌加工行为已构成商标侵权的主张不能成立,法院不予支持。从侵权的一般构成理论而言,损害事实是侵权行为成立的必要条件之一。该案中,被上诉人喜乐制衣公司是受境外未注册商标权人的委托定牌加工讼争西服,由于该西服从未在国内进行销售,因此,该定牌加工行为不会对上诉人及"BOSS"商标权人在国内的产品市场带来任何实质性的损害,同理也不会对上诉人在国内享有的商标权利造成损害,从这一角度而言,被上诉人的行为也不构成对上诉人商标的侵权。事实上,被上诉人喜乐制衣公司受意大利公司委托定牌加工,其仅为该公司定牌加工西服而不享有对定牌加工西服的商标使用权和销售权;其与委托人意大利公司的关系实质为合同法中所指的加工承揽的合同关系,因此,被上诉人在其承揽的定牌加工西服上定贴"NEW BOSS COLLECTION"商标的行为不应认定为商标法意义上的商标实际使用行为;而讼争商标的实际使用人应为定作人意大利公司,据此,不论使用讼争商标的行为是否构成侵权,其法律责任均应由定作人意大利公司承担。二审判决驳回上诉,维持原判。

的字形、读音近似，两只美洲狮跃起的图形近似，以普通消费者的注意程度尚不足以区分二者的差别，易使相关公众对商品的来源产生误认或认为其来源与原告注册商标的商品有特定的联系，从而导致消费者的混淆，两者之间构成近似商标，构成商标侵权。在综合考虑被告福建福日科技有限公司（以下简称"福日公司"）的主观故意，被告侵权行为的性质，侵权的持续时间、后果，原告商标的声誉，原告鲁道夫·达斯勒体育用品波马股份有限公司因侵权所支出的合理费用等情节的基础上，确定赔偿额为200 000元。被告不服，上诉至福建省高级人民法院。福建省高级人民法院认为，上诉人福日公司代理出口的运动鞋上标注"PIMA及图"的标识，经与注册商标相比较，二者不仅标识的图形相同，并且字母也构成相近似，以相关公众的一般注意力为标准，容易导致二者的混淆或误认，因此，应当认定两者构成相近似的商标。上诉人代理出口的运动鞋被厦门海关扣留而未实现出口，故虽然实施了侵权行为，但侵权经济损害后果尚未发生，即对商标权人的声誉、市场份额或者销售收入等利益并未造成实际损害。被上诉人也未能举证证明上诉人代理的商品在国内的市场曾有销售，故被上诉人请求判令赔偿经济损失的请求缺乏事实和法律依据，法院不予支持。但注册商标权人为了制止侵权行为所支付的合理费用，应予赔偿，判决将一审法院的赔偿数额20万元变更为39 500元。❶

---

❶ 参见：福州市中级人民法院（2007）榕民初字第405号民事判决书和福建省高级人民法院（2008）闽民终字第223号民事判决书。原告鲁道夫·达斯勒体育用品波马股份有限公司（以下简称"波马公司"）是第570147号"PUMA及美洲狮图形"商标注册证的注册人。2007年6月6日，中华人民共和国厦门海关发出《确认进出口货物知识产权状况通知书》，确认被告福日公司向该单位申报出口到阿拉伯联合酋长国的一批运动鞋上标"PIMA"字样及图形标识，并依法予以扣留。原告波马公司向福州市中级人民法院申请证据保全并提起诉讼。原告波马公司的第570147号"PUMA及美洲狮图形"注册商标由大写的英文字母"PUMA"和在其右侧的一只跃起的美洲狮图形组合而成，被告福日公司代理出口的经证据保全的运动鞋的包装盒和吊牌上印有大写的英文字母"PIMA"和在其左侧的一只跃起的美洲狮图形组成，运动鞋的两侧面各为一只跃起的美洲狮，鞋面和后跟上印有大写的英文字母"PIMA"，两者相比较，英文大写字母"PUMA"和"PIMA"的字形、读音近似，两只美洲狮跃起的图形近似，以普通消费者的注意程度尚不足以区分二者的差别，易使相关公众对商品的来源产生误认或认为其来源与原告注册商标的商品有特定的联系，从而导致消费者的混淆，两者之间构成近似商标，构成商标侵权。在综合考虑被告的主观故意，被告侵权行为的性质，侵权的持续时间、后果，原告商标的声誉，原告因侵权所支出的合理费用等情节的基础上，确定赔偿额为200 000元。被告不服，上诉至福建省高级人民法院。福建省高级人民法院认为，上诉人福日公司在其代理出口的运动鞋上标注"PIMA及图"的标识，经与被上诉人波马公司申请注册的第570147号注册

福建省高级人民法院民三庭认为，对于涉外定牌加工，应从严掌握侵权的认定，在涉外定牌加工中对"类似商品"与"近似商标"可作从严解释，即商品、商标上有一定的差别，就不予认定构成侵权。这样既符合法律规定，也符合国情，也符合法官自由裁量权；对涉外定牌加工认定构成商标侵权的情形，因商品未在国内流通，权利人未造成实际损失，即侵权方对商标权人的市场份额、销售收入或者声誉等，并未造成实际损害，侵权经济损害后果尚未发生，故我们认为仅需判决侵权人赔偿制止侵权所支付的合理费用，不需要判决赔偿经济损失。同时承揽加工人所获加工费也不多，不应承担过重的赔偿责任。受托人及出口代理商有合理抗辩理由的不构成侵权。❶

（接上注）

商标相比较，二者不仅标识的图形相同，并且字母也构成相近似，以相关公众的一般注意力为标准，容易导致二者的混淆或误认，因此，应当认定两者构成相近似的商标。上诉人福日公司因代理出口的运动鞋被厦门海关扣留而未实现出口，故福日公司虽然实施了侵权行为，但侵权经济损害后果尚未发生，即福日公司的行为对波马公司的声誉、市场份额或者销售收入等利益并未造成实际损害。被上诉人波马公司也未能举证证明福日公司代理的商品在国内的市场曾有销售，故波马公司请求判令福日公司赔偿经济损失的请求缺乏事实和法律依据，法院不予支持。但波马公司为了制止侵权行为所支付的合理费用，福日公司应予赔偿，判决将一审法院的赔偿数额 20 万元变更为 39 500 元。

❶ 参见：福建省高级人民法院民三庭. 涉外定牌加工中商标侵权的认定 [N]. 人民法院报，2009-01-22（理论与实践专版）. 福建省高级人民法院民三庭认为，对于涉外定牌加工，应从严掌握侵权的认定，在涉外定牌加工中对"类似商品"与"近似商标"可作从严解释，即商品、商标上有一定的差别，就不予认定构成侵权。这样既符合法律规定，也符合国情，也符合法官自由裁量权；对涉外定牌加工认定构成商标侵权的情形，因商品未在国内流通，权利人未造成实际损失，即侵权方对商标权人的市场份额、销售收入或者声誉等，并未造成实际损害，侵权经济损害后果尚未发生，故我们认为仅需判决侵权人赔偿制止侵权所支付的合理费用，不需要判决赔偿经济损失。同时承揽加工人所获加工费也不多，不应承担过重的赔偿责任。受托人及出口代理商有合理抗辩理由的不构成侵权。如委托人定作的商标有合理来源的，如国外委托人与国内商标合法享有者的权利均源于同一权利人的，不宜按商标侵权处理；权利人拥有商标权出于不正当理由的，不构成侵权。如一韩国公司以其在韩国的商标委托国内加工商品，后受托人将之在国内注册为商标并以该商标告韩国方在国内另外的委托加工商。对此，也不宜认定侵权。同时，该庭对一些法律适用问题提出疑问：第一，在涉外定牌加工生产中，由于加工企业生产的产品完全出口，并未进入中国境内的商品市场或者服务领域，国内的相关公众在市场上根本没有机会接触到该产品，谈不上发生混淆和误认的后果。在加工环节上虽然在产品上贴上商标，但涉外定牌加工出来的只是劳动产品，而不是商品。商品是进入流通的劳动产品，但并非所有的劳动产品都是商品。在涉外定牌加工中，由于定牌加工的环节还未形成为商标法意义上的"商品"，认定为属于《商标法》第 52 条的"商标使用"是否准确适宜。第二，从侵权的一般构成理论而言，损害事实是侵权行为成立的必要条件之一。在涉外定牌加工中，定牌加工的企业生产的产品完全出口，并未进入中国境内的流通领域，中国消费者在流通领域根本看不到该商品，权利人既未受到实际损害，也不可能受到损害。因此，并不符合侵权构成条件。认定侵权是否适宜。第三，从履行国际义务上看，《与贸易

3. 江苏省法院系统的区别对待判例

上柴公司在柴油机等商品上注册了"东风"图文组合商标，2000年，该商标被认定为驰名商标。2013年10月1日，常佳公司与印尼PT ADI公司签订委托书，即PT ADI公司以"DONG FENG"（东风）商标持有人的身份委托常佳公司以该商标生产柴油机及柴油机组件，但仅可以在印尼销售。印尼PT ADI公司是一家在印尼注册成立的公司，其于1987年1月在印尼注册"东风DONG FENG"商标，核定于柴油发动机等商品上。2013年10月，常佳公司向常州海关申报出口柴油机配件，运抵国印尼，该批货物上的标识与上柴公司涉案商标相同，与印尼PT ADI公司的商标亦相同。常州市中级人民法院一审认为：常佳公司依照委托人提供的印尼商标证书生产制造涉案柴油机配件且全部出口印尼，其在我国境内不进入市场流通领域的附加商标行为，在我国境内不具有识别商品来源的功能，不构成商标法意义上的商标使用行为，故常佳公司的行为不构成商标侵权。二审法院认为虽然常佳公司的行为属于涉外定牌加工行为，但常佳公司系明知上柴公司涉案"东风"商标为驰名商标，却仍受托贴牌生产，在被控侵权产品上使用与上柴公司"东风"商标相同的商标，未尽到合理注意与避让义务，损害了上柴公司的利益，侵犯了上柴公司的注册商标专用权。❶ 2016年6月13日最高人民法院作出（2016）最高法民申488号民事裁定，提审该案，中止原判决的执行。

4. 上海法院区别对待的案例

匹克公司系核定使用商品为25类"鞋，服装"上于1994年注册的"PEAK及图"商标和2009年注册的"PEAK"商标的权利人。2009年4月，国家商标局认定"PEAK及图"商标在运动鞋上为驰名商标。2014年11月3日，上海海关认为对振宇公司申报出口的标有"PEAKSEASON"标识的针织棉式T恤8 424件不能认定是否侵犯泉州匹克公司的"PEAK"商标专用权。泉州匹克公司于2014年11月21日向上海浦东法院提起诉讼。"PEAKSEASON"商标由美国专利与商标局核

（接上注）

有关的知识产权协定》并未明确规定涉外定牌加工行为构成商标侵权，不宜承担过重的国际义务。参见：江苏省高级人民法院（2015）苏民终字第00036号民事判决书。

❶ 参见：江苏省高级人民法院（2015）苏民终字第00036号民事判决书。

准于 2010 年 11 月 2 日，注册人为伊萨克莫里斯有限公司。一审法院认为，振宇公司出口服装的行为系受伊萨克莫里斯公司的委托生产，并在服装上贴附"PEAKSEASON"商标，且所生产的服装全部销往美国。因此，虽然该服装上标贴了"PEAKSEASON"标志，但被海关查扣的服装并未投入中国国内市场流通，国内市场的相关公众没有机会接触到该批服装，故该标志在国内市场无法发挥标识商品来源的功能。涉案服装标贴"PEAKSEASON"标志在国内市场上不会起到标识商品来源的作用，不是商标法意义上的商标使用。匹克公司不服，向上海知识产权法院提起上诉。二审法院认为，随着互联网经济的迅猛发展，网上贸易市场日益呈现出全球化趋势，国内消费者通过"亚马逊"官方网站可以搜索在美国市场的商品并进行网购，"亚马逊"上传的照片可以放大从而较为清晰地看到商品标识，由此可见，即便出口商品不在境内销售，也难以避免通过各类电子商务网站使国内消费者得以接触到已出口至境外的商品及其标识，必然涉及是否会造成相关公众混淆和误认问题，此种情况下商品上的标识会起到识别商品来源作用。加之，被上诉人伊萨克莫里斯公司确认其"在美国是'亚马逊'的客户，可能将从中国等地加工的服装卖给'亚马逊'，由'亚马逊'进行分销"。因此，在该案中不能以非商标法意义上的商标使用为由判决两被上诉人不构成侵权。最后，法院关注到，上诉人的证据证明"PEAK"品牌在全世界范围内的知晓度自 2005 年起逐步提升，被上诉人伊萨克莫里斯公司在 2014 年委托被上诉人振宇公司加工服装时，不可能不知道中国有"PEAK"品牌的存在以及该品牌在运动服装上的知名度，其仍然将"PEAKSEASON"商标改变排列方式并突出"PEAK"所形成的标识授权被上诉人振宇公司贴附于出口服装上，故难以排除被上诉人伊萨克莫里斯公司的主观故意。基于"PEAK"商标的知名度，被上诉人振宇公司作为受托方，亦应对委托方在境外的商标及受托使用形态施以更为谨慎的注意和审查义务，现其未尽到该义务，使得被控侵权服装上贴附了与上诉人商标构成近似的标识，另因存在通过"亚马逊"网站可购买到已出口至境外之商品的可能性，会引起国内相关公众混淆与误认，故被上诉人伊萨克莫里斯公司在相同商品上使用近似商标的行为构成对上诉人泉州匹克公司涉案商标专用权的侵害，应承担停止侵权等民事责任，被上诉人振宇公司应就其帮助侵权行为，与被上诉人伊萨克莫里斯公司

承担连带责任。❶

三、商标侵权判定的基本原则

由于知识产权具有技术和经济管理的属性，以及知识产权起源于由公权力授予的"特权"，导致研究知识产权法的学者的学术背景差异很大，又由于知识产权法学自 20 世纪 90 年代中美知识产权谈判以来成为显学，有些学者只研究知识产权法，不关注法哲学和民法理论，以致人为地抬高知识产权法的特殊性，而与理论法学和民法以及其他部门法学割裂，将知识产权法孤立起来，甚至提出了一些与民法基本原则和基本理论相矛盾的观点。但是，不管知识产权的特殊性如何强，也无法将知识产权从民事权利中独立出来。TRIPS 在序言中就明确"承认知识产权为私权"。因此，知识产权是一种私权利，是民事权利，规范知识产权的知识产权法是民法的一部分。知识产权法应该遵循民法的基本价值、基本原则和基本理论。民法的基本价值在于分配正义和矫正正义。分配正义体现于民法中就表现为对各种民事权利的设定，如物权、债权、身份权等，而矫正正义则体现于对权利的保护上，使受侵害的权利得到救济。❷ 为了实现民法的这一价值，在从事民事活动中应该遵循诚实信用的原则，在解决民事纠纷中应该遵循利益平衡的原则。因此诚实信用原则和利益平衡原则作为民法的基本原则，也是知识产权法中商标法的基本原则。而地域性是知识产权的最显著的特征之一，地域性原则是知识产权法的基本原则，因此，地域性原则也是商标法的基本原则。商标的基本功能在于识别商品或服务的来源，使消费者能够将标注其商标的商品或服务与其他商品或服务的来源区别开来，避免造成混淆和误认，因此混淆性原则是商标法的特有原则。

（一）诚实信用原则

诚实信用原则，又称诚信原则，是指民事主体在从事民事活动时，应当本着

---

❶ 参见：上海知识产权法院（2016）沪 73 民终字第 37 号民事判决书。
❷ 吕甲木. 中国民法典的结构 [J]. 民商法网刊，2008（6）.

诚实守信的理念，以善意的方式行使权利、履行义务。该原则要求民事主体在民事活动中诚实不欺、恪守信用，并在获取利益的同时充分尊重他人和社会的利益。诚实信用原则最初源自债法，后随着国家强化对私法的干预，逐步上升为私法领域，甚至已经不分公法和私法、实体法和程序法，而于各法律领域成为人们信奉和遵循的高层次理念。尤其是在私法领域中，诚实信用原则占据着很重要的位置，权利的行使和义务的履行，必须基于诚实信用原则为之。民法学者将该原则视为现代民法最高原则，谓之"帝王条款"。诚实信用原则作为民法的"帝王原则"，既是民事主体的守法原则，从道德和法律的双重角度指引民事主体在从事民事活动时应该诚实不欺、恪守信用。同时，诚实信用原则也是裁判规则，在处理民事纠纷时，诚实信用原则可以用于解释和补充法律和合同的规定，起到民法解释、类推适用和漏洞补充的作用。我国最早开始研究诚实信用原则的徐国栋教授认为："诚信可分解为客观诚信和主观诚信。客观诚信是一种课加给主体的行为义务，该义务具有明显的道德内容；主观诚信是主体对其行为符合法律或者具有合道德内容的个人确信。二者可以统一于一般诚信。一般诚信是被吸收到法中的人类生活关系要素，但法并非在不赋予其术语的精确性的情况下吸收它，而是把它转化为一个法律概念。换言之，诚信并非立法者的创造，它有先定的内容。立法者不过把这一内在于人类行为的原则扩张于全部人类行为的最广泛的领域。"❶ 一般认为，诚实信用原则起源于罗马法的"诚信诉讼"和"诚信契约"，均反映了道德和伦理的要求，体现了衡平和正义的精神。考察了罗马法的具体内容后，我们可以看到，在罗马法中有两种诚信：一种是诉讼法领域的诚信，另一种是适用于物权法领域的诚信。❷ 在民事诉讼中，诚实信用原则适用于以下几种形态：排除不正当形成的诉讼状态；诉讼上的禁反言；诉讼权利上的失效；诉讼权利滥用的禁止。❸

（二）利益平衡原则

利益平衡也称利益均衡，是在一定的利益格局和体系下出现的利益体系相对

---

❶ 参见：徐国栋. 诚实信用原则二题 [J]. 法学研究, 2002 (4): 75.

❷ 参见：徐国栋. 客观诚信与主观诚信的对立统一问题——以罗马法为中心 [J]. 中国社会科学, 2001 (6): 98.

❸ 参见：刘荣军. 诚实信用原则在民事诉讼中的适用 [J]. 法学研究, 1998 (4): 129.

和平共处、相对均势的状态。❶ 利益平衡既是法律的目的，也是司法的裁判规则，是司法的目的和功能。现代立法其实质是一个利益识别、利益选择、利益整合及利益表达的交涉过程，在这一过程中立法者旨在追求利益平衡。❷ 法学方法论者惹尼指出：法律的正式渊源并不能够覆盖司法活动的全部领域，总是有某种领域要依靠法官的自由裁量权来决定，自由裁量权的行使应当是认识所涉及的利益、评价这些利益各自的分量、在正义的天平上对他们进行衡量，以便根据某种利益标准去确保期间最为重要的利益的优先地位，最终达到最为可欲的平衡。❸ 美国历史上最有影响的法官和法学理论家之一的卡多佐认为：司法过程既包括创造的因素，也包括发现的因素，在某些同样可以找到言之成理的或相当有说服力的理由来支持这种结论或者另一种结论的案件中，开始起作用的是对判决的平衡，是对类比、逻辑、效用和公道等考虑因素的检验和分类整理。❹ 德国联邦宪法法院在"梅菲斯托"案中，针对艺术自由就可能与（同受宪法保障的）人格范围发生冲突，法官们一致赞同，于此必须以当下案件事实的具体情境为根据从事法益衡量。❺ 日本自 20 世纪 60 年代开始，在民法解释的方法论中兴起了一种"利益衡量论"，日本的加藤一郎基于对传统的法学及概念法学的思考方法进行批判的目的，于 1966 年发表了《法解释学的伦理与利益衡量》一文，主张法律解释应当更自由、更具弹性，解释时应当考虑实际的利益，强调实质判断。星野英一于 1968 年发表了《民法解释伦序说》一文，提出与加藤一郎类似的主张，认为法的解释、适用终究取决于价值判断，称为利益考量。❻ 法官在审判案件时，应该运用利益衡量的方法论手段：如某一问题有两种以上不同的解释或法律法规有不同规定且可能导致案件不同处理结果，又难以依逻辑规则进行解释和选择时，应进行利益衡量，选择适用最能达致利益平衡之解释或法律条文；如依逻辑规则进行解释或选择法律条文裁判于当事人之间的利益、当事人利益与社会公共的利益、个体利益与国家利益

---

❶ 冯晓青. 论利益平衡原理及其在知识产权法中的适用 [J]. 江海学刊, 2007（1）: 141.
❷ 张斌. 论现代立法中的利益平衡机制 [J]. 清华大学学报, 2005（2）: 68.
❸ 参见: E. 博登海默. 法理学: 法律哲学与法律方法 [M]. 邓正来, 译. 北京: 中国政法大学出版社, 1999: 145.
❹ 参见: 本杰明·卡多佐. 司法过程的性质 [M]. 苏力, 译. 北京: 商务印书馆, 1998: 104.
❺ 参见: 卡尔·拉伦茨. 法学方法论 [M]. 陈爱娥, 译. 北京: 商务印书馆, 2003: 284.
❻ 参见: 梁慧星. 民法解释学 [M]. 北京: 中国政法大学出版社, 1995: 314.

等利益体系发生冲突的案件,将导致利益严重失衡之虞时,则进行利益衡量和价值判断,寻找双方利益的平衡点,以该利益平衡点作为标准作出裁判,以达到实质正义。❶

(三) 地域性原则

地域性原则是知识产权法的基本原则,这一点毋庸置疑。知识产权的地域性是指每个国家都依据本国的法律保护在本国依法享有的知识产权,他人在他国享有的知识产权不能成为其在本国享有知识产权的依据,从而使知识产权保护呈现出地域性。地域性包括适用法律的地域性,权利基础的地域性,侵权行为的地域性。而侵权行为的地域性又可以体现为侵权行为构成要件的地域性,如商标使用的地域性和损害结果的地域性。

1. 准据法的地域性

张玉敏教授认为涉外定牌加工的法律适用可以参照《联合国国际货物销售合同公约》的规定,适用销售目的地法律的观点与合同法及国际私法的基本原则相悖。合同相对性原则是合同法的基本原则,合同法规范的是合同当事人之间的权利义务,《联合国国际货物销售合同公约》作为国际货物买卖的合同条约,也遵循了合同的相对性原则,只规范国际货物买卖合同中合同当事人的权利义务。涉外定牌加工中,如果境外的定作人与境内的加工人发生承揽合同纠纷,可以参照适用《联合国国际货物销售合同公约》的规定的观点还符合法律适用原理,但认为与涉外定牌加工承揽合同无关的境内商标权人与涉外定牌加工承揽合同中的境内加工承揽人、境外定作人之间的商标侵权纠纷可以参照适用《联合国国际货物销售合同公约》的规定的观点,严重偏离了合同的相对性原则。另外,在国际私法中,选择合同纠纷和侵权纠纷的准据法的连接点是不一致的。《民法通则》第145条规定:"涉外合同的当事人可以选择处理合同争议所适用的法律,法律另有规定的除外。涉外合同的当事人没有选择的,适用与合同有最密切联系的国家的法律。"第146条规定:"侵权行为的损害赔偿,适用侵权行为地法律。当事人双方

---

❶ 吕甲木.知识产权法中的利益平衡机制——以知识产权法定赔偿制度为视角[EB/OL].[2017-01-01]. http://www.chinaiprlaw.cn/show_News.asp?id=15499.

国籍相同或者在同一国家有住所的,也可以适用当事人本国法律或者住所地法律。中华人民共和国法律不认为在中华人民共和国领域外发生的行为是侵权行为的,不作为侵权行为处理。"自 2011 年 4 月 1 日起施行的《涉外民事关系法律适用法》第 41 条规定:"当事人可以协议选择合同适用的法律。当事人没有选择的,适用履行义务最能体现该合同特征的一方当事人经常居所地法律或者其他与该合同有最密切联系的法律。"第 50 条规定:"知识产权的侵权责任,适用被请求保护地法律,当事人也可以在侵权行为发生后协议选择适用法院地法律。"因此,涉外合同纠纷的法律适用以协议选择优先,如无选择,按照最密切联系原则确定准据法,而知识产权的侵权以被请求保护地或法院所在地的法律为准据法。认为涉外定牌加工的商标侵权纠纷参照适用《联合国国际货物销售合同公约》的规定适用销售目的地法律的观点与知识产权侵权适用被请求保护地或法院所在地法律的规定相矛盾。在涉外定牌加工商标侵权中,部分主张不构成侵权的人士以定牌加工人其实仅相当于委托人设的一个生产加工车间,按照国际惯例,虽然产品是在中国制造,这视同为中国的工人在外国生产的观点来否定地域性。这一观点实在不能苟同,在没有国际条约和国内法律明文规定的情况下,怎么可以说中国工人在中国领土内的工厂生产视同为中国工人在外国生产,这就产生了这一工厂是适用中国法律还是外国法律的问题,中国的劳动法、刑法、治安管理处罚法、税法、工商管理法规还能否适用,中国的法院能否行使司法管辖权等涉及司法主权的问题。基于法律适用的地域性,权利人在我国提起的侵害商标权纠纷只适用我国商标法来判断被诉侵权行为是否构成商标侵权,而该行为在目的国等其他国家是否合法不是我国司法机关需要考量的因素。

2. 权利基础的地域性

《巴黎公约》虽然规定成员国国民在成员国内享有国民待遇,也即在保护工业产权方面,每一个缔约国必须将其法律现在给予或者将来可能给予本国国民(包括自然人和法人)的保护给予其他缔约国国民。即使如此,这一原则只是使外国人与本国人获得同样的法律地位,使外国人在国内有被赋予商标权的可能性,而并不必然使其在他国获得的商标权在本国也受保护。同时,《巴黎公约》也规定了独立性原则,第 6 条明确规定申请和注册商标的条件,由每个成员国的本国法律决定,各自独立。TRIPS 在规定成员间的国民待遇和最惠国待遇后,也承认知识产权的授予和保护由成员的国内法决定，具有独立性，但要满足该协议规定的最低保护限度的要求。具体到商标权，则体现为商标权人依据各国法律规定，分别取得独立的商标权，同一商标在各国取得的商标权的效力仅在各国法律所及的范围内得到承认，并不必然导致其受其他国家法律的保护。知识产权权利的取得、丧失、变更、保护均以被请求保护地国的法律为依据。因此，我国法院只保护在我国注册的商标权，被诉侵权人在境外是否有合法的商标权不是我国法院需要审查的内容。而且境外的商标是否合法有效，是由境外的有关机构根据他们的法律进行审查。在涉外定牌加工中，完全没有必要考量被诉侵权人是否得到境外合法商标权人的授权这一因素。

3. 侵权行为的地域性

基于法律适用和权利基础的地域性，我国法院判定是否构成商标侵权行为系根据我国的法律规定的商标侵权行为的构成要件予以认定，是否属于商标法意义上的商标使用行为，是否造成混淆和是否有损害结果，均应根据我国的法律予以认定。当今世界，唯一能排除地域性限制的是依照国际公约和双方条约规定的国际交通工具过境以及驻外使领馆。部分学者以荷兰法院审理的西班牙赛得体育（CIDE SPORT）公司与耐克公司案中荷兰法院以"过境使用"为由解除查封，认为涉外贴牌生产中的商标使用"可以理解为被控侵权商标只是在国内过境"，应属于地域性原则的一种例外。❶ 而涉外定牌加工与过境使用显然不能等同，涉外定牌加工是中国国内的承揽人接受境外定作人的委托，在中国国内生产贴有按照定作人要求的商标，并全部通过海运、空运等运输方式出口，被控侵权商品的生产地在中国境内。而过境使用仅系国际交通工具中转、运输的一个环节。国际交通工

---

❶ 参见：林鸿姣. 国际定牌加工之商标冲突问题分析[M]//蒋志培. 专利商标新型疑难案件审判实务. 北京：法律出版社，2007：92. 张今，陆锡然. 涉外贴牌生产的商标问题[J]. 中华商标，2008（5）：13. 发生在荷兰的案件情况是：西班牙赛得体育（CIDE SPORT）公司在我国其他地方贴牌生产的一批"NIKE"商标产品在顺利通过我国海关之后拟经由荷兰运往目的地西班牙。当该批贴牌产品到达中转站荷兰的时候，遭到耐克公司的阻拦，在耐克公司的申请下，货物被荷兰海关暂时扣留并封存。事后西班牙赛得体育公司向当地荷兰法院提起上诉，要求解封并放行该批货物，最终得到法院的支持。该法院在审理中认为，该批货物系过境产品，产品的目的地是西班牙，赛得体育公司在西班牙拥有合法的"NIKE"商标使用权，同时没有证据显示赛得体育公司具有在荷兰市场上开展和上述被封存产品相关的任何重大经济活动的意图存在，从而使得该案的情况与传统的"在贸易关系上使用商标"之规定无法吻合。

具上使用的标记、技术、装载的货物并不在中转地离开承运人的控制。因此,荷兰法院作出的在荷兰运输中转的货物属于过境使用与在中国生产、加工的涉外定牌加工行为完全不同,没有可比性。

(四)混淆性原则

商标作为一种使用在商品或服务上的标识,是用来区别商品或服务的来源,其基本功能在于避免消费者将标注该商标的商品或服务的来源与其他商品或服务的来源产生混淆和误认。因此,避免混淆和误认是商标法的基本原则,也是商标权人所享有的禁止权大于专用权的范围的原因所在。所以,保护商标权的目的就是保护商标的识别功能,制止混淆行为。

1. 域外法制的商标混淆性理论

(1)美国的商标混淆性理论。

2005年10月修订的《美国法典》第15编[《兰哈姆法》第1114条第(1)款]规定:(a)为商业上之使用(use in commerce),任何人未经许可将复制、伪造、抄袭或仿冒他人注册商标的标识用于对商品或服务进行销售、推销或广告宣传的行为,只要可能导致混淆(is likely to cause confusion)、误认(mistake)或欺蒙(deceive)的,就构成商标侵权。(b)意图为商业上之使用而将注册商标之复制、伪造、影印、伪造品使用于有关商品或服务之标签、牌示、印刷物、装箱、包纸容器或广告上,足致发生混淆、误认或欺蒙者。美国的这一立法例被学者称为商标的直接侵权和间接侵权。❶

(2)欧盟的商标混淆性理论。

欧共体理事会分别于1989年和1993年通过的《有关协调各成员国商标立法的一号指令》和《欧共体商标条例》,均将"在相同商品上使用相同商标"直接规定为"直接侵权",只是将"可能导致公众混淆"作为其他使用商标行为构成"直接侵权"的要件。这些行为包括在同类商品上使用近似商标、在类似商品上使用相同商标和在类似商品上使用近似商标。❷《欧共体商标条例》第9条规定:"商标所有

---

❶ 王迁. 商标间接侵权研究 [M] //吴汉东. 知识产权年刊. 北京:北京大学出版社,2007:303.
❷ 王迁. 商标间接侵权研究 [M] //吴汉东. 知识产权年刊. 北京:北京大学出版社,2007:303.

人有权禁止任何第三人未经其同意在商业中：（a）在与其注册的商品或服务相同的商品或服务上，使用与其商标相同的标记；（b）由于一标记与其商标相同或相似且商标和标记所覆盖的商品或服务相同或相似，如果在公众意识中存在包括同在先商标产生联想的可能在内的混淆的可能时，使用该标记"。欧盟的这种立法例，对其成员国的商标立法产生了很大的影响。法、德等欧盟成员国《商标法》的规定与《欧共体商标条例》大致相同。与美国《兰哈姆法》的立法例相比，欧盟的这种立法模式将"在相同商品上使用相同商标"推定为会导致混淆，从而在程序上免除了商标权人证明有发生混淆可能性的举证责任。但从本质上看，其还是将"混淆可能性"作为认定商标侵权的必备要件。❶

（3）日本商标法未明确规定混淆性理论。

2005年1月28日最新修订的《日本商标法》第37条，明确规定了以下侵权行为的类型：①在指定商品或指定服务上使用与注册商标相近似的商标，或在与指定商品或指定服务相类似的商品或服务上使用注册商标或与其相近似的商标。②为了转让或交付，而持有在指定商品或与指定商品或与指定服务相类似的商品上或其商品包装上附以注册商标或与其相近似的商标的行为。③为了提供服务用的物品，而持有或进口在指定服务或与指定服务或指定商品相类似的服务中供被服务者利用的物品上附以注册商标或与其相近似的商标的行为。④为了提供服务用的物品而转让、交付或为了转让、交付而持有或进口，使用在指定服务或与指定服务，或与指定商品相类似的服务中供被服务者利用的物品上附以注册商标或与其相近似商标的行为。⑤为了在指定商品或指定服务上或在与其类似的商品或服务上使用注册商标或与其相近似的商标，而持有表示注册商标或与其相近似商标物品的行为。⑥为了使他人在指定商品或指定服务上或在与其相类似的商品或服务上使用注册商标或与其相近似商标，而进行转让、交付或为了转让、交付而持有表示注册商标或与其相近似商标物品的行为。⑦为了自己或使他人，在指定商品或指定服务上或在与其相类似的商品或服务上使用注册商标或与其相近似的商标，而制造或进口表示注册商标或与其相近似商标物品的行为。⑧只是为了制造表示注册商标或与其相近似商标的物品，而以制造、转让、交付或进口所需物

---

❶ 傅丹辉.贴牌生产中的商标侵权问题研究［D］.厦门：厦门大学，2009.

品为业的行为。

日本商标法对商标侵权行为采取了列举的方式，并未规定主观要件，也未规定混淆性原则，立足于客观行为的描述，与我国商标法的立法例一致。

(4) 印度的商标混淆性理论。

印度1999年制定的《商标法》第29条第2款规定："如有人既非商标所有人，也非授权使用人，其在贸易中使用商标符合下列情形，可能在公众中产生混淆或可能使该商标与注册商标建立某种联系的，构成侵犯注册商标的行为：(a) 在与注册商标核定使用的商品或服务相类似的商品或服务中，使用与注册商标相同的商标；或 (b) 在与注册商标核定使用的商品或服务相同或相类似的商品或服务中，使用与注册商标相近似的商标；或 (c) 在与注册商标核定使用的商品或服务相同的商品和服务中，使用与注册商标相同的商标"。该法第29条第3款规定，在上述 (c) 项的情况下，法院应当假定（该种情形）会在公众中产生混淆，以平衡当事人的举证责任。

(5) 中国台湾地区的商标混淆性理论。

1997年5月7日修正的中国台湾地区"商标法"第61条、第62条规定：于同一商品或同类商品，使用相同或近似于他人注册商标之图样者；于有关同一商品或同类商品之广告、标帖、说明书、价目表或其他文书，附加相同或近似于他人注册商标图样而陈列或散布者为侵犯商标专用权的行为，商标专用权人对于侵害其商标专用权者，得请求损害赔偿，并得请求排除其侵害；有侵害之虞者，得请求防止之。第37条规定：相同或近似于他人著名之商标或标章，有致公众混淆误认之虞者不得注册。但申请人系由商标或标章之所有人或授权人之同意申请注册者，不在此限。

2. 国际法中的商标混淆性规定

TRIPS第16条第1款规定："注册商标所有人应享有专有权防止任何第三方未经许可而在贸易活动中使用与注册商标相同或近似的标记去标示相同或类似的商品或服务，以造成混淆的可能。如果确将相同标记用于相同商品或服务，即应推定已有混淆之虞。上述权利不得损害任何已有的在先权，也不得影响成员依使用而确认权利效力的可能。"1966年11月在日内瓦会议上通过的《发展中国家商标、商号和不正当竞争行为示范法》第18条第1款规定："商标的注册给予其注册所有人以阻止第三者下列行为的权利，在商标被注册的有关商品服务上使用该商标或标记用于其他商品或服务上而容易使公众误解的行为"。

3. 混淆性原则的分类

知识产权界有学者按照不同的标准，将混淆性原则分为现实的混淆和可能的混淆，直接混淆和间接混淆。但是，是否混淆其实是一种意思表示的问题，根据民法有关意思表示的基本理论，从理论上应该可以将混淆分为主观混淆和客观混淆。

（1）现实的混淆和可能的混淆。按照混淆性理论，混淆可分为现实的混淆和可能的混淆。现实的混淆即相关公众对市场上两个不同的商标产生了混淆的事实；可能的混淆则指根据各种事实显示某一行为存在导致发生现实混淆的可能。可能的混淆是以现实的混淆作为参照标准的，是现实的混淆前一阶段的状态，如不及时加以制止，可能的混淆就会转变为现实的混淆。因此，制止可能造成混淆的行为是出于有效保护商标权的角度考虑。❶

（2）直接混淆和间接混淆。直接混淆或者狭义的混淆，是指消费者无从分辨或混同两个事实上产自不同企业的商品；间接混淆或者广义的混淆，是指消费者很清楚某一商品不可能由某一企业直接生产，但却可能认为该企业与实际生产者之间有某种许可、赞助、参股或商品化等关系，总之由该企业对商品的生产实施最终控制，但实际上不存在这种关系。❷

（3）主观混淆和客观混淆。混淆是消费者对于商品或服务的来源无从分辨或混同，以致对商品或服务的提供者产生误认，产生了错误的意思表示。因此，混淆是一种意思表示的形态，与我国民法中的"重大误解"的性质一致。消费者由于对商品的来源产生混淆，本意欲购买甲商品，而由于乙商品上标贴的商标与甲商品上标贴的商标存在混淆，以致实际购买了乙商品，事后消费者有权以重大误解为由要求法院或仲裁机构撤销或变更购买乙商品的买卖合同。客观混淆是一种抽象的标准，假定一个理性的消费者在购买商品或服务时，肯定会无法分清商品

---

❶ 参见：张今，陆锡然．涉外贴牌生产的商标问题 [J]．中华商标，2008（5）：13．浙江省高级人民法院课题组．贴牌生产中商标侵权问题研究 [J]．法律适用，2008（4）：65．

❷ 章磊．定牌加工中的商标侵权问题研究 [J]．经济与法，2010（7）：108．

或服务的来源乃至混同，对商品或服务的来源产生误认的状态。主观混淆是一种具体的标准，是以某一具体的消费者在购买某一具体的商品或服务时，根据当时的客观条件，对商品或服务的来源产生现实的混淆或混淆可能的具体事实。在"知假买假"的情况下，如根据客观混淆的标准，就构成混淆；如根据主观混淆的标准，则不构成混淆。

4. 我国《商标法》及《反不正当竞争法》中明文规定的混淆性原则

我国《商标法》（2001年）第13条在驰名商标的保护上明文规定了混淆性原则。《商标法实施条例》（2002年）第50条第（1）项规定："在同一种或者类似商品上，将与他人注册商标相同或者近似的标志作为商品名称或者商品装潢使用，误导公众的"属于《商标法》（2001年）第52条第（5）项所称侵犯注册商标专用权的行为。《最高人民法院关于审理商标民事纠纷案件适用法律若干问题的解释》（法释〔2002〕32号）第1条和第2条规定了企业字号、域名与注册商标的误认，驰名商标的容易混淆，第9条和第11条规定了有关近似商标和类似商品或服务的混淆性标准，采纳了可能的混淆性理论，包含了直接混淆和间接混淆。《反不正当竞争法》第5条对知名商品特有的名称、包装、装潢、企业名称、姓名的混淆采纳了现实的混淆和主观混淆性标准。而《最高人民法院关于审理注册商标企业名称与在先权利冲突的民事纠纷案件若干问题的规定》（法释〔2008〕3号）第2条对企业名称之间的混淆采纳了可能的混淆性理论。《最高人民法院关于审理不正当竞争民事案件应用法律若干问题的解释》第1条和第4条在对知名商品特有的名称、包装、装潢的混淆性标准与《最高人民法院关于审理商标民事纠纷案件适用法律若干问题的解释》（法释〔2007〕2号）的规定一致，采纳了可能的混淆性理论，包含了直接混淆和间接混淆。《最高人民法院关于审理涉及驰名商标保护的民事纠纷案件应用法律若干问题的解释》（法释〔2009〕3号）第9条规定了《商标法》（2001年）第13条对驰名商标容易导致混淆采纳了可能混淆性理论，包含了直接混淆和间接混淆。现行《商标法》第57条第（2）项规定：未经商标注册人的许可，在同一种商品上使用与其注册商标近似的商标，或者在类似商品上使用与其注册商标相同或者近似的商标，容易导致混淆的，属于侵犯商标权的行为。

5. 相同商品使用相同商标的混淆性判断

我国现有的法律和司法解释均没有对《商标法》（2001年）第52条第（1）项和现行《商标法》（2013年）第57条第（1）项在相同商品上使用相同商标构成商标侵权的规定是否采纳了混淆性原则进行解释，以致对于混淆性原则是否是我国《商标法》的基本原则产生了争议。

（1）在相同商品上使用相同商标是否采纳混淆性原则的争议。

浙江省高级人民法院认为在理论上，混淆原则确实是判断商标侵权的基本原则。但在目前的商标法律框架下，法律、法规、司法解释明确规定，混淆原则作为认定构成商标侵权要件的，只限于对驰名商标的保护、商标名称或者装潢与商标冲突、企业字号与商标的冲突、域名与商标的冲突、类似商标或服务的认定、商标相似性的判定等方面。❶ 广东省高级人民法院知识产权庭原庭长林广海认为："根据《最高人民法院关于审理商标民事纠纷案件适用法律若干问题的解释》第9条的规定，是否容易使相关公众对商品的来源产生误认或认为其来源与原告注册商标的商品存在特定联系，是判断商标是否近似的要件，而非是否构成侵权的直接条件。因此，在对第一类定牌加工行为进行侵权判断时，不涉及认定是否有相关公众、是否造成混淆或误认。换言之，有没有相关公众的混淆或误认不影响侵权的成立。"❷ 重庆市高级人民法院孙海龙法官和西安市中级人民法院姚建军法官认为：混淆原则仅是理论上判断商标侵权的基本原则，认定商标侵权并不以造成混淆为绝对要件。❸ 中国政法大学张今教授认为："在我国现行的商标法律法规及司法解释中，关于商标侵权的相关规定中也直接或间接地体现了混淆原则的标准，如《商标法》第13条、《商标法实施条例》第50条、第53条和《最高人民法院关于审理商标民事纠纷案件适用法律若干问题的解释》第1条、第9—12条等。上述各项规定都是基于对混淆原则的考虑而从不同方面来保障商标的识别功能，由此可见，混淆原则在我国商标侵权理论中是得到体现的。"❹ 上海市第一中级人民法院沈强法官认为：从立法技术解释，商标法整体系统上包含了混淆、误认是

---

❶ 参见：浙江省高级人民法院课题组. 贴牌生产中商标侵权问题研究 [J]. 法律适用, 2008 (4): 65.
❷ 参见：林广海, 郑颖. 涉外定牌加工中的商标权问题 [J]. 人民司法·应用, 2007 (23): 84.
❸ 参见：孙海龙, 姚建军. 贴牌加工中的商标问题研究 [J]. 知识产权, 2010 (5): 79.
❹ 参见：张今, 陆锡然. 涉外贴牌生产的商标问题 [J]. 中华商标, 2008 (5): 13.

构成商标侵权的实质要件，商标近似以及类似商品和服务的判断都涉及运用容易混淆和误认作为判断标准，而相同商标及相同商品或者服务造成的混淆、误认的可能是不言而喻的可以理解立法者之所以在《商标法》（2001年）第52条中这样表述，可以理解为当时条件下如果该行为符合该项的规定，必然造成相关公众混淆、误认商品或者服务来源的可能，因此无须再赘述。❶ 西南政法大学的张玉敏教授认为："虽然我国《商标法》（2001年）第52条没有明确指出以可能使消费者产生混淆、误认为构成侵权的实质要件，但是，最高人民法院为了适应审判工作的需要，已经在相关司法解释中明确将'容易使相关公众产生误认'作为认定侵犯商标权行为的必要条件。从以上分析可以得出这样的认识：致消费者对商品/服务的来源可能产生混淆、误认，是侵犯注册商标专用权的实质要件。"❷ 程永顺认为："混淆原则是判断商标侵权的基本原则，也是整个商标法的基石之一，《商标法》（2001年）第52条第（1）项规定了商标禁止权范围，其中，尽管没有明确混淆的要求，但是在一般情况下，满足商标侵权要件则应推定混淆的事实或者可能存在。否则，对商标权的保护就失去了意义。在商标侵权判断中，若当事人举证证明即使该条规定之要件满足，但仍不足以构成消费者混淆的，则仍应认定侵权行为不成立。"❸

（2）相同商品使用了相同商标的混淆性原则。

我国商标法是否将混淆性原则作为其基本原则，要以《商标法》2001年的修改背景来考虑。2001年12月10日中国正式成为世界贸易组织的成员国。为了满足世界贸易组织的最低要求，我国在这之前对大量的法律进行了修改，包括2001年10月27日第九届全国人民代表大会常务委员会第二十四次会议通过的"《商标法》修改决定"。TRIPS第16条第1款规定："注册商标所有人应享有专有权防止任何第三方未经许可而在贸易活动中使用与注册商标相同或近似的标记去标示相同或类似的商品或服务，以造成混淆的可能。如果确将相同标记用于相同商品或服务，即应推定已有混淆之虞。上述权利不得损害任何已有的在先权，也不得影

---

❶ 参见：沈强. 涉外定牌加工中的商标侵权问题——对我国商标法第52条第（1）项的理解与适用 [J]. 国际商务研究, 2009 (5): 57.

❷ 参见：张玉敏. 涉外定牌加工商标侵权纠纷的法律适用 [J]. 知识产权, 2008 (4): 71.

❸ 参见：程永顺. 定牌加工中的商标侵权问题 [J]. 中华商标, 2008 (12): 17.

响成员依使用而确认权利效力的可能。"我国 2001 年修改后的《商标法》是以符合世界贸易组织的规定而修改的，是符合 TRIPS 的最低要求的。因此，修改后的《商标法》也以 TRIPS 第 16 条第 1 款规定的混淆性原则作为我国商标法的基本原则，在相同商品或服务上使用相同商标，就依法推定已经造成混淆可能，无需执法机关和司法机关再进行认定。这是一种立法推定的方式。1804 年《法国民法典》对推定的解释是："推定为法律或法官从已知的事实推论未知事实所得出的结论。"英国学者克劳斯（Cross）把推定分为四类：①结论性推定，指没有任何证据能反驳其推定事实。这实际上是实体法的规则，由于在设定这一实体规则时运用了推定，故此在称谓上援用推定。②说服性推定，指运用足够的证据来说服，凭盖然性衡量后，据以认定事实的存在与否。③证据性推定，即根据某种证据是否遭驳回，而在案件当事人之间分配法律证明负担的有关规则。④临时性推定，即从某种战略角度来考虑采取反驳证据，以促使法院认为某种推定事实是否真实。❶ 第一种"结论性推定"就是实体法规则，如果这种规则不是为了确定举证责任的分配，而是类似刑事责任年龄这样的规定，那么它当然是不能反驳的；第二、三、四种分类都可以看作是程序意义上的推定。立法上的推定也可以称为是实体法上的推定，因为它表现为实体法上的规则。这种规则有别于司法推定即程序法上的推定者，在于它有着更牢固而令人信服的经验基础，反驳起来比较困难，这使人们比较放心地让立法者将其上升为实体规则而反复运用之。程序上的推定则不具有这种反复运用的权利，它只能是一事一议，就事论事，法律上没有根据，只凭司法人员的自由判断或心证，反驳起来也相对容易。❷ 我国商标法的立法中就是运用了结论性推定这一实体法规则，在相同商品或服务上使用相同商标的即推定为构成混淆，不需要相反证据来反驳，将之上升为实体法的具体规定。因不能推翻，故法律条文中不再出现推定二字。这种不考虑具体情形，即推定相关公众必然会对商品或服务的来源产生混淆或误认的理论，即为客观混淆理论。《最高人民法院关于当前经济形势下知识产权审判服务大局若干问题的意见》（法发〔2009〕23 号）第 3 条第 6 项规定：未经商标注册人许可，在同一种商品上使用

---

❶ 沈达明. 英美证据法 [M]. 北京：中信出版社，1996：68.

❷ 邓子滨. 刑事立法上的推定 [EB/OL]. [2011-04-10]. http://www.iolaw.org.cn/showNews.asp?id=1157.

与其注册商标相同的商标的,除构成正当合理使用的情形外,认定侵权行为时不需要考虑混淆因素。

四、涉外定牌加工商标侵权行为的归责原则

我国已故的知识产权法学的开拓者郑成思教授认为:从国际上知识产权法的研究成果、知识产权的特殊性等出发,知识产权侵权认定的归责原则为无过错责任原则,在赔偿损失上采用过错责任原则。[1] TRIPS 第 45 条第 1 款规定:"对已知或有充分理由应知自己从事之活动系侵权的侵权人,司法当局应有权责令其向权利人支付足以弥补因侵犯知识产权而给权利持有人造成之损失的损害赔偿费。"第 45 条第 2 款规定:"司法当局还应有权责令侵权人向权利持有人支付其他开支,其中可包括适当的律师费。在适当场合即使侵权人不知、或无充分理由应知自己从事之活动系侵权,成员仍可以授权司法当局责令其返还所得利润或令其支付法定赔偿额,或二者并处。"国内的大量学者和法官受郑教授观点以及 TRIPS 第 45 条第 2 款规定的影响,也认为知识产权侵权认定的归责原则为无过错责任,赔偿损失为过错责任。但是,知识产权侵权认定的无过错责任与基本法律的基本理论相悖。何况 TRIPS 也是以过错责任作为主要的归责原则的,第 45 条第 1 款规定即为明例。该协议第 45 条第 2 款的规定属于例外情形,只适用于适当场合,而且是授权性规定,不是强制性规定。其实,TRIPS 作为发达国家与发展中国家之间、不同法系国家之间经过谈判达成的妥协性的结果,作为法律文本的逻辑性和体系性并不强,不可能符合每一个国家的法律传统和法律理论。因此,世界贸易组织的成员在保证国内法遵守协议的同时,应该按照自身的法律传统和法律理论进行消化,与国际接轨的同时也要与国内接轨,以保证一国法制的统一性。

(一)我国法律体系中的知识产权侵权归责原则

1. 民法通则中的知识产权侵权归责原则

《民法通则》第 106 条第 2 款规定了过错责任原则,第 3 款规定了无过错责任

---

[1] 郑成思. 知识产权论 [M]. 北京:法律出版社,2003:272.

原则。《民法通则》第118条规定：著作权、专利权、商标专用权、发现权、发明权和其他科技成果权受到侵害的，有权要求停止侵害、消除影响、赔偿损失。该规定显然是采纳了过错责任的归责原则。《民法通则》明确规定适用无过错责任原则的为国家机关及其工作人员责任、产品责任、高度危险责任、环境污染责任、动物致人损害责任、监护人责任。因此，认为知识产权侵权归责原则为无过错责任的观点与民法通则的规定相悖。

2. 行政法和刑法体系中的知识产权行政、刑事责任的归责原则

很多情况下，知识产权法律条文中列举的同一违法行为，既构成知识产权民事侵权，又构成行政违法，情节严重的，又构成刑事犯罪。众所周知，刑事责任要求主观上具有故意，只要法律有明文规定的，过失的情形下也应承担责任。而行政违法中违法性的要件也包含了主观过错。行政法对过失的认定采用客观标准和主观标准，将故意行为和不符合一般人注意义务的重大过失行为作为违法行为予以制裁。《商标法实施条例》（2002年）第52条规定："对侵犯注册商标专用权的行为，罚款数额为非法经营额3倍以下；非法经营额无法计算的，罚款数额为10万元以下。"如果认为侵犯商标权适用无过错责任的归责原则，那么要对商标侵权行为进行行政处罚，势必要在立法上加上行为人具有主观故意或重大过失的限定语，而《商标法实施条例》（2002年）没有规定这一主观过错限定。因此，通过对法律进行体系解释，可以得出实施《商标法》第57条规定的商标侵权行为需承担的民事责任和行政违法责任在归责原则上是一致的，不可能是无过错责任的归责原则，否则无法追究行政违法责任。

（二）过错责任与无过错责任的制度目的

过错责任是主观归责原则，是以行为人的主观过错作为价值判断标准，判断行为人对其造成的损害应否承担侵权责任的归责原则。过错责任归责原则是从古代法中的结果责任归责原则中发展起来的。在结果责任归责时代，只要行为人造成损害结果，不问过错，就要承担责任，实质上是一种绝对责任。因此，在罗马法时代，对结果责任进行反思的基础上产生了过错责任，遵循"无过错即无责任"的原则，由行为人对自己的过错承担责任，所以又称为自己责任。过错责任的基本内容就是要求对加害行为进行客观评判。根据行为人所应遵守的注意义务和他

在实施行为时的实际注意程度,查明他是否应当避免和能够避免损害的发生,以及他是否尽到足够的谨慎和努力以避免损害的发生,在此基础上辨明该行为是"应受谴责的"还是"可以原宥的",由此而确定其责任的有无,从而使行为的责任界限得到明确划分。过错责任原则具有行为制导功能,通过民事责任的制裁告知人们"知其可否"而"趋利避害",从而把社会生活导向正常的轨道;此外还有积极预防的功能、道德评价的功能和间接平衡的功能。❶ 认定过错的标准可以分为主观标准和客观标准。主观标准主张通过判断行为人的心理状态来确定其有无过错,其核心在于,行为人能否预见其行为的后果。然而,采用主观标准认定过错,需要对每个行为人的预见能力作出判断,由于每个人的认识能力受其智力程度、受教育程度、专业知识、身体状况、客观环境等多方面因素的影响,准确判断行为人的预见能力,在实践中很难操作,因此,现在这一标准受到了一些学者的批评。客观标准通过某种客观的标准来衡量行为人的行为以及实施行为时的心理状态,以行为人是否尽到注意义务作为过失的判断标准。采纳客观标准认定过错,既简便易行,又较为明确,同时,还能够为行为人确定明确的行为准则。❷ 过失的客观化其实已成为国内外司法实践中认定过失的准则。过错推定是工业革命以后,为了对当时工业事故的受害人扩大救济,进行举证责任倒置,由法律以可反驳的推定行为人具有过错,由行为人通过证明自己没有过错而免责。因此,过错推定本质上仍然是过错责任的一部分,是过错责任在适用中的一种特殊情形。无过错责任是为了弥补过错责任的不足而兴起的制度,以损害结果来确定责任的承担,而不问行为人的主观过错,因果关系成为承担责任的决定要件。无过错责任原则的立法思想,是对于不幸的损害的合理分配,并以保险制度和损失分担制度为基础来实现损害分配的社会化,因而无过错责任不具有制裁不法行为并预防不法行为发生的作用,已失去了法律责任固有的含义;而推定过错责任的立法思想仍在于对加害行为的非难,仍以过错作为确立责任的最终要件,民事责任的承担仍由行为人承担,而不是通过保险制度等由社会分担损失,因而推定过错责任保持了民事责任的教育和预防的作用。❸ 总之,过失责任系建立在侵害他人权利的

---

❶ 参见:王卫国. 过错责任原则:第三次勃兴 [M]. 北京:中国法制出版社,2000:158-161.
❷ 参见:王利明,杨立新. 侵权行为法 [M]. 北京:法律出版社,1996:73.
❸ 奚晓明.《中华人民共和国侵权责任法》条文理解与适用 [M]. 北京:人民法院出版社,2010:35.

不法性之上，具有违法性。而无过失责任，法律一方面允许个人或企业从事具危险性的事务，他方面则使其承担因危险具体实现所生不幸损害的赔偿责任，乃在实现分配正义。❶

(三) 严格化的过错推定原则

商标侵权行为显然是一种违法行为，在商业活动中使用商业标识没有尽到避免相关公众混淆和误认的义务，在主观上具有责难性，应受法律的制裁，并且还要在有商标侵权之虞时，就应该及时制止，以预防发生现实的损害。因此，对商标侵权行为的赔偿不是对从事合法行为中造成的不幸的损害的赔偿。商标侵权行为的赔偿责任是由侵权行为人自己承担，而不能通过保险制度等途径对损失进行社会化的分担。因此，商标侵权行为无论是从法律规定，还是从法学理论上而言，均非无过错责任。因为商标是由有关行政当局授予的，并且予以公告，具有公示效力，作为从事商业活动在商品上使用商标的经营者，应该负有"善良管理人"的高度注意义务，避免自己使用的商业标识造成相关公众的混淆和误认。如果使用的商业标识具有混淆可能性，就直接推定具有过失情形。至于行为人实际上从事的审查行为只是对判断是否故意侵权有意义，对是否构成过失不具有影响。根据侵权责任法的一般原理，行为人的过错由权利人承担举证责任。实行过错推定的，进行举证责任倒置，允许行为人证明其没有过错而免责。对于行为人而言，由于立法并未要求其委托专业机构进行审查，所以其要证明履行了审查义务非常容易，而对权利人而言，却难以反驳。因此，对于过失的认定，则采用客观标准，只要行为人未经商标权人许可，客观上从事了混淆性的商标使用行为，就可以推定其没有尽到一个合格的商业活动者应尽的注意义务，而且这一推定是不可反驳的实体法上的立法推定，有别于一般侵权行为中的举证责任倒置的过错推定原则，是一种严格化的过错推定原则。一般侵权行为中的举证责任倒置此系属于可反驳的程序法上的司法推定。

---

❶ 参见：王泽鉴. 侵权行为法 [M]. 北京：北京大学出版社，2009：546.

五、涉外定牌加工商标侵权行为的构成要件

在侵权责任法中，实行过错责任归责原则的，一般认为其构成要件为主观过错、违法行为、损害结果、因果关系四要件说；实行无过错责任归责原则的，一般认为其构成要件为损害行为、损害结果、因果关系三要件说。侵权责任法实施以后，行为的违法性被过错所吸收，故实行过错责任归责原则的一般侵权行为的构成要件为过错行为、损害结果、因果关系。虽然知识产权法的侵权责任规定相对于侵权责任法而言，属于特别法，特别法可以要求在构成要件和损害赔偿上体现其特殊性，但是特别法不能与侵权责任法的基本原则和基本理论相违背，特别是归责原则的理论。商标侵权的归责原则是过错责任中的不可反驳的过错推定而非无过错责任，即严格化的过错推定原则。在过失认定以是否尽到注意义务这一客观标准为主的情况下，行为人使用的商标如果具有混淆可能性，则直接推定其没有尽到使用商业标识应避免造成混淆、误认的注意义务，具有过错。因此，商标侵权行为的构成要件为混淆性的商标使用行为和损害结果。

（一）混淆性的商标使用行为

我国《商标法》第 48 条规定：商标的使用，是指将商标用于商品、商品包装或者容器以及商品交易文书上，或者将商标用于广告宣传、展览以及其他商业活动中，用于识别商品来源的行为。新《商标法》对《商标法实施条例》（2002 年）第 3 条规定的商标使用作出了修改，增加了"用于识别商品来源的行为"规定。因此，只有商品上的标识用于识别商品来源，起到商标功能的标识使用行为才属于商标法意义上的商标使用行为。涉外定牌加工行为是否构成商标侵权的最大争议在于加工人标贴的标识是否属于商标法意义上的商标使用行为。其实，商标法意义上的商标使用行为在商标的授权确权环节与商标侵权环节的判定应有所区别。商标侵权环节的商标使用行为，或商标侵权法意义上的商标使用行为，其实质是混淆性的商标使用行为。

1. 商标法意义上的商标使用行为

最高人民法院在 PRETUL 案中就认为被诉标识属于物理贴附，不是商标法意

义上的商标使用行为。❶ 也有观点认为商标法上的"使用"概念，应当是商业活动中的正常使用。商业活动必定包括营销的环节，即商家向消费者提供商品的过程，无任何贩卖意图、无流通与交换的单纯制造行为并不是一个完整的商业活动。因此，制造产品并将商标贴附于产品之上、但并没有向市场提供商品的行为，不应当被认定为商标法所称的"商标的使用"。❷ 商标法上的商标使用，应当是与商品流通相联系的使用，在"定牌加工"中，加工人按照委托人的要求将商标贴附于加工之产品上，就其性质而言，属于加工行为的一部分，而且加工人并不销售加工产品，而是将产品全部交付委托人，因此，其行为不构成商标法上的商标使用。❸ 北京第一中级人民法院认为："贴牌"不是商标法意义上的商标使用行为，"贴牌后的产品"也没有进入商业流通环节而不致使相关公众产生混淆、误认。对于产品全部用于出口的外贸型贴牌加工行为不宜认定为侵权。❹ 如果认为定牌加工的产品不属于是商品，在生产环节使用商标不是商标使用行为，那么生产环节的商标管理势必处于监管真空的状态，与目前商标执法的现实环境以及 TRIPS 对成员的最低保护要求不符合，更加不能达到预防、制止、打击商标违法行为的目的。此外，如果专门用于出口的商品上标注的商标不属于商标使用行为，那么一些外向型企业在出口商品上注册商标就没有任何意义，其他人就可以以该商标连续 3 年没有在国内的流通环节使用而申请撤销。这显然不符合我国鼓励自有品牌走向国际市场的国家知识产权战略。当然最高人民法院曾经在"无印良品"商标异议复审行政诉讼再审案中认为：商标只有在商品的流通环节中才能发挥其功能。二审法院认为良品计画委托中国大陆境内厂家生产加工第 24 类商品供出口，且宣传、报道等均是在中国大陆境外，不属于《商标法》第 31 条规定的"已经使用并有一定影响的商标"，符合商标法的立法原意。❺ 但近来北京知识产权法院在判决中明确商标权人在专门用于出口的产品中标贴商标属于商标使用行为，不能以连续 3 年未使用而撤销。北京知识产权法院在"DOLPHIN"商标案中认为："商标

---

❶ 参见：最高人民法院（2014）民提字第 38 号民事判决书。
❷ 参见：管育鹰. 定牌加工与商标权的保护 [J]. 中国经贸导刊, 2008 (21): 41.
❸ 参见：张玉敏. 涉外定牌加工商标侵权纠纷的法律适用 [J]. 知识产权, 2008 (4): 71.
❹ 参见：许波. 侵犯商标权行为相关法律问题研讨会概述 [J]. 中国专利与商标, 2011 (1): 106.
❺ 参见：最高人民法院（2012）行提字第 2 号行政判决书。

权人使用复审商标的商品仅用于出口，形式上未满足在中国大陆地区的商品流通领域使用涉案商标的要件，但是，该仅用于出口的商品的制造行为系发生于中国大陆地区，且此种制造行为发生于大陆地区，并向域外地域销售的行为为我国目前主要的对外贸易形式之一。在上述行为已构成真实、积极使用的前提下，仅因为上述使用行为形式上未满足进入大陆地区的商品流通领域而否认其构成连续3年停止使用撤销制度中的使用，将使得上述商品无法完成出口行为，而实质上影响上述对外贸易的完成，不仅有违我国拓展对外贸易的政策要求，亦与商标法确定的促进社会主义市场经济发展的立法目的相违背，故上述行为虽仅用于出口而未实际进入中国大陆地区的流通领域，但从商标法的立法目的及我国对外贸易政策的实际需求出发，上述行为亦应当被视为公开的使用。"[1] 当然商标授权确权中的商标使用行为是指商标权人自己或授权他人在核准的商品上积极、真实、公开地使用其注册商标，起到识别该商品的来源的功能。商品不是一个法律用语，没有一部法律对商品下过定义。何为商品，应该按照政治经济学对商品下的定义来理解，商品是用于交换的具有使用价值和交换价值的产品。商品的这一定义不仅是在我国官方，而且在民间也是具有共识的。自己生产、自己使用、不用于交换流通的产品属于劳动产品，不是商品。定牌加工作为市场经济中的一种贸易形式，加工的产品当然具有使用价值和交换价值，加工行为是一种商业行为，是为了商品流通而进行的制造行为，该产品的最终目的在于投入商业流通以供不特定的消费者使用。在该商品上标注的商标也能起到识别商品来源的作用，在该商品的生产、检验、运输、仓储、报关、装船等环节表明该商品与商标持有人具有关联性，而且该商标使用行为与该商标在目的地的使用行为是连贯的。而且，在涉外定牌加工合同中，境外的定作人也是明确要求境内的加工人在加工的产品上使用其指定的商标。因此，为了保护我国的自有品牌在国际上的竞争力，有必要认定在加工的产品中标注商标属于具有商业目的的起到标识功能的商标使用行为。

2. 商标侵权法意义上的商标使用行为

基于前述，混淆性原则是判定商标侵权的基本原则。该原则在商标侵权构成要件的体现就是要求被诉侵权人实施的商标使用行为是具有混淆性的使用行为。

---

[1] 参见：北京知识产权法院（2015）京知行初字第5532号行政判决书。

在近似商标或类似商品的判断上要考虑混淆因素，这在《商标法》第 57 条第（2）项已经明确。而在相同商品上使用相同商标，同样也需要贯彻混淆性原则，只是立法直接推定为构成混淆，不需要具体判断。最高人民法院在《最高人民法院知识产权案件年度报告（2009）》中认为，商标侵权意义上的商标使用应以起到标识来源和生产者的作用为必要条件。最高人民法院在辉瑞公司诉联环公司案中认为，对于不能起到标识来源和生产者作用的使用，不能认定为商标意义上的使用，他人此种方式的使用不构成使用相同或者近似商标，不属于侵犯注册商标专用权的行为。❶ 所以，商标侵权法意义上的商标使用行为应为混淆性的商标侵权行为，能够起到标识商品来源的功能，具有造成相关公众混淆、误认的可能性。对于混淆的判断，就涉及相关公众和商标使用的地域范围的问题。

3. 混淆性商标使用的地域范围

至于商标法意义上的商标使用的地域范围是否限定在中国境内，《商标法》和《商标法实施条例》没有明文规定。传统观点认为基于地域性原则，商标使用的地域范围应该是我国法域范围内。最高人民法院在"伟哥"商标案中认为：辉瑞制药公司也明确声明"万艾可"为其正式商品名，并承认其在中国内地未使用过"伟哥"商标，故媒体在宣传中将"Viagra"称为"伟哥"，亦不能确定为反映了两申请再审人当时将"伟哥"作为商标的真实意思。❷ 时任最高人民法院知识产权庭庭长的孔祥俊认为，商标权的地域性和商标权利用尽的地域性，体现的是国家主权概念，《商标法》第 13 条第 2 款和第 32 条均蕴含了在中国境内使用的含义，该规定显然采取了地域性原则。❸ 在传统的地域性原则下，商品、服务、人员、信息是受政治、地理边界所隔离的。但随着世界经济的一体化，贸易的全球化，这种政治、地理边界的区隔在削弱。注册商标的使用范围并不限于注册国境内已经非常普遍。很多使用中国注册商标的商品并不在中国境内销售，而是专门出口到国外销售，而且这也符合国家鼓励企业以自有品牌走向国际市场的国家知识产权战略。另外随着互联网和电子商务的发展，市场和信息之间的围墙已经倒

---

❶ 参见：最高人民法院（2009）民申字第 268 号民事裁定书。
❷ 参见：最高人民法院（2009）民申字第 313 号民事裁定书。
❸ 参见：孔祥俊. 新修订商标法适用的几个问题（上）[N]. 人民法院报，2014-06-18（7）.

下。全球消费者能够看到我国淘宝、京东网站上售卖的商品并下单购买，同样，我国的消费者也能够在国外的亚马逊网站下单购买产品。所以，混淆性商标使用的地域范围不能机械地界定为我国法域内，而应以相关公众是否具有接触可能性为准。如果被诉侵权商品没有在国内销售，而在境外的亚马逊网站销售，我国的消费者能够通过互联网看到该商品的，则属于混淆性的商标使用行为。此外，针对作为商标使用是否属于混淆性使用的判断主体的相关公众的地域范围问题，基于地域性原则，一般认为相关公众的地域范围与商标使用的地域范围一样，也应该是中国境内。但也有观点认为《商标法》和相关司法解释并未对相关公众作地域限制，如浙江省高级人民法院在莱斯公司诉亚环案认为《最高人民法院关于审理商标民事纠纷案件适用法律若干问题的解释》第9条第2款并未对"相关公众"作地域限制。❶ 在于某刚诉容大公司案中认为："于某逊的注册商标早已及于国外市场，为相关公众所知悉。即使被诉侵权产品系进入该境外市场，但于某逊注册商标核准使用的商品也销往同一境外市场，故足以使相关公众产生混淆误认。"关于相关公众的地域范围，其实有关司法解释是明确的。《最高人民法院关于审理涉及驰名商标保护的民事纠纷案件应用法律若干问题的解释》第1条规定："本解释所称驰名商标，是指在中国境内为相关公众广为知晓的商标。"既然驰名商标认定中的相关公众为中国境内的相关公众，基于举重以明轻的法律解释原则，在一般的商标侵权判定中的相关公众的范围不可能超越驰名商标相关公众的地域范围。

（二）损害结果

在传统的侵权行为法领域，现实的损害结果是侵权行为的构成要件，所谓"无损害即无责任"。但是由于知识产权的无形性、可复制性，受害人证明实际的损害结果非常困难。因此，为了加强对知识产权的保护，发达国家将制止侵权行为的环节从造成实际损害结果提前到实施行为有造成损害的可能时，将预防侵权行为作为知识产权保护的一个环节。由此，出现了知识产权领域的"即发侵权"理论。由于发达国家的坚持，TRIPS规定了即发侵权，要求成员的国内法符合这

---

❶ 参见：浙江省高级人民法院（2012）浙知终字第285号民事判决书和（2016）浙民再121号民事判决书。

一要求。我国在"入世"前夕，全面修改了专利法、著作权法、商标法，规定了预防、制止即发侵权的行为。商标法（2001）第 57 条规定："商标注册人或者利害关系人有证据证明他人正在实施或者即将实施侵犯其注册商标专用权的行为，如不及时制止，将会使其合法权益受到难以弥补的损害的，可以在起诉前向人民法院申请采取责令停止有关行为和财产保全的措施。"当然，也有学者坚持："我国民法通则规定了民事侵权的赔偿原则，就是赔偿实际损失原则。在定牌加工引发的商标侵权纠纷中，看不到原告有任何的经济损失，在这种情况下，法院仍然要酌情确定被告赔偿原告经济损失是没有法律依据的。"❶ 涉外定牌加工的产品只是在国内过一下境，不会有损害事实发生，也不会出现将要发生的情形，不适用即发侵权。❷ 张玉敏教授认为，涉外定牌加工的产品不在境内销售，不会对境内商标权人造成任何损害，进一步说，这些产品在境外销售，也不损害境内商标权人在国际贸易中的利益。❸ 立法既然已经明确了即发侵权理论，那么在知识产权侵权责任的构成要件上已经不再局限于存在现实的损害，而是扩展到可能的损害。对于在中国境内的涉外定牌加工行为，由于被诉侵权商品只要没有通过报关且装载在国际交通运输工具上，境内的托运人就随时可以撤回出口，就可以认定有在境内销售的可能，并且境内商标权人的目标市场并非境内，而是整个世界市场，整个世界市场的对该商品的需求量基本上是在一个确定的范围内，被诉侵权商品在境外的销售，就有可能降低商标权人的国际市场份额。何况在目前涉外定牌加工的现状中，境内商标权人与境内加工人属于同一个行业，在国内市场和国际市场上均存在着竞争关系，很多情况下是争夺同一目标市场甚至同一外商，存在着实质性的损害。因此，就全球市场而言，有些情形下的确不存在实际损失，但是潜在损失不可谓没有，商业机会的丧失也是客观存在的事实。

六、涉外定牌加工中的利益平衡

我国自改革开放以来，在外向型经济模式下，定牌加工产业得到了长足的发

---

❶ 参见：程永顺. 定牌加工中的商标侵权问题 [J]. 中华商标，2008（12）：17.
❷ 参见：林鸿姣. 国际定牌加工之商标冲突问题分析 [M] //蒋志培. 专利商标新型疑难案件审判实务. 北京：法律出版社，2007：92.
❸ 参见：张玉敏. 涉外定牌加工商标侵权纠纷的法律适用 [J]. 知识产权，2008（4）：71.

展，尤其是在广东、福建、浙江等沿海地区，大量企业将涉外的贴牌生产贸易当作主要业务。经过数十年的发展，中国已然成为全球定牌加工制造的"大车间"，每年拥有上亿美元的定牌加工业务。❶ 我国许多著名企业曾靠 OEM 打工者身份起家，后创立自己的品牌，从而脱颖而出，康佳、联想、方正皆属此列。TCL 亦曾利用 OEM 方式，借助香港长城电子设在惠州的生产基地成功地闯进了彩电市场。❷ 台湾鸿海集团是专做定牌加工的企业，是全球电脑、通讯、消费性电子代工领域规模最大、成长最快的国际集团，其董事长郭台铭系台湾首富，被誉为"代工之王"。21 世纪初以来，定牌加工在我国的中西部地区也蓬勃发展起来。笔者认为：定牌加工是低端的贸易形式，给外国品牌作嫁衣，产品的大部分利润被国外的品牌拥有商赚取。这种经营方式易使加工企业走向另一个极端，在某些条件与情况下，不仅不能使加工企业获得持续的发展动力，反而因严重的依赖性而在形势变化时失去独立生存的能力，此外也因为小富即安而丧失创新的动力。因为定牌加工经营方式使加工企业不能直接面对消费者，从而无法正确预测消费者需求的现状和变化趋势。外包商控制着品牌和分配渠道，代工商缺乏分销控制权。尤其对于那些没有分销网络的代工企业，代工订单和市场控制在外包商手里，而且代工优势很容易被转移到成本更低廉的国家和地区去。这使得品牌者拥有企业在经营业绩好的时候可能对品牌打工者企业"卸磨杀驴"，而在经营业绩坏的时候，又可能迅速转移或放弃定牌加工经营方式的阵地，即在遇到生产成本上升或利润下滑时将生产转移到其他国家或别的企业，这时，原先的定牌加工经营方式的打工者将面临灭顶之灾。❸ 这种情况已经在 2007 年年底的国际金融危机中得到了印证，大批定牌加工企业因没有订单及被国外客商拖欠巨额款项而倒闭。目前，中国商品的出口主要是加工贸易和贴牌出口，很难也极少拥有自己的品牌。缺少大批强大的品牌是对我们真正的挑战所在。因此，《国家知识产权战略纲要》提出："支持企业实施商标战略，在经济活动中使用自主商标。引导企业丰富商标内涵，增

---

❶ 陈静. OEM 商标侵权给海关知识产权保护带来新挑战 [J]. 上海海关高等专科学校学报，2007 (2)：16.

❷ 参见：王超，赵其一，陈佳卢. 论商标平行进口问题对我国国际贸易的影响 [J]. 商业研究，2003 (6)：119.

❸ 陈渊. OEM 经营方式的利与弊 [J]. 中华商标，2002 (10)：34.

加商标附加值，提高商标知名度，形成驰名商标。鼓励企业进行国际商标注册，维护商标权益，参与国际竞争。"《最高人民法院关于当前经济形势下知识产权审判服务大局若干问题的意见》（法发〔2009〕23 号）中规定："完善商标司法政策，加强商标权保护，促进自主品牌的培育。"我国虽然早已成为世界的"制造工厂"，但就我国目前生产力的生产力水平而言，还是发展中国家。现阶段的主要任务是发展经济，以改革开放为手段加快融入到世界经济中。近年来，随着我国改革开放和全球经济一体化进程的不断加快，国际分工愈加细致和普遍。定牌加工虽然不是我国企业发展的长久之计，我国企业应当大力发展自主创新能力和创建自己的品牌，但是科技的发展、技术的创新、产业链的提升不是一蹴而就的。现阶段的生产力决定了国际定牌加工是我国经济与国际经济协作的重要方式，国际贸易已成为我国经济增长的一大亮点，它在增加国家的贸易机会和外汇收入、解决国内就业压力方面发挥着重要作用，而且由于企业应用了国外先进企业的技术，提高了自身的技术基础，节约了时间、人力、物力，可以利用自身的有利条件，提高技术水平，从而缩短与发达企业之间的差距。❶ 因此，对境内商标权人的正当权益进行保护的同时，也要保护涉外定牌加工企业的合理需求。我国台湾地区的实践认为：国际定牌加工是将加工成品销往委托商拥有商标专用权的国家，并不对内销售，也没有流入台湾地区市场的可能。为了有利于本地区企业接单，"回销行为"不应该视为相关商标规定中的使用行为。❷

七、涉外定牌加工商标侵权的阻却事由

正如上述，我国《商标法》第 57 条的商标侵权行为，在理论上并没有任何问题，遵循了商标侵权的混淆性原则。《商标法》第 48 条对商标的使用的界定也是非常明确具体的。因此，不管从商标法原理还是现行实体法的规定而言，涉外定牌加工中的商标侵权行为与国内的商标侵权行为并无要从法律上进行区别对待的必要。在国内的商标侵权行为实行严格化过错推定的情况下，行为人是否尽到合

---

❶ 参见：匡检洪. 国际定牌加工中的商标侵权问题研究——从耐克商标案谈起 [D]. 重庆：西南政法大学，2009：19.

❷ 参见：张玉敏. 国际贸易"定牌加工"性质分析 [J]. 重庆工学院学报，2008（1）：8.

理审查义务对其行为是否构成商标侵权并无影响。同理，在涉外定牌加工中，加工人的审查义务也不应是其行为是否构成商标侵权的要件。但对涉外定牌加工中的商标侵权的认定，不仅仅是法律问题，而是公共政策问题，这也是知识产权的功能所在。知识产权不仅要保护权利人的利益，而且国家还要根据经济发展的需要，把它作为一种政策手段，平衡权利人与社会公众的利益，确定权利的界限，决定保护的力度。而在国际交往中，知识产权更多的作为了经济外交的手段，根据本国的国家利益，决定是否将知识产权作为贸易壁垒，以加强贸易保护还是促进贸易自由。因此，在涉外定牌加工商标侵权纠纷中，对造成国内商标权人实质性损害的混淆性商标使用行为，可根据诚实信用原则、利益平衡原则、地域性原则、混淆性原则进行判断，公平合理的划分境内商标权人注册商标的保护范围，既要保护商标权人的利益，鼓励其走向国际市场，尤其是对于知名度很高的商标应该予以强力保护，商标的知名程度与商标的保护力度是成正比的。同时，也要保护定牌加工人的正当权益，合理确定涉外定牌加工中阻却商标侵权和赔偿责任的正当事由。

（一）商标侵权的阻却事由

1. 在先使用未注册商标

《商标法》第59条第3款规定："商标注册人申请商标注册前，他人已经在同一种商品或者类似商品上先于商标注册人使用与注册商标相同或者近似并有一定影响的商标的，注册商标专用权人无权禁止该使用人在原使用范围内继续使用该商标，但可以要求其附加适当区别标识。"这是我国商标法保护未注册商标的规定，未注册商标因为使用而具有现实的商标识别作用，具有区分商品或服务的来源的功能，对于这种避免消费者混淆、误认的识别权应该予以保护。在司法实践中，可以对有一定影响进行解释，一定影响并不局限于我国境内。在涉外定牌加工中，境外定作人指定的商标在境外已经使用或者已经注册，委托境内承揽人加工产品并使用该商标就可以推定该商标属于已经使用并有一定影响的商标。因此，在境内在先使用未注册商标的涉外定牌加工不构成侵权。

2. 非善意注册商标

商标的注册和使用要符合诚实信用的原则，由于现在全球一体化的发展，世界已经变成"地球村",很多中国人也开始抢注国外的商标。抢注境外商标,再来打击标注该境外商标权人或其授权的人委托的涉外定牌加工行为,不符合诚实信用原则。这种抢注有三类:第一类是恶意的抢注,如境外商标权人与境内的注册商标权人曾有过合作关系或者有意向合作关系或者有其他利害关系的。这种情况下,境内注册商标权人是明知该商标在境外已有合法的商标权但未在中国注册而予以抢注。第二类是机会抢注,如境内的注册商标人因为参展等原因有机会接触该商标在境外已有合法的商标权但未在中国注册而予以抢注。第三类是推定的抢注,境内注册商标权人在其申请注册该商标之前,曾将同类商品销售到境外商标的注册国。因为在这种情况下,境内的商标权人在境外商标的注册国已经有市场份额,应当了解境外同类商品的商标注册状况,于此情况下,推定境内注册商标权人应当知道在其注册前境外已经有合法的商标权人。因此,在涉外定牌加工中,若境内注册商标权人知道或者应当知道在其注册前境外已经有合法商标的不构成侵权。

3. 不具有混淆可能性

我国商标法和相关司法解释对类似商品和近似商标的判断采主观混淆理论,以具体个案的情况是否有混淆可能进行认定。我国境内的一般性注册商标,知名度不高,显著性不强,国内消费者的关注度也不高。因此,对于一般性的注册商标,如果涉外定牌加工的商品类别与注册商标核准的类别类似,或者商标近似的,以不构成混淆为由,认定不构成侵犯商标权,除非境内的相关公众通过互联网等媒介能够接触到境外销售的,标贴该商标的定牌加工出口的商品。但是,对于驰名商标应该予以大力保护,这是我国的国家商标战略。这些商标是我国以自主品牌参与国际竞争的基础,司法政策的导向应该是鼓励他们走向国际市场。因此,涉外定牌加工中使用的商标如果与我国驰名商标使用的商品相同或类似,商标相同或近似的,对是否构成混淆从宽认定。通过依法判定商标侵权这一司法政策来为我国自主品牌换取国际市场。让境外商标权人与境内商标权人进行谈判、合作,让我国商标商品进入该国市场。

4. 连续3年不使用

商标的功能在于识别,只有通过使用才能使商标发挥识别的作用。《商标法》

第 49 条第 2 款规定，任何单位或者个人可以向商标局申请撤销该注册商标。因此，如果连续 3 年不使用的注册商标已经失去了保护的正当性，该商标的效力已经处于不稳定的状态。权利的行使应符合公平、诚实信用的原则。如果原告以连续 3 年不使用的注册商标要求保护，已经失去正当性，被告以此抗辩不侵权的应该予以支持。这与 2008 年《专利法》修改前司法实践中以采用现有技术不构成专利侵权的抗辩原理一样。在涉外定牌加工的商标侵权诉讼中，虽然未经行政程序撤销注册商标，但如果原告认可或有充分的证据证明原告注册商标已经连续 3 年未使用的，法院可以在不否定注册商标有效性的前提下，根据民法基本的公平原则对《商标法》第 49 条第 2 款和《商标法》第 64 条第 1 款进行扩大解释，对其享有的禁止权不予保护，判决被告行为不侵权。司法实践中的这一在民事诉讼程序中不直接否定原告权利的有效性，但又依照民法通则的公平、诚实信用原则和知识产权法中有关权利须具备相应要件的规定判定被告行为不侵权的作法，既避免了司法干预行政的嫌疑，又体现了司法判决的公平正义价值。

（二）赔偿责任的阻却事由

《商标法》第 64 条第 1 款规定："注册商标专用权人请求赔偿，被控侵权人以注册商标专用权人未使用注册商标提出抗辩的，人民法院可以要求注册商标专用权人提供此前 3 年内实际使用该注册商标的证据。注册商标专用权人不能证明此前 3 年内实际使用过该注册商标，也不能证明因侵权行为受到其他损失的，被控侵权人不承担赔偿责任。"注册商标的生命在于使用，而不是将商标证书作为荣誉证书予以供奉，更不是将注册商标作为诉讼牟利的工具。有些注册商标没有投入实际使用，而且也没有进行实际使用的准备，虽然没有达到连续 3 年不使用的条件，因此其权利是稳定的，可以通过不间断使用而获得权利的有效，但由于其没有在侵权行为发生之前实际使用或准备使用，因此不可能给其造成现实的损害，所以在判定构成侵权的同时，应该对其赔偿请求不予支持。司法以判决的形式确定政策导向，指引市场主体的行为，要求注册商标应该投入使用，而不是用于诉讼牟利。此外，如果没有证据证明给商标权人造成实际损害或实质性损害的，则只赔偿合理费用。

结　语

知识产权既是法律问题，又是政策问题。如果知识产权法律条文没有出现明显的违背法律基本原则，或执行该法律将出现严重利益失衡的情形，应该保持法律的稳定性，不要一味地要求修法。对于涉外定牌加工中出现的商标侵权问题，完全可以在遵循商标法的诚实信用原则、利益平衡原则、地域性原则和混淆性原则等法律原则的基础上，通过司法解释和典型判例予以司法政策的指导，根据涉外定牌加工产业的现状、国家产业政策以及知识产权战略的需求进行适度调整，根据具体案件的事实情况予以判断侵权与否，完全没有必要对涉外定牌加工中的商标问题予以特殊立法，以一刀切的形式认定侵权或不侵权。一刀切的立法规定虽然便于实务部门执法，但产生的利益失衡问题将更加严重，并且法律的调整转向也非常困难。

第二章 再论"涉外定牌加工"行为的构成要件

俞则刚[*]

摘　要：在当前司法实践中，对涉外定牌加工行为的性质如何认定存在较大争议，甚至有同案不同判的现象。对于"涉外定牌加工"的概念认识不一致是造成这种现状的主要原因之一。只有准确界定"涉外定牌加工"的行为要件，剔除不相干的对外贸易行为，才能基于统一的认知去探讨其是否构成商标侵权的法律问题。通过对大量案例的分析，本文认为"涉外定牌加工"行为应符合以下条件：境外定作方应在境外法域享有相关的商标权利；若境外定作方并非该商标的所有人，则其应经过商标所有人的合法授权，且被明确授予转委托的权利；该商标在中国为另一民事主体所享有；涉案产品所使用的商标标识，应与该境外商标标识完全一致；涉案产品应属于该境外商标的核定使用商品类别；涉案产品应全部返销到境外；境外收货人应为境外的商标权人或经其合法授权或指定的第三方。

关键词：商标　定牌加工　诚实信用

---

[*] 俞则刚，浙江和义观达律师事务所律师、高级合伙人。休斯敦大学"美国知识产权法"项目访问学者。在宁波海关工作13年，参与《知识产权海关保护条例实施办法》的立法与修改工作，深悉海关知识产权保护立法背景、法律沿革与执法程序。2007年被世界海关组织评为"优秀执法关员"。2011—2013年与日本贸易振兴机构（JETRO）合作"海关知识产权保护风险分析"项目。2012—2014年，担任世界轴承协会（WBA）海关知识产权保护特别顾问。2012年以来，代理的四例案件被中国外商投资企业协会优质品牌保护委员会（QBPC）评为"年度知识产权保护最佳案例"。代理的三例案件被评为"宁波市法院十大知识产权案例"。代理的一例案例被上海市知识产权联席会议办公室评为"2013年上海知识产权十大典型案例"。2014年，代理最高人民法院首例提审的定牌加工侵害商标权案，该案入选"2015年中国法院50件典型知识产权案例"，该案也被评为"浙江省律师协会2015年度优秀案例"。

一、背　景

法律界和外贸界关于涉外定牌加工是否构成商标侵权的争议和关注从未停止，在最高人民法院就 PRETUL 案作出（2014）民提字第 38 号案判决后又掀起了新一轮热议。(2014) 民提字第 38 号判决认为，是否构成商标法意义上的商标使用行为是界定商标侵权的前提，在商标并不能发挥识别作用，并非商标法意义上的商标使用的情况下，判断是否在相同商品上使用相同的商标，或者判断在相同商品上使用近似的商标，或者判断在类似商品上使用相同或者近似的商标是否容易导致混淆，都不具实际意义。

该裁判逻辑将涉外定牌加工连根拔起，不免使部分企业心灰意冷，因为他们的商标可能在某个境外国家属于另一民事主体所有（如早年的西班牙 NIKE 案），若按（2014）民提字第 38 号判决精神，则该境外商标可借助定牌加工这条通道来撕开中国的商标保护法律体系，其可能引发的后果让人不忍想象。

当然也有不少企业为此欢呼雀跃，因为他们的情况正好与前者相反——他们的商标在中国被别人抢注了。按（2014）民提字第 38 号判决精神，他们以后就可以放心地在中国开展定牌加工业务，用中国完整的工业生产体系、高素质但又相对低廉的劳动力，来为国际市场生产产品，而抢注方则只能望洋兴叹。

可见，"涉外定牌加工情况下，在涉案产品上贴附商标标识的行为不属于商标法意义上的商标使用行为"这一棒子打出去，是几家欢喜几家愁。就在评论持续升温的时候，江苏省高级人民法院关于东风柴油机的判决重磅登场。❶ 该判决认为，如果国内加工企业明知或应知国内商标具有一定影响或为驰名商标，而境外委托人涉嫌恶意抢注却仍然接受委托的，应认定国内加工企业存在过错，应承担相应的民事责任。同理，对于国内商标权人违反诚实信用原则，涉嫌恶意抢注境外商标，且有证据表明国内加工企业已经对境外委托尽到必要审查或合理注意义务，所有贴牌加工产品均出口的，基于诚实信用原则，国内商标权人亦不能阻却国内加工企业从事涉外定牌加工业务。该判决提出的"必要审查注意义务"裁判

---

❶ 参见：江苏省高级人民法院（2015）苏知民终字第 00036 号民事判决书。

标准更能实现利益平衡，也能够兼顾公平，也更符合"诚实信用"的民商事行为准则。

司法判决对于涉外定牌加工法律属性的认知不统一，对外贸企业的生产经营带来一定程度上的混乱，因为知识产权法律适用的其中一项重要职能就是要设定行为准则，最大限度地为利益攸关方提供明确稳定和可期待的预期，❶ 指引社会经济有序发展。作为 PRETUL 案的代理律师之一，笔者接到了来自全国各地的咨询电话，也应邀参加了一些论坛、研讨会，却发现不同的企业站在各自不同的立场上竟然对于"涉外定牌加工"有截然不同的认知；在之后诸多的涉及外贸的商标侵权案中，被诉侵权单位几乎无一例外地会搬出（2014）民提字第 38 号判决，试图以"涉外定牌加工"来脱困。这是一种危险的信号。因为目前的情况是：①如前文所述，涉外定牌加工情况复杂，形式多样，一刀切的做法并不能实现普遍的公平、公正、合理；②涉外定牌加工有变成大口袋的趋势，凡是与国际贸易有关的商标侵权问题都想往里面装。因此，在法律认定短期内可能暂不会改变的情况下，对何谓"涉外定牌加工"行为进行准确的界定，以避免"误杀""错杀"，正本清源，实属必要，且是当务之急。

二、案例

福建永隆公司享有发电机产品上的"MATRIX"商标。2011 年 6 月，重庆神驰公司向海关申报出口至伊拉克一批"MATRIX"商标的发电机。该批发电机是由德国客商委托重庆神驰公司生产，并指定发给其伊拉克客户，德国公司在德国注册了 MATRIX 商标，核定使用的范围包括第 7 类中的发电机，但该商标在我国国际注册的核定使用范围中删除了发电机，且在伊拉克也未进行注册。上海市浦东新区人民法院一审认为：重庆神驰公司在交易中将境外公司委托的加工业务外发给其他生产单位加工，且为境外公司实施了向其伊拉克客户销售涉案产品的行为，与涉外定牌加工行为性质不符，其行为构成商标侵权。

---

❶ 摘自：最高人民法院副院长陶凯元在全国法院知识产权审判工作座谈会暨全国法院知识产权审判"三合一"推进会上的讲话。

但上海市第一中级人民法院二审判决认为：销售侵犯注册商标专用权的商品，首先要存在侵犯注册商标专用权的商品，其次才是销售行为。由于重庆神驰公司的行为并非商标法意义上的使用行为，未侵犯福建永隆公司的注册商标专用权，故其也不存在销售侵犯注册商标专用权的商品的行为。❶

2014年，类似的案件再次被提交到浦东新区人民法院。❷该案中，被告重庆红宇公司根据其与英国黑尔布公司的销售合同加工生产刹车片，并经黑尔布公司的商标许可，在该些刹车片上使用在英国注册的"HPC"商标，并出口销售至黑尔布公司指定的收货地伊朗，估计是受以上二审判决影响，浦东自贸区法庭认为重庆红宇公司的行为性质应为涉外定牌加工行为。

以上两案例本是探讨"涉外定牌加工"行为构成要件的绝佳样本，可惜被二审判决以"并非商标法意义上的使用行为"为由一票否决，也未引起知识产权界的足够重视，错失了为"涉外定牌加工"正名的一个极好机会。

本文试图以上述两案例为切入口，重新审视"涉外定牌加工"行为的构成要件。由于涉外定牌加工涉及深层次的经济、法律政策和利益平衡问题，因此司法审判需在涉外定牌加工行为的认定标准上采取审慎的态度，严格掌握，不宜扩大认定范围，在当前尤其要防止借"涉外定牌加工"之名、行"商标侵权"之实的行为，严厉打击那些隐蔽性较强的商标侵权行为，从而有效维护商标法律的权威。

三、构成要件分析

基于公平、公正、合理的法律精神，结合实际，"涉外定牌加工"行为应符合以下条件：①境外定作方应在境外法域享有相关的商标权利，若境外定作方并非该商标的所有人，则其应经过商标所有人的合法授权，且被明确授予转委托的权利；②该商标在中国为另一民事主体所享有；③涉案产品所使用的商标标识，应与该境外商标标识完全一致；④涉案产品应属于该境外商标的核定使用商品类别；⑤涉案产品应全部返销到境外；⑥境外收货人应为境外的商标权人或经其合法授

---

❶ 参见：上海市第一中级人民法院（2012）沪一中民五（知）终字第110号民事判决书。
❷ 参见：上海市浦东新区人民法院（2014）浦民三（知）初字第373号民事判决书。

权或指定的第三方。

(一) 应有境外商标权利基础

有人经分析发现"涉外定牌加工"分为狭义和广义两种：狭义的涉外定牌加工，是指国外某法域中拥有特定商标标识之注册商标权人或其被许可人，委托我国国内生产厂商贴牌加工生产该特定商标标识的产品，该产品全部出口至国外某法域销售而不在中国境内有任何销售行为；广义的涉外定牌加工，是指国外商家委托我国国内加工生产厂商贴牌加工生产其所指定的商标标识的产品，该产品全部出口至国外指定地域销售而不在中国境内有任何销售行为。❶ 可以注意到，狭义与广义之分，关键在于境外定作方是否在其所属境外法域拥有合法的商标权利基础。境外定作方在其所属境外法域拥有合法的商标权利（含许可）是"涉外定牌加工"行为的应有之意，是"涉外定牌加工"行为的本质内核。若没有合法的权利基础就根本无所谓定牌加工与否，那是典型的商标侵权行为。因此，从法律上来分析不应存在广义的涉外定牌加工概念。

按照部分法院判决所采用的"混淆理论"，即涉案货物全部出口国外，就不会对中国的相关公众带来混淆，而又由于涉案商标在该国属于他人所有，如此境外消费者也不会对商品的来源产生误认，从而不构成对中国商标权利的侵害。但从反向论证的角度，若广义的"涉外定牌加工"概念成立，那么由于境外定作方在该境外法域其实并不具有商标权利基础，因此所谓的"境外消费者也不会对商品的来源产生误认"的判断也就无从成立。可见，混淆理论适用于涉外定牌加工案件有其缺陷。

因此，涉外定牌加工首要的立足点在于有"品牌"可定，若根本无牌，或者不是自己的品牌，或者是自己无权去定的品牌，那就是无源之水、无本之木。

另一案件中，美国权利方授权韩国公司在韩国生产、销售某品牌的拖鞋，商标使用许可文件中明确规定仅限在韩国生产并销售。韩国公司随后将订单辗转委托到浙江宁波的一个企业，要求宁波企业生产该品牌的拖鞋并出口到韩国去。该

---

❶ 潘娟娟. OEM民事纠纷十年回顾 [EB/OL]. [2017-01-01]（2015-05-23）. http://www.vccoo.com/V/a7e563.

商标的中国独占使用许可人认为，宁波公司生产、销售该品牌拖鞋的行为由于不具备合法的授权基础，因此属商标侵权行为。宁波公司则以涉外定牌加工为由进行不侵权抗辩。该行为不符合"涉外定牌加工"的行为特征，因为韩国公司的转授权行为缺乏合法的权利基础，属无效授权。反之，若该行为被认定为"涉外定牌加工"行为，又得出不侵权的结论，那么将会导致的局面是：法律强行去干扰美国权利方基于合理、正当的商业目的所做的市场划分。

(二) 产品全部返销

1. 应是返销到境外定作方享有商标权利的目的地

第一种情况，是返销到境外定作方的所属法域，这个应无异议。

第二种情况，是返销到该境外定作方指定的其他国家或地区，如前引MATRIX案中，涉案货物系根据德国客商的指定出口到伊拉克。此处又有三种可能性：①在伊拉克，MATRIX商标属该德国客商所有；②在伊拉克，MATRIX商标属该案福建永隆公司所有；③在伊拉克，MATRIX商标属他人所有。笔者认为，只有在第①类情况下，才可视其为合法的返销，其他另两类情况均不宜认定为"涉外定牌加工"语境下的返销境外。该案实际情况是德国公司在伊拉克并不享有商标权利，因此笔者赞同浦东法院的一审判决意见，认为该行为与涉外定牌加工行为性质不符。

在另一个案件中，涉案货物向海关申报的贸易国是英国，而根据提单、船名/航次查询到的该货物实际目的地则是美国，此外出口方所提交的国外定作方的文件显示其在美国享有商标权利。原告主张，该批货物的目的地应以海关报关单所记载的内容为准，即英国，故该案不属涉外定牌加工行为；而被告则辩称，尽管报关单具有一定的公信力，海关法也规定了出口方有如实申报的义务，但报关单所记载的贸易国别信息仅是初步证据，而该案有充分的证据证明该批货物实际确实是拟出口到美国，因此应认定为涉外定牌加工行为。可见，对于返销的目的地，实践中也存在一个查明事实的难题。实际上，也有观点进一步指出，产品是否最终出口到境外也很难监控。❶

---

❶ 参见：黄晖.商标法[M].北京：法律出版社，2016：121.

2. "全部"返销的理解和把握

（1）全部返销，是指涉案货物的全部返销，还是国内加工方的所生产的货物全部返销。

例如，被告为 A 公司，其境外定作方为 B。案发后，原告又在 A 公司公证购买到了与涉案货物相同的产品，或通过 A 公司的电商平台公证购买到了与涉案货物相同的产品。可否据此认定 A 公司的定牌加工货物没有全部返销？因为，由于涉案货物已经被海关全部扣留，因此若是要求"涉案货物"全部返销，那么这其实是个伪命题。笔者认为，只要能证明国内加工方有在销售与涉案货物相同的货物（无论该国内销售的货物与涉案货物是否属于同一批次，哪怕是 A 公司违反与境外定作方的委托协议多生产的货物），就可以认定为没有全部返销，从而判定 A 公司出口货物的行为构成商标侵权。

（2）全部返销的责任主体，是国内加工方，还是境外定作方。

在笔者办理的一个案件中，被告为 A 公司，其境外定作方为 B 公司。诉讼中，发现 B 公司的产品在国内某电商平台销售。公证购买后，发现该产品的实际生产厂家是 C。也就是说，境外定作方 B 在中国有两家以上的 OEM 工厂（A 与 C），涉案的是 A 公司，但原告发现 C 公司的产品在国内销售。如果全部返销的责任主体是涉案的 A 公司，那么该案就可以认定为产品全部返销到境外；但若全部返销的责任主体是境外定作方 B 公司，则 C 公司在中国销售相同产品的行为，就会被认为 B 公司没有履行"全部返销"的责任，该案就不属涉外定牌加工行为，A 公司可能需要承担侵权责任。

（三）规范使用境外定作方的商标

1. 境外定作方的商标标识应与国内注册商标完全相同

PRETUL 案中，宁波市中级人民法院一审判决认为：（1）被告亚环公司在其加工的挂锁的锁体、钥匙及所附的产品说明书上标注的"PRETUL"商标与原告莱斯公司的 PRETUL 注册商标不相同，且定牌产品均出口至墨西哥，不在中国境内销售，中国境内的消费者也没有发生混淆的可能，故应认定该"PRETUL"商标与莱斯公司的 PRETUL 注册商标不构成近似，其行为不构成侵权；（2）亚环公司在其加工的挂锁包装盒上标注的"PRETUL"商标，与莱斯公司的"PRETUL"注册商标构成相同，亚环公司构成对莱斯公司商标专用权的侵犯。❶可见，一审判决采用严格的审查标准，认为涉外定牌加工只有在涉案货物使用的商标标识与涉争商标标识完全相同的情况下才认定构成商标侵权，而不以"商标近似"来扩大保护的范围。但浙江省高级人民法院二审判决认定挂锁的锁体、钥匙及所附的产品说明书上标注的"PRETUL"与 PRETUL 商标构成近似，也属商标侵权行为。❷

定牌加工的法律概念应限在相同商标的范围内，而不应扩及到近似商标。理由在于，涉外定牌加工的争议多发生于以下情景：境外定作方A，原国内加工方B，现国内加工方C、B往往是定牌加工案中的国内商标权人（或实际控制人）。在这种情况下，当事人之间的商业纠纷纷繁复杂，涉争商标权利的来源存疑，因此不宜再去主动扩大保护的范围和力度。

举个例子，假设境外定作方的商标是AA，中国的注册商标是AA，且涉案产品所使用的商标标识是AB，再设定AA、AB是近似商标。由于涉案产品使用的商标标识AB与境外定作方的AA不同（尽管属近似商标），因此该出口行为不能被认定为是涉外定牌加工；又由于涉案商标标识AB与中国注册商标AA构成近似，因此该出口行为应以近似商标为由认定侵权。

反之，若境外定作方的商标是AA，中国的注册商标是AB，且涉案产品所使用的商标标识是AA，认为首先应以涉案商标标识与境外商标相同认定涉外定牌加工成立，再以涉外定牌加工的法律裁判规则去认定是否侵权，而不能直接以AA与AB构成近似为由认定侵权。

综上，首先以商标标识相同的原则去筛选出构成涉外定牌加工的出口行为（比对对象是境外商标标识），对其用涉外定牌加工的法律裁判规则去认定是否侵权；其次，对于与境外商标标识不同的出口行为，直接用一般的商标侵权判断标准予以审查，若构成近似商标的（比对对象是中国注册商标），认定侵权。

2. 国内加工方不得擅自变更境外定作方的商标标识

在一个案例中，卡尔文·克雷恩商标托管在中国享有 cK 注册商标专用权，

---

❶ 参见：宁波市中级人民法院（2011）浙甬知初字第56号民事判决书。
❷ 参见：浙江省高级人民法院（2012）浙知终字第285号民事判决书。

被告甲公司声称其行为是涉外定牌加工，出示了境外委托方的 CHESS KING 商标权利文件（该商标权利是否真实存在本文暂不讨论），但涉案货物实际使用的是 CK 标识，系对境外定作方的商标标识做了更改，且无法说明合理理由。❶ 这种行为不应纳入涉外定牌加工的范畴，甚至可以说，这是一种打着"涉外定牌加工"的幌子、故意攀附 CK 商标声誉的、明显的商标侵权行为。

在德克斯户外用品有限公司（DECKERS OUTDOOR CORPORATION）与光宇公司案中，被告光宇公司主张其是依据国外客户的委托，生产涉案被控侵权产品，但合同约定使用的商标为"UGGGRAND AUSTRALIA"，而光宇公司在涉案被控侵权产品上实际使用的是"UGG"标识，且分为两行，第一行仅为"UGG"，且字体明显大于第二行的"Grand Australia"字体，"UGG"的单独及突出排列使用方式实际上大大强化了该三个字母的商标标识作用。就此，山东省高级人民法院认为，光宇公司在与境外委托方签订定牌加工合同时，未尽到合理的审查注意义务，其在与德克斯公司的涉案注册商标核定使用的商品相同的涉案被控侵权产品上，突出使用与德克斯公司的注册商标相同的 UGG 标识的行为，侵犯了德克斯公司的涉案注册商标专用权，应当承担停止侵害及赔偿损失的民事责任。❷

最高人民法院副院长陶凯元在 2016 年 7 月召开的全国法院知识产权审判工作座谈会暨全国法院知识产权审判"三合一"推进会上强调，对于商标、企业名称等商业标识类知识产权，要根据维护商业标识声誉和显著性的目的，结合保护范围弹力性的特点，尽可能保护商业标识的区别性，尽最大努力使商业标识之间保持足够的距离，限制不正当模仿搭车的空间。笔者认为，山东省高级人民法院的前述判决精神较好地体现了知识产权审判"保护商业标识的区别性，使商业标识之间保持足够的距离，限制不正当模仿搭车的空间"的要求，及时制止了被告借"定牌加工"为名，行"擦边球"之实的侵权行为，有效保护了商标权人的合法权益。

对外贸易经济合作部、国家工商行政管理局 1995 年联合制定发布的《关于对

---

❶ 参见：宁波市北仑区人民法院（2014）甬仑知初字第 119 号民事判决书。
❷ 参见：山东省高级人民法院（2011）鲁民三终字第 156 号民事判决书。

外贸易中商标管理的规定》第 10 条规定：对外贸易经营者在从事进出口活动中，对他人指定或者提供使用的商标，应当要求对方出具真实有效的商标专用权证明文件或者被许可使用该商标且未超出许可范围的证明文件，并予以核查。该商标不得与已在我国相同或者类似的商品上注册的商标相同或者近似，其商品的包装、装潢也不得与他人已在我国使用的包装、装潢相同或者近似。

该规定的前身，即对外经济贸易部、国家工商行政管理局于 1983 年制定发布的《出口商品商标管理办法》第 8 条第 2 款也规定：客户的定牌不得与在我国已注册的商标相同或近似。其商品的造型、包装装潢亦不得仿冒。客户必须提供经过公证的商标所有权或被许可使用的证明。

可见，国家对于外贸经营活动中使用"他人指定或者提供使用的商标"，向来有明确的要求和严格的规定，即不得与已在我国相同或者类似的商品上注册的商标相同或者近似。连对国外客商指定或者提供使用的商标都有如此要求，更不用说擅自改变外商指定的商标样式，突出使用中国注册商标了。

因此，未规范使用境外定作方的商标样式，并且突出使用与中国注册商标相同或者近似的商标标识，就已超出了"涉外定牌加工"的范畴，不属于"涉外定牌加工"行为，应以商标法及相关司法解释规定的一般的商标侵权判断标准来审查是否构成商标侵权。

（四）涉案商品应属于该境外商标的核定使用商品类别

商标规范使用的另一层含义，包括将注册商标使用在该境外商标的核定使用商品类别范围内，即在其自用范围内使用该商标。若涉案商品非在该境外商标的核定使用商品类别范围之内，且落入了中国注册商标的核定使用范围之内，则不宜以该商品与境外商标核定使用商品构成类似商品为由认定涉外定牌加工成立。

简言之，一方面，以境外商标权利作为比照对象，涉案产品"所使用的商标标识应与该境外商标标识完全一致"，应"属于该境外商标的核定使用商品类别"，否则就不属于"涉外定牌加工"。另一方面，若以中国注册商标权利作为比照对象，只要涉案产品不符合"涉案产品所使用的商标标识与该境外商标标识完全一致"、"涉案产品属于该境外商标的核定使用商品类别"这两个条件，则可以用近似商标、类似商品为由认定侵权。

举个例子，假设境外定作方的商标核定使用范围是服装，涉案货物是鞋子，国内商标权的核定使用商品类别是鞋子；再假定服装与鞋子是类似商品。在此情况下，笔者认为不应以"服装与鞋子是类似商品"为由认定涉外定牌加工成立，但应以"服装与鞋子是类似商品"为由认定商标侵权成立。

将"近似商标、类似商品"规则排除在涉外定牌加工的范畴之外，符合商标应"规范使用"的基本要求，符合利益平衡的原则，可防止境外商标权利主体不当地利用定牌加工司法判决精神、扩大其在中国受豁免的范围，否则中国商标权人的权利保护范围将不可避免地受到限制，商标权利无从实现。而在排除了"涉外定牌加工"的例外情况后，以中国注册商标权利作为比照对象，用"近似商标、类似商品"来审查是否构成商标侵权，则完全符合我国商标法的规定。

实践中笔者确实也遇到类似的案例：❶涉案商标标识与境外商标标识不完全相同，与国内注册商标标识也不完全相同，但仅从商标构成要素看认定商标近似应无异议；涉案产品与境外注册商标核定使用的商品类别不完全相同（但从产品功能、用途等方面看，技术层面上判断属于类似商品应无异议），但与国内注册商标的核定使用商品类别相同。如果"近似商标、类似商品"规则可以适用于"涉外定牌加工"行为的认定，那么该案可能被认定为不侵权；但若"近似商标、类似商品"规则不能用于"涉外定牌加工"行为的认定，那么该案就不属于"涉外定牌加工"行为，法院可按"相同商品、近似商标"来认定侵权。由此可见，准确界定"涉外定牌加工"行为具有非常现实的意义，将直接影响一个案件的定性与裁判。

综上，"近似商标、类似商品"规则不能应用于"涉外定牌加工行为"的认定，即不能以涉案商标标识与境外定作方的商标标识近似，或涉案产品与境外商标核定使用商品构成类似为由认定构成涉外定牌加工；而这类行为一旦从涉外定牌加工行为中剔除出来，就自然成为一般的商标侵权争议，可用"近似商标、类似商品"原则来认定是否侵权。

---

❶ 因案件尚未结案，故暂不披露法院案号。

四、结　语

由于涉外定牌加工问题复杂，涉及方方面面的利益平衡与政策考量，应尽量把其法律概念限定在较小的范围内，仅对符合特定条件的予以有限"豁免"。这样的话，相应的司法政策能够更具客观性和针对性，充分体现法律的公平、公正、合理和广泛适用性，否则，"涉外定牌加工"有可能成为对外贸易中商标侵权行为的避风港。

第三章　涉外定牌加工中商标侵权认定的争议与分析
——以上海、浙江法院生效判决为例

胡维朗[*]

摘　要：如何界定涉外加工者的"贴牌"加工行为，尤其是涉外加工者的"贴牌"与国内商标持有人发生权利冲突时，如何认定商标侵权？这是一个争议较多的问题，包括经济发展与法律滞后之争、依法办事与教条主义之争、商品流转与利益损害之争等。发生在沿海地区的两个基本相似的"贴牌"加工商标侵权纠纷，上海市第一中级人民法院以涉外产品未在中国市场实际销售，中国消费者不可能产生商品来源的误认为由，判决驳回原告诉讼请求；而宁波市中级人民法院在类似案件中以商标权地域性保护为原则，判决被告构成商标侵权。在同一个国家、同一个法律体系中，在处理基本相同的案件时，却作出两个完全相反定论的判决。这是令人惊奇的！换言之，对同一个"贴牌"加工者而言，在上海可以合法加工，而在浙江却是侵权行为。这种奇怪的现象在中国的其他地方也在发生。为此，着重概括和分析此类涉外定牌加工中商标侵权认定的一些争议热点，分析争议原因并提出此类案件侵权认定的处理意见。

关键词：定牌加工　商标侵权　争议分析

---

[*] 胡维朗，浙江三港律师事务所合伙人、主任，兼任中华全国律师协会知识产权专业委员会委员、宁波市知识产权保护协会法律维权中心主任，曾任首届宁波市律师协会知识产权专业委员会主任。

一、截然相反的两个商标侵权定论

【案例一：定牌加工不构成商标案[1]】

原告：上海申达音响电子有限公司

被告：玖丽电子（上海）有限公司

一审法院：上海市第一中级人民法院

原告诉称：原告经申请于1998年3月28日获中国商标局注册的"Jolida"图文组合商标，授权商标核定使用商品为第9类"扩大器、收音机、影碟机"。原告将该商标向上海海关进行备案。2008年9月，原告收到上海海关通知书，确认被告出口美国电子管功率放大器98台，商品上标注有"Jolida"图文组合商标，原告认为被告未经明确许可在相同商品上使用与原告注册商标相同的标识，构成商标侵权。

被告辩称：原告和被告都是美国朱利达公司投资设立的，美国母公司很早就在美国注册并使用"Jolida"图文组合商标，原告持有"Jolida"图文组合商标系恶意在中国抢注，被告生产有关产品在中国内没有销售，仅是与美国母公司有出口贸易，故不应认定为商标侵权。

法院经审理查明：被告生产加工并出口有关产品被海关查扣，双方商标标识及产品类别相同，各方均无异议。原告和被告都由美国朱利达公司投资设立，后原告股东变更为其他主体。在原告设立及在中国注册商标前，美国母公司已在美国注册并使用"Jolida"图文组合商标。依据被告的公司以及被控侵权产品内外包装上标注的美国朱利达公司的企业名称等特点考虑，被告使用商标是美国朱利达公司在美国享有合法商标权的商标，且产品全部出口美国。

2009年4月24日，上海市第一中级人民法院作出判决，法院认为：被告在该案中的行为属于涉外定牌加工出口行为，被告在产品内包装上标注的商标及企业名称均为美国朱利达公司。因此在美国市场消费者能够根据商标标识区分商品的

---

[1] 上海市第一中级人民法院（2008）沪一中民五（知）初字第317号民事判决书。

来源为美国朱利达公司。由于涉美产品全部出口美国并未在中国市场实际销售，中国消费者不存在对该商品来源发生混淆和误认的可能。因此被告行为不构成商标侵权，判决驳回原告诉讼请求。

【案例二：涉外定牌加工构成商标侵权[1]】

原告：宁波保税区瑞宝国际贸易有限公司

被告：慈溪市永胜轴承有限公司

一审法院：宁波市中级人民法院

原告诉称：原告系中国注册商标"RBI"的商标权人，该商标于1996年10月21日核准注册，核定使用商品第7类：机器传动用联轴带、传动带及其他机器吊卸体、轴承。2005年6月2日，被告永胜公司与美国RBI公司及美国公司的国内代理商无锡贸易有限公司签订定牌出口合同一份，约定由永胜公司定牌生产"RBI"品牌轴承并直接出口美国，合同还约定了轴承型号、数量、单价及交货地点为上海某出口货物仓库，原告认为被告在相同的商品上使用与原告注册商标相同的标识构成商标侵权。

被告答辩认为：其在接受美国公司定单前已审核了美国公司在美国的商标权利情况，因定单项下的所有产品均出口到美国，从未在中国市场销售，故不会使相关消费者对瑞宝公司、永胜公司的产品造成混淆，即不构成对瑞宝公司商标权的侵害。

法院认为：商标地域性是商标权的基本特征之一，瑞宝公司的"RBI"商标于1996年10月21日起在我国境内受到法律保护。永胜公司作为境内企业，在接受美国公司定牌加工业务时，虽已审查了美国公司在美国的商标注册情况，但永胜公司的制造行为和交货地点均在我国境内，故仍应遵守我国商标法的相关规定，对瑞宝公司商标尽到合理的注意义务，现永胜公司未经瑞宝公司许可，在其加工的轴承产品和小包装上使用与瑞宝公司注册商标相同的"RBI"商标，构成对瑞宝公司注册商标专用权的侵害，判决被告停止侵权、赔偿经济损失10万元。

宣判后，永胜公司不服，向浙江省高级人民法院提起上诉。浙江省高级人民

---

[1] 宁波市中级人民法院（2005）甬民二初字第232号民事判决书。

法院审理后认为：判断永胜公司的行为是否构成侵权，应当以我国商标法及最高人民法院相关司法解释的规定为依据，除非是属于正当使用，只要未经商标注册人许可，在同一种商品或类似商品上使用与注册商标相同或者近似商标，即属于侵犯注册商标专用权行为。浙江省高级人民法院还认为：认定是否构成商标侵权并非以造成混淆或误认为构成要件，是否造成混淆或误认仅是判断商标是否近似的要件，而不是判断是否构成商标侵权的直接要件。2005 年 12 月 29 日，浙江省高级人民法院判决"驳回上诉，维持原判"。❶

上述两个基本相似的案件，两地法院却做出完全相反的判决结论，由此引发诸多争议，并引发对我国商标法部分条款是否修改之争。

二、涉外定牌加工商标侵权认定的争议

上述两个法院作判决生效后，引发法律界、经济学界、企业界众多争议。这些争议观点归纳如下。

（一）经济发展与法律滞后之争

认为此类涉外定牌加工不构成商标侵权的理由是：随着我国改革开放和全球经济一体化进程的不断加快，OEM 经营模式作为国际经营协作的重要方式已成为我国经济增长的一大亮点，它在增加国家贸易机会和外汇，缓解国内就业压力方面发挥着重要的作用，武断地将涉外定牌加工环节中的商标标注行为作为商标侵权行为处理，不仅无助于对国内注册商标专用权的保护，还会断送涉外定牌加工业务的发展前途，会使外商将相关业务转移到其他国家或地区，无疑会对我国对外贸易的情况起到消极的阻碍作用。❷ 因此必须对滞后的商标法进行修改或由最高人民法院以司法解释的形式对商标法有关条文中模糊的法律概念作出明确的阐释。❸

然而反对者认为，我国商标法及有关规定对商标侵权的认定标准是明确的，

---

❶ 浙江省高级人民法院（2005）浙民三终字第 284 号民事判决书。
❷ 朱玲. 涉外定牌加工的商标侵权认定——以法律解释学为视角 [J]. 海峡法学，2008（10）.
❸ 朱玲. 涉外定牌加工的商标侵权认定——以法律解释学为视角 [J]. 海峡法学，2008（10）.

对不符合我国法律规定的定牌加工予以干涉，是符合国际惯例的，尤其对提高中国企业的创新能力和自主品牌意识，具有长远的、重要的意义。定牌加工作为生产贸易的一种方式，其本质上是一种落后的低端的产业，是一种简单的国际间的劳务输出，❶其不应成为我国国民经济发展的主导，况且从现有的定牌加工数量来看，涉及商标侵权的定牌加工企业仅占整体定牌加工业的很少一部分。因此，对不符合我国商标法规定的定牌加工行为予以制止，不但不会影响定牌加工业整体利益，而且会促进我国定牌加工企业更规范、更合法有序的发展。

(二) 依法办事与教条主义之争

有学者认为：那种不论定牌加工企业能否提供所标注商标的合法注册证明，一概认定商标侵权行为成立的"侵权说"，以及将在同一种商品上标注与国内注册商标相同商标的行为认定商标侵权的"使用情形区别说"，均犯了教条主义的错误，只是机械地套用条文。❷同时认为，最有效的解决途径乃是从法律解释学入手，根据商标法关于商标权保护的根本宗旨以及相关法律原则的本质要求，对商标侵权中的商标"使用"作出合理的阐释，从而将此类涉外定牌加工环节中的商标标注行为排除在商标侵权行为之外。

反对方认为：执法者的根本职能和任务是严格依法办事，法官无权创建法律，也不能随意解释法律。我国《立法法》明确规定，法律的解释权属于全国人大常委会，法律的实施具有统一性、普遍性意义。那种认为执法者可以主观创建法律或者解释法律的观点只能给中国的法制建设带来严重的混乱的后果。反对方还认为：我国商标法对商标使用的规定是明晰的，《商标法实施条例》（2002年）第3条规定："商标法和本条例所称商标的使用，包括将商标用于商品、商品包装或者容器以及商品交易文书上，或者将商标用于广告宣传、展览以及其他商业活动中"。这个规定是十分明确的，不存在模糊性或不确定的情形，执法者应当毫不犹豫地适用法律、执行法律。

---

❶ 周季钢. 谁在帮耐克狙击中国 [J]. 经济, 2004 (8).
❷ 朱玲. 涉外定牌加工的商标侵权认定——以法律解释学为视角 [J]. 海峡法学, 2008 (10).

(三) 市场混淆与商品混淆之争

无混淆之虞即无商标侵权，❶ 认为涉外定牌加工行为不构成商标侵权的最重要理由即是定牌加工者直接出口的商品不会使国内消费者产生商品来源地混淆和误认。在2009年1月7日展开的"知识产权审判如何应对金融危机对实体的冲击暨服务外包法律论坛"中，时任北京市高级人民法院知识产权庭庭长陈锦川认为：商标侵权判断应该考虑商标的本质和功能。商标是区别商品来源地标志，依附于商品。商标只有使用在商品上并投入市场，才能发挥其功能，体现其价值。商标权的核心在于避免混淆。应该从这个意义上来理解《商标法》(2001年) 第52条第1款及《商标法实施条例》(2002年) 的相关规定。TRIPS 第16条第1款也作出要求，商标侵权应该以造成混淆或有造成混淆的可能为条件。涉外定牌加工如果基于有权使用商标的人明确委托，加工商品不在中国境内销售，不可能造成相关公众的混淆和误认，不应当认定构成侵权。

然而反对此观点者的理由似乎也非常充分。国家工商行政管理总局商标局原副局长吕志华认为：定牌加工属于使用商标的环节，我国商标法既没有考虑使用人是否有主观故意，也未在后果上强调使用他人商标是否造成实际损害。工商部门在对定牌加工企业擅自使用商标的行为进行定性时，不考虑是否明知和是否造成损害，只要发现擅自使用，就可以认定商标侵权。浙江省高级人民法院在对宁波瑞宝公司诉慈溪永胜公司定牌加工商标侵权上诉的判决书中认为：根据我国现行法律法规认定是否构成商标侵权，并非以造成混淆或误认为构成要件，而是以是否在相同或类似商品上使用了与注册商标相同或近似的商标；是否造成混淆或误认仅是判断是否构成商标近似的要件。慈溪永胜公司关于其接受美国公司的委托进行定牌生产并出口的行为并不会使相关公众对商品来源产生混淆和误认，不构成商标侵权的上诉理由，缺乏法律依据，法院不予支持。❷

2009年4月21日，最高人民法院发布《关于当前经济形势下知识产权审判服务大局若干问题的意见》，其第6项中指出："未经商标注册人许可，在同一种商

---

❶ 吴鹏彬. 再论涉外定牌加工的商标侵权认定 [C]. 2009中华全国律师协会知识产权专业委员会年会暨中国律师知识产权高层论坛论文集（上），2009.
❷ 浙江省高级人民法院（2005）浙民三终字第284号民事判决书。

品上使用与其注册商标相同的商标的,除构成正当合理使用的以外,认定侵权行为不需要考虑混淆因素"。这几乎使混淆之争告一段落,最高人民法院的这个文件又同时提出"正确根据商标权的专用权属性,合理界定权利范围,既考虑合理利用商标资源,又保护公平竞争,既以核定使用的商品和核准使用的商标为基础,加强商标专用权核心领域的保护,又以市场混淆为指针,合理划定商标权的排斥范围,确保经营者之间在商标的使用上保持清晰的边界,使自主品牌的创立和发展具有足够的法律空间"。最高人民法院的"这个市场混淆为指针",显然不是对相同商品上使用相同商标有"市场混淆",而是针对"核定使用的商标"的市场范围。

(四)商品流转与利益损害之争

坚持此类定牌加工行为不构成商标侵权者的另一个重要观点是:在对侵权行为的认定上,必须考虑侵权行为是否已经或者可能给被侵权人造成损害,也就是说必须有损害事实的存在或者存在发生损害事实的可能性,此应为认定商标侵权案件性质的一个要件。在涉外定牌加工中,由于涉外商标只是在产品制造加工环节出现,并未进入国内的消费流通领域与国内消费者见面,产品也仅在国内装箱过境后即返回国外市场,这种在出口产品上标注商标的行为,实质上并未对国内商标权人商品的潜在市场或者其商标的价值产生现实的或者潜在的损失,未造成国内商标权人的不利益状态或可能产生的损失,将来也不会危及其权益的实现。因此,涉外定牌加工中的商标标注行为因欠缺商标侵权的构成要件,而不应认定商标侵权。❶

然而持不同观点者认为,此类定牌加工者恰恰存在损害商标专用权及商标注册人利益的可能。其一,现代国际贸易中,一般商品的交易流转市场是没有国界的,存在商品交易市场的相互覆盖与更叠情形。例如,商标注册人的商品与定牌加工者的相同商品经转运后可能同时出现在第三国的消费市场上,从而会损害商标注册人的利益。其二,"定牌加工"作为一种生产、经营活动,其本身也是一种市场,一种以生产加工而获利并形成的加工市场,如果商标注册人不能在此项商

---

❶ 朱玲. 涉外定牌加工的商标侵权认定——以法律解释学为视角 [J]. 海峡法学, 2008 (10).

品市场享有商标专用权,这将损害商标注册人竞争优势,也会给众多侵权者营造一个良好的侵权借口。其三,商品的最终流向取决于消费者,而消费者流动性和不确定性恰恰形成商标注册人的潜在利益。否则那些被涉外企业有效抢注的中国名牌如"大宝""五粮液""六神""康佳"等商标,涉外企业可以依"定牌加工"为名,堂而皇之地在中国设立众多生产基地生产相同产品,然后经商标抢注国转运、销售世界各地或由中国消费者境外购买带回中国消费。这必然会严重损害国内商标注册人的利益,更是对商标注册人商品声誉的淡化和轻视。

三、涉外定牌加工商标侵权争议之分析——商标的地域性

商标权是一种经国家授权机关核准登记认可的商品标识的排他权。除驰名商标外,各国对一般商标的保护原则几乎是相同的,即商标专用权的法律效力仅限于一个国家的主权范围内,同一商品的商标在不同国家享有商标权利,各国商标权彼此相互独立,且本国商标优于他国商标。商标的地域性保护制度其实是基于国家主权和司法独立的基本原则。一国的商标注册机关核准注册的商标,该商标权仅在该国境内受到保护,在其他国家则不能受到保护。如果一个国家的商标权人要使其商标权在其他国家获得保护,就必须按照该国法律或相关国际公约的规定在该国申请注册。

我国《商标法》(2001年)第3条第1款中规定:"商标注册人享有商标专用权,受法律保护",即受我国法律保护的商标专用权,仅限于商标注册人及其利害关系人,未在我国注册的商标使用人并不享有法定的权利,即便该申请人在外国取得了商标权,但在中国却不具有法律意义上的权利,其在中国不是权利人,因此也不具有许可他人使用权或排他权。

上述两个涉外定牌加工商标纠纷案件中,涉及外国商标在中国生产、使用、销售问题,即涉及商标的跨地域使用问题,如果此类"定牌加工"不存在与国内商标的冲突,那么按一般的贸易许可原则,外国商标权人可以许可中国厂家进行定牌生产,但当外国商标在中国的生产、使用、销售行为进入中国商标权人的商标专用权保护范围时,其性质便发生了变化。

其一,当涉外定牌加工的商标与国内注册商标发生冲突时,涉外商标因在该

国无法定权利即降格为一般标识，在认定商标侵权时，二者的法律保护地位是不对等的，前者仅为一般性的标识，而后者是国家法律认可的商标权。

其二，是否能作为商标使用的标志范围，由一国根据本国的利益确定。根据我国《商标法》（2001年）第10条规定：同中华人民共和国的国家名称、国旗、国徽、军旗、勋章相同或近似的，带有民族歧视性的，有害于社会主义道德风尚或者有其他不良影响的不得作为商标使用。涉外定牌加工所使用的标志，无论其在国外是否注册，均应遵守中国《商标法》的规定，否则不得使用。另外商标印制也受国家规定的限制，《商标印制管理办法》第2条规定：以印刷、印制、制版、刻字、识字、晒蚀、印铁、铸模、冲压、契印、贴花等方式制作商标标识的，应当遵守该办法。第4条规定：商标印制委托印制注册商标的，应当出示《商标注册证》或者由注册人所在地县级工商局受案的《商标注册证》复印件。这些规定，体现了一个国家对商标管理的地域性原则。

其三，涉外定牌加工行为，是否属于商标法意义上的使用商标行为，其判断标准也应当由国内法律明文规定。我国《商标法实施条例》（2002年）第3条规定："商标法和本条例所称商标的使用，包括将商标用于商品、商品包装或容器以及商品交易文书上，或者将商标用于广告宣传、展览以及其他商业活动中"。

毫无疑问，上述所述两个案例，被告均在其相同商品上使用相同商标，均对使用商标的商品进行销售行为，其行为违反我国《商标法》（2001年）第52条的规定："有下列行为之一的，均属侵犯注册商标专用权：（一）未经商标注册人的许可，在同一种商品或者类似商品上使用与其注册商标相同或者近似的商标的；（二）销售侵犯注册商标专用权的商品的；（三）伪造、擅自制造他人注册商标标识或者销售伪造、擅自制造的注册商标标识的；（四）未经商标注册人同意，更换其注册商标并将该更换商标的商品又投入市场的；（五）给他人的注册商标专用权造成其他损害的"。因此，它们均属侵犯我国注册商标专用权的行为。

商标专用权实质上是商品争议的排他使用权，除非法定的正当使用，任何其他方式的使用都会造成注册人在注册国之间的不利益或竞争优势的损害。商标的地域性保护原则恰恰反映了商标的法律特征，是解决定牌加工商标争议的最重要原则，也是执法者必须首先遵循的基本原则。

四、定牌加工中商标争议之分析——利益主体

早在2004年年初,广东深圳市中级人民法院就曾审理过一起与上述两个案例相类似的案件,法院认为:耐克公司系在中国注册的"NIKE"商标的专用权人,西班牙公司提供原材料、商标品牌等委托浙江进出口公司和嘉兴服装厂生产"NIKE"滑雪衣,是属于在同一种或类似商品中使用与注册商标专用权相同商标的行为,西班牙公司虽然在西班牙享有"NIKE"注册商标权,但是基于商标的地域性,美国耐克公司在中国注册的"NIKE"商标受中国法律保护。据此,判决二被告立即停止侵权、赔偿损失。此案曾引发有关方面的强烈反响,有媒体认为:"这起判例给那些在中国大量存在以接受外贸订单从事定牌加工业务的企业展现了十分阴暗的前景,是损己利人的判决"。❶ 更有作者认为:广东法院的判决实在过于机械,既未遵循相关国际公约及国际惯例,更未维护国家利益和经济安全。❷

其实这里存在一个严重的误区,似乎中国的法律应当只能保护中国企业的利益,当中国的定牌加工生产厂家及贸易商与外国籍的商标注册人发生利益冲突时,国内法院应当帮中国企业,而不是帮"美国耐克公司阻击中国"。在理解商标作为知识产权具有地域性特征后,就不难理解《商标法》的立法宗旨和所保护的利益主体。我国《商标法》的立法宗旨是加强商标管理,保护商标专用权,促使生产、经营者保证商品和服务质量,维护商标信誉,以保障消费者和生产、经营者的利益,促进社会主义市场经济的发展。同时《商标法》(2001年)第17条又规定:外国人或者外国企业在中国申请商标注册的,应当按其所属国和中华人民共和国签订的协议或者共同参加的国际条约办理,或者按对等原则办理。

从以上法律不难看出,我国《商标法》中所包含的利益主体有以下几个方面:

1. 国家利益

保护商标专利权,不仅是保护商标注册人的利益,同时也是为了促进社会主

---

❶ 魏衔亮. 对知识产权滥用说不 [J]. 商务周刊, 2005 (11).
❷ 吴鹏彬. 再论涉外定牌加工的商标侵权认定 [C]. 2009 中华全国律师协会知识产权专业委员会年会暨中国律师知识产权高层论坛论文集(上), 2009.

义市场经济的发展,为了维护国家信誉和国家法律的尊严。最高人民法院在《关于当前经济形式下知识产权审判服务大局具体问题的意见》中指出:"知名品牌凝聚了企业的竞争优势,是企业参与国内国际市场竞争的利器,代表着核心的经济竞争力,是企业和国家的战略性资产"。从知识产权保护的地域性角度而言,在中国注册的商标,实际上已成为受中国法律管理的中国资产。

2. 商标注册人及利害关系人利益

知识产权的法律保护具有地域性,然而知识产权权利人的范围却不应受国籍所限制。《巴黎公约》第2条规定:"本联盟任何国家的国民,在保护工业产权方面,在本联盟所有其他国家内应享有各该国法律现在授予或今后可能授予各该国国民的各种利益,本公约所特别规定的权利不得遭受任何侵害。从而他们只要遵守各该国国民应遵守的条件和手续,即应享有与各该国国民同样的保护,并在他们的权利遭到任何侵害时,该国同样依法律纠正,然而不要求本联盟成员国国民在请求保护其产权的国家中设有住所或营业场所才享有工业产权权利"。因此,无论是中国企业或外国企业其只要遵守中国《商标法》,履行规定的条件和手续,便成为中国商标权人,受中国法律保护。而保护中国注册商标专利权人的利益,实质上是维护中国法律的尊严。

3. 消费者和生产经营者的利益

这里的消费者和生产经营者应当是与标注有商标的商品相关联的群体,这些群体在理论上应当是关注商品和服务质量、关注商标信誉的主体。如本文前述的宁波瑞宝公司与慈溪永胜公司案例中,两家企业商标完全相同都是"RBI",商品完全相同都是"轴承",而轴承属于机械行业的中间商品,其最终的流向可能是全世界,也可能以安装在其他产品的形式(如安装在机械上)再次进入中国,当中国的消费者需要更换轴承这一易损零件时,其利益或风险便会发生(进口机器的中国消费者如购买中国商标注册人生产的轴承,可能产生质量和技术要求的担心,但如果购买美国的轴承却存在商品侵权的法律风险)。中国的注册商标的商品生产经营者也会因为潜在市场的损失而遭受利益损害。

目前存在的涉外定牌加工商标侵权认定中的诸多争议,其根本原因是没有认识商标这一知识产权具有法律保护的地域性及利益主体的多重性特点。正如《巴黎公约》所述，当注册商标遭到任何侵害时，该国的执法者应当毫不犹豫地保护商标专用权，并在法律适用上一律按国民待遇平等的对待。如果在中国境内未经权利人许可而生产、使用出口与注册商标相同的商品，仅仅认为该商标的商品最终消费可能不在中国而被认定不侵权，那么中国市场将出现众多公然生产假冒品牌商品的定牌加工生产商。中国的商标保护制度将荡然无存，中国的自主创新和自主品牌战略将遭到重大挑战！

第四章 论跨境贸易电子商务平台进境商品商标侵权问题

——从跨境贸易电子商务平台的角度

金华良[*]

摘　要：近些年跨境贸易电子商务平台商的商标侵权案件频繁发生。国内跨境贸易电子商务平台商的两大类型及各自涉及的商标侵权焦点问题为平台模式的间接侵权问题和自营模式的平行进口问题。正确地认定跨境贸易电子商务平台商的法律地位及其商标间接侵权责任，对跨境贸易电子商务平台商间接侵权过错的认定是至关重要的。通过对"美国花旗参农业总诉淘宝案"和"衣念诉淘宝案"以及争议焦点的分析，论述了跨境贸易电子商务平台商的商标间接侵权构成中的跨境贸易电子商务平台商的法律地位，判定其商标间接侵权问题，深入分析其商标间接侵权构成要件。此外分析我国司法实践中存在的过错认定的问题，并对我国相关问题的立法和司法实践提出建议。另外，跨境贸易电子商务平台商商标的平行进口，常常遭国外品牌商起诉。对于平行进口，通过"法国大酒库诉慕醒案""欧米茄诉淘宝案"和"施华洛世奇诉京东案"争议焦点引出所要论述的主要内容。平行进口是否涉嫌侵权，根据其基本原则以及平行进口的特点，应适用"中性定义说"和"商标权国际用尽原则"，给平行进口以合法地位。

关键词：跨境贸易　电子商务　间接侵权　平行进口　商标权用尽

---

[*] 金华良，浙江欧硕律师事务所律师，擅长民商、知识产权、涉外业务。2003 年浙江大学毕业，获得硕士学位；从事律师工作 13 年，并通过注册会计师考试，获中级会计资格证，英语专业八级证书，大学德语四级证书。本文荣获 2016 年宁波市律师实务理论研讨会三等奖。

一、引 言

跨境购成为当下的潮流，但是近些年发生跨境贸易电子商务平台商商标侵权案件纠纷却愈演愈烈。在这种类型的侵权纠纷中，跨境贸易电子商务平台商是否构成商标侵权，是何种侵权以及如何认定其商标间接侵权成为热点问题。此外，跨境贸易电子商务平台商商标的平行进口，常常被国外品牌商起诉。对于平行进口是否商标权侵权，在国内法律还是空白。

二、典型案例及争议焦点

【案例一：衣念公司诉淘宝公司、杜国发侵害商标权纠纷案】

1. 案情

依德兰有限责任公司（E. LAND LTD）是"REENIE""WEENIE"注册商标的商标专有权人，商标注册类别是服饰。后原告衣念公司经依德兰许可，获得该商标在中国的独占使用。而第二被告杜国发在第一被告淘宝网的平台上以上述商标名销售服装，侵犯了原告享有的注册商标专用权。原告起诉前多次书面通知第一被告，要求淘宝采取必要的措施停止侵权，但淘宝仅删链接，致使原告损害结果进一步扩大。故原告诉求：两被告共同赔偿原告经济损失3万元及其他诉请。一审法院判称：被告一淘宝网对侵权商品信息有足够的控制力和将其彻底删除的现实可能性，却采取放任的态度，未尽到相应的义务，为第二被告侵犯商标权人权益提供了实质性帮助，认定其必然存在主观过错，构成帮助侵权。应停止侵权、赔偿损失和消除影响。后二审法院维持原判。❶

2. 争议焦点

该案的争议焦点是淘宝公司是否明知被告在其平台上实施商标侵权行为，是

---

❶ 上海市第一中级人民法院（2011）沪一中民五（知）终字第40号民事判决书。

否采取了合理、必要的措施为,淘宝公司是否应承担商标侵权责任。以及"通知删除"规则中"通知"和"删除"应符合的要求,是否"红旗规则"能适用,上述焦点均需在立法和司法的完善和实践。

【案例二:美国威斯康辛州花旗参农业总会诉吉林市参乡瑰宝土特产品有限公司、淘宝公司侵害商标权纠纷案】

1. 案情

原告美国威州花旗参总会注册有"鹰形"商标,注册类别是洋参。后其发现被告一淘宝公司的商城上被告二的店铺销售该商标的洋参,而被告二并未获得原告许可的上述商标使用权。后原告向淘宝网马云(而非向淘宝网)发送律师函(该函中没有具体侵权链接),要求淘宝网承担商标侵权责任。后原告将两被告一并起诉至法院,被告一在接到起诉材料后,删除了涉嫌相关侵权的链接。一审法院认为,淘宝商城(现更名为天猫商城)对外承诺"品牌正品,商城保障",应在接到投诉后及时主动审查,而非被动等待投诉人提交具体侵权链接,故判浙江淘宝公司就损失扩大部分承担与平台商户的连带责任。二审法院认定,淘宝商城的"正品保障"是针对网店经营行为的保证,而美国威州花旗参总会的起诉是针对淘宝网的侵权,二者不能混为一谈,还应该回归到跨境贸易电子商务平台商的法定义务上。该案淘宝公司已尽到合法注意义务,且原告的投诉没有达到法定要求,故判决撤销一审判决,改判淘宝公司不承担商标侵权责任。❶

2. 争议焦点

在网络侵权纠纷中,因权利人怠于履行告知义务而致使损失扩大的,跨境贸易电子商务平台商还应否对该损失的扩大部分承担赔偿责任。

【案例三:法国大酒库股份公司因与慕醒国际贸易(天津)有限公司商标权纠纷上诉案】

1. 案情

原告法国大酒库股份公司注册有"J. P. CHENET"商标,注册类别为酒类。

---

❶ 吉林省高级人民法院(2012)吉民三涉终字第3号民事判决书。

授权天津王朝葡萄酒酿酒有限公司为中国境内独家经销商。被告慕醍公司未经原告授权,通过合法、正规渠道,从英国的进口"J. P. CHENET"葡萄酒。一审法院认为,慕醍公司的行为不会损害大酒库公司商标标示商品来源的功能或损害其商标承载的商誉,而且有利于国内消费者的利益。因此判决驳回原告请求被告赔偿的诉请。二审维持原判。❶

2. 争议焦点

被告未经原告授权,从合法、正规渠道进口诉争商标的葡萄酒是否构成商标侵权?消费者混淆的可能性是否存在?原告的商誉是否受损?

【案例四:跨境贸易电子商务平台平行进口商品的商标权侵权纠纷】

1. 案情

2011年,欧米茄起诉淘宝网售假货,要求淘宝网设立价格过滤机制,淘宝网回应不接受。理由是低价位的手表未必都是假货,有些是从促销活动、海外打折店或库存清仓获取,不构成商标侵权。

在"施华洛世奇诉京东商标侵权案"中,施华洛世奇没有在中国地区授权任何网站在境内销售其产品。京东商城表示:其销售的讼争品牌商品均通过合法、正规渠道获得,手续完备并有正规发票,对于该商品保修服务由京东与供应商共同负责。

2. 争议焦点

上述两案中,未经原告授权,从合法、正规渠道进口涉案商标商品,跨境贸易电子商务平台是否侵犯原告的商标权?

综上,案例一、案例二把平台商认定为共同侵权人,认为其应连带承担全部责任。这对于只是帮助侵权的平台商来讲是欠妥当,平台商法律地位属于中立的网络服务者。商标权的间接侵权在我国属于法律空白。若引入了间接侵权理论体系中,商标权人可以要求直接侵权人和间接侵权人承担与自己行为相应的法律责任,而不是笼统的共同侵权连带法律责任。

---

❶ 天津市高级人民法院(2013)津高民三终字第0024号民事判决书。

案例三、案例四反映商标的平行进口。平行进口又称"灰色市场",是指未经一国商标注册权人或其许可,从其他国家以合法渠道进口相同商标商品并在本国销售的行为。商标平行进口直接关系到商标权人、进口商和消费者的利益以及国内经济和市场秩序。我国商标法对此缺乏明确规定,各地法院在涉及平行进口的纠纷中也有不同作法。应当如何对待跨境贸易电子商务平台商标平行进口,值得探讨。

三、跨境贸易电子商务平台商的模式

根据2012年的《网络商品交易及有关服务行为管理暂行办法》对交易平台作出了规定,交易平台是指在网络商品交易活动中为进行商品交易的网络用户提供网页空间、虚拟经营场所、交易规则、交易撮合、信息发布等服务,供交易的双方或者多方独立开展交易活动的信息网络系统。

交易主体不同,所产生的电子商务贸易类型也不同,目前跨境贸易电子商务平台商经营的贸易主要包括两类:第一,平台类。跨境贸易电子商务平台商只是网络服务者,为交易双方提供网络服务;比如天猫国际,淘宝网。第二,自营类。此类贸易中跨境贸易电子商务平台商通过互联网为消费者(网络用户)提供商品或者服务。全球直采,平台正品保障,保税区直发,全程海关监管;比如京东全球购,小红书。❶

从商标侵权角度来看,前类平台商常在商标权人通知下,未尽及时删除侵权链接等义务,而构成帮助侵权,承担连带赔偿责任。因我国尚未引入商标的间接侵权制度,而受罚过重。后类平台商常因平行进口,而被国外品牌商起诉商标侵权。

四、国内相关法律规定

(一)跨境贸易电子商务平台商帮助侵权

借鉴"通知删除规则",《侵权责任法》第36条第2款规定:"网络用户利用

---

❶ 转自APP干货铺子. 跨境电商必读长文丨天猫、京东、小红书分别代表了哪三类跨境电商模式?[EB/OL].[2016-04-29]. http://www.gupowang.com/news/1916.html.

网络服务侵犯权利人权益,权利人有权要求跨境贸易电子商务平台商删除、屏蔽、断开链接,若跨境贸易电子商务平台商接到通知后仍未采取必要措施,则就扩大的损害结果承担连带的法律责任。"

借鉴"红旗规则",《侵权责任法》第36条第3款规定:"如果网络交易平台商明知网络用户利用其网络服务侵害他人权益,未采取必要措施的,与该用户承担连带法律责任。"

《民法通则》第130条规定:"二人以上共同侵权造成他人损害的,应当承担连带责任。"

《商标法》第57条第6款规定:"有下列行为之一的,均属侵犯注册商标专用权:……(六)故意为侵犯他人商标专用权行为提供便利条件,帮助他人实施侵犯商标专用权行为的;"

《商标法实施条例》第75条规定:"为侵犯他人商标专用权提供仓储、运输、邮寄、印制、隐匿、经营场所、网络商品交易平台等,属于商标法第57条第(6)项规定的提供便利条件。"

(二) 跨境贸易电子商务平台商平行进口涉嫌侵权

《商标法》第57条规定:"有下列行为之一的,均属侵犯注册商标专用权:……(三)销售侵犯注册商标专用权的商品的;……(七)给他人的注册商标专用权造成其他损害的。"

五、国内外相关理论

(一) 跨境贸易电子商务平台商间接侵权

关于认定跨境贸易电子商务平台商的商标侵权责任时,根据侵权性质,出现了"共同侵权"与"间接侵权"两种不同的学说。

1. 共同侵权说

起源于德国的共同侵权说,主要分为"主观说"和"客观说"。"主观说"指共同侵权人必须有共同的意思联络。"客观说"指只要两者的行为形成了同一损害后果，其是否有共同的意思联络，不影响其构成共同侵权。此外，"客观说"又可以分为"共同行为说"和"关联行为说"，前者主要强调加害行为的重要性，后者主要强调共同行为的关联性。❶ 国内主流观点是扩大解释共同侵权，包含"主观说"与"客观说"。跨境贸易电子商务平台商的商标侵权行为，与侵权的平台上的商户虽没有主观意思联络，但如平台商有主观过错，且平台商为平台上的商户提供了销售平台，故平台商与网络平台商户构成"客观说"的共同侵权。

2. 间接侵权说

在我国立法中并没有明确规定间接侵权。借鉴发达国家相对成熟的知识产权相关学说，间接侵权是指：行为人没有直接侵权，明知或应知他人直接侵权行为，不制止反而诱导、怂恿、教唆、帮助该第三者实施侵权。间接侵权以直接侵权行为为基础，本身行为不被权利人禁止。跨境贸易电子商务平台商在明知或者应知直接侵权行为存在，还帮助其提供销售平台，构成商标间接侵权。间接侵权可以分为帮助侵权责任、诱导侵权责任、替代侵权责任。目前我国《商标法》第57条第（6）项明确规定了商标侵权中的帮助侵权。《最高人民法院关于审理侵害信息网络传播权民事纠纷案件适用法律若干问题的规定》第7条对著作权也有帮助侵权、教唆侵权的规定。

（二）跨境贸易电子商务平台商平行进口是否涉嫌侵权

至今知识产权相关国际公约并没有明确定义平行进口，其希望成员方根据域内的实际情况自行界定平行进口的法律性质。我国法律也没有明确定义。目前主要有三种学说。

1. 行为违法说

平行进口是指第三者在出口国（第一市场）获得合法的产品，未经知识产权权利人许可，而将该产品进口到进口国（第二市场）的行为。商标的平行进口指在国际贸易中，第三者在出口国（第一市场）获得合法的产品，未经商标权人或商标被许可人的许可，进口、销售、使用该商品的行为。平行进口未经知识产权权利人同意，行为违法。

---

❶ 夏青. 网络交易平台商商标侵权问题研究 [D]. 保定：河北大学，2015：11.

2. 灰色市场说

目前主流观点认为，商标平行进口是"灰色市场"。平行进口是指商标权人许可其商标产品在出口国（第一市场）销售，而第三者将该商品进口到进口国（第二市场）进行销售。进口国对该进口的销售市场，也称为灰色市场。"灰色市场"有别于"白色市场"（合法的商品贸易）和"黑色市场"，表明其处于法律灰色地带，介于合法与违法之间。

3. 中性定义说

第三者未经国内商标权人或独家经销商同意的正常输入行为，且在国内市场上经销。该学说认为平行进口属于正常输入行为。从平行进口商品是真品这一特点看，不会引起消费者的误认，更不违背商标法的宗旨，不应当认为是一种侵犯商标权的行为。该学说没有任何主观判断因素，也未提"未经授权"。

（三）跨境贸易电子商务平台商平行进口的基本原则

1. 地域性原则

地域性原则认为，权利产生于主权国家的法律。同一件商标在不同的国家获得保护是因为该商标权基于各个国家的法律。《巴黎公约》第 6 条第 3 项规定，"在本联盟成员国内正式注册的商标，应当为与本联盟其他成员国（包括申请人所属国中）注册的商标无关。"[1]

商标权保护具有严格的地域性。在一国取得的商标权只在该国法域内受到保护，其他国家不当然承认其权利。如果在两个国家分别取得同一商标，在使用中也会严格按照不同国家的法律加以保护。禁止平行进口，正是依据这样的理论认定权利的限制也应当是在本国法律约束之内，没有域外效力。在一个国家内的市场上经过商标权人同意销售出的商品，适用"首次销售，权利用尽"，他人再分销、转销均不再受商标权人的约束，但是在另一个法域内不应当适用同样的权利用尽原则。如适用严格的地域性原则，则应禁止平行进口。

2. 有利于国际贸易的普遍性原则

普遍性原则"反映了人们对商标权与专利权、著作权所作的二分法，即商标

---

[1] 王心阳. 电商时代商标平行进口的合法性分析（上）[J]. 电子知识产权，2016（1）：85.

权不受地域限制而具有世界范围的普遍性，专利权和著作权则受地域限制而只在本国地域范围内有效。这种二分法取决于商标权与专利权、著作权传统上的不同产生途径：专利权与著作权是由制定法创设并规范的，而商标权并非由制定法创设，它依据商标的使用而取得，是一种判例法上的权利。"❶ 普遍原则并非是要将商标权的所有权利效力全球化，商标的注册申请、商标权的具体权利设置还应当遵循国内法，但就权利用尽，应基于公平合理，不严格遵循地域性原则。因为权利用尽问题已不是商标法内部问题，它涉及国家贸易政策和消费者权利问题。随着电子商务和贸易全球化趋势，普遍原则会被更多国家所接受。依据普遍性原则，平行进口合法。

3. 权利用尽原则

权利用尽原则限制商标权。一件产品受商标权保护，权利人或其授权人一旦首次销售后，那么商标权人不得禁止在相关范围内该产品的继续转让流通；权利人的商标权"用尽"。权利用尽当然涵盖在商标法域内用尽。但对于权利用尽原则在平行进口的适用；以下是具有代表性的三种权利用尽理论。

(1) 国内用尽理论。

国内用尽是指权利用尽仅适用于首次销售发生在国内的情形。有学者认为："国内用尽指知识产权产品被首次投放市场后，知识产权权利人仅在投放国丧失对该特定知识产权产品再次销售或使用的控制权；但权利人对在其他国家投放市场的产品，仍然可以通过行使在国内的知识产权控制向国内进口该产品。"❷ 根据国内权利用尽理论，进口商品经投放市场后仅在投放国权利用尽，对进口国而言，权利并未用尽，据此平行进口不合法。

(2) 区域用尽理论。

区域用尽主要适用于团体或组织之间，其中适用最多的区域就是欧盟。"知识产权产品在欧盟被首次投放市场后，知识产权权利人即在该区域内各成员国丧失对该特定知识产权产品再次销售或使用控制的权利，但对于区域外的国家的知识产权产品，权利人仍然可以行使其在欧盟内享有的知识产权，控制该知识产权产

---

❶ 王春燕. 平行进口法律规制的比较研究 [M]. 北京：中国人民大学出版社，2012：130.
❷ 尹锋林. 平行进口知识产权法律规则研究 [M]. 北京：知识产权出版社，2012：14.

品在欧盟内销售或使用。"❶ 欧盟区域用尽原则的目的，即鼓励货物在欧盟成员间自由流通，是为了维护欧盟成员贸易利益的根本目标。自由流通需满足的条件是：由欧盟权利人或经权利人许可同意，产品投放于欧盟市场之内。

(3) 国际用尽理论。

国际用尽是指被首次投放市场后，知识产权产品不论该产品在国内还是国外销售，知识产权权利人都丧失对该特定产品的再次销售或使用的控制权。根据国际权利用尽原则，享有知识产权的商品经权利人授权后投放到市场中，权利即用尽，他人根据不同国家市场定价差异而进行的平行进口属于正常的贸易行为，不存在商品误认、混淆和其他侵权问题，权利人再无权制止。国际权利用尽原则是支持平行进口。

上述学说与原则为研究国内的跨境贸易电子商务平台商进境商品商标权侵权问题，奠定了理论依据。

六、法律关系与效力

(一) 跨境贸易电子商务平台商间接侵权责任

1. 跨境贸易电子商务平台商法律主体地位认定

跨境贸易电子商务平台商是网络交易中介服务者；而不是居间服务提供者，也非网络商铺出租者。跨境贸易电子商务平台商提供平台商户卖东西的平台，为平台中的交易提供其所需要的网络技术服务，所有的商品信息是由平台商户发布的，买家通过此交易平台进行商品选购，平台商为其提供技术服务的行为属于中介服务方的角色。此种观点最符合平台商的运行模式，也最合理。用户可以自己编辑、发布信息并带有与对方交流或发帖性质的服务，而且平台商还提供搜索、在线支付等服务。平台商不仅提供技术服务，它还有一定的监管职能。例如，淘宝网对入驻网店进行评价、授予金冠、钻石等。

---

❶ 尹锋林. 平行进口知识产权法律规则研究 [M]. 北京：知识产权出版社，2012：14.

第四章 论跨境贸易电子商务平台进境商品商标侵权问题
——从跨境贸易电子商务平台的角度

2. 跨境贸易电子商务平台商间接侵权主观过错的认定

跨境贸易电子商务平台商的商标间接侵权归责原则问题，应适用过错责任说。构成跨境贸易电子商务平台商标间接侵权行为不属于"专有权"的控制范围，如果将其规定在侵权范围之外，将缩小商标权保护的范围，不利于保护商标权益。因此商标权间接侵权的构成要件之一是行为人具有主观过错。

3. 跨境贸易电子商务平台商过错认定标准

对于主观过错的认定标准，实践中有的以"是否尽到注意义务"来认定，有的以"通知删除规则"来认定。目前学界主要有"通知删除规则""红旗规则"和"避风港规则"三大学说。

（1）通知删除规则。

这是判断主观过错的最常见的方法。《侵权责任法》第36条第2款规定："网络用户利用网络服务侵犯权利人权益，权利人有权要求跨境贸易电子商务平台商删除、屏蔽、断开链接，若跨境贸易电子商务平台商接到通知后仍未采取必要措施，则就扩大的损害结果承担连带的法律责任。"间接侵权以间接侵权人知道他人直接侵权行为为基础，故须判断跨境贸易电子商务平台商是否知道其网络用户即平台商户侵犯了他人的商标专用权。商标权人在知悉网络用户利用网络服务侵犯了自己的商标权后向电子商务平台商发出了通知，要求其采取必要措施。若是平台商在收到通知后仍然未采取措施，则平台商应知侵权行为的存在，具有主观过错。此款亦有利于跨境贸易电子商务平台商建立有效的侵权投诉处理制度，从而使得权利人免于诉累，就能保护自己的法益。

（2）红旗规则。

《侵权责任法》第36条第3款的"红旗规则"也可以用于判断跨境贸易电子商务平台商在间接侵权的过错认定中。如第3款规定，如果跨境贸易电子商务平台商明知网络用户利用其网络服务侵害他人权益，未采取必要措施的，与该用户承担连带法律责任。如果侵权人的侵权行为如示警红旗十分明显，商标权人就会有确切证据证明平台商知道直接侵权人的侵权行为，可直接认定平台商有主观过错，直接要求平台商承担侵权责任，而不必发出要求停止侵权的通知。

（3）避风港规则。

跨境贸易电子商务平台商不知道而且无合理理由应知其平台上存在侵权链接

等内容的，或在接到权利人的通知书后，及时断开了与侵权内容的链接或删除了侵权内容，制止商标侵权行为，避免侵权损失扩大。履行前述义务的平台商可以免责，无商标侵权责任。

4. 跨境贸易电子商务平台商的商标帮助侵权行为

跨境贸易电子商务平台商商的商标侵权行为以直接侵权人行为的存在为前提。而直接侵权人即平台中的商户的侵权行为具体包括：第一，未经商标权人许可，在自己网络店铺的装潢、链接、商品描述中使用商标权人商标；第二，经过商标权人许可获得销售商标权人的 A 类商品，却同时销售未经商标权人许可的 B 类商品；第三，获得商标权人授权进行销售，实际却销售假冒的商品；第四，授权为商标权人制造品牌商品的工厂未经商标权人许可擅自在网络平台上以品牌直营店、旗舰店的方式销售商品。

间接侵权指行为人没有直接实施侵犯他人权利行为，但在明知或应知第三人直接侵权行为存在下，不制止反而故意教唆、诱导、帮助、怂恿他人实施侵权行为。间接侵权分为三类：帮助侵权、诱导侵权和替代侵权。目前，跨境贸易电子商务平台商的商标侵权行为常是帮助侵权。帮助侵权的构成要件包括：第一，直接侵权人侵权行为的存在。在网络交易平台的环境下，主要指平台商户销售假冒商标权人商标的商品，使在网上购物的消费者对假冒商品产生了混淆误认为是商标权人的商品，致使商标权人利益受损。第二，为直接侵权人提供了帮助行为并导致损害了权利人权益。第三，提供帮助行为的人存在主观过错。不同于直接侵权中的无过错标准，即直接侵权人不论过错与否都要承担商标侵权的法律责任，间接侵权要求间接侵权人有存在主观过错才构成间接侵权责任。

5. 跨境贸易电子商务平台商的商标间接侵权责任承担

（1）直接侵权责任承担方式。

由于跨境贸易电子商务平台商商的直接侵权行为并不常见，直接侵权的法律责任主要由平台的商户来承担，包括停止侵权、消除影响和赔偿损失。但对于赔偿损失，善意侵权，依据《商标法》第 57 条第 3 款的规定，不用承担此项责任。

（2）间接侵权责任承担方式。

跨境贸易电子商务平台商主要承担间接侵权的责任。包括停止侵害、赔偿损失、赔礼道歉和消除影响、恢复名誉。权利人在向网络服务商发出符合要求的通知时，就等于要求平台商采取删除、屏蔽、断开等必要措施以停止自己的帮助侵权行为。如删除侵权商品信息、关闭销售网店、终止网络平台商户的资格等。平台商户可给各消费者声明致歉，平台商也可以代平台商户向各个消费者或者在自己平台上公告致歉。平台商未尽到自己采取必要措施的义务，平台商应承担赔偿损失的责任。

（二）跨境贸易电子商务平台商商标的平行进口问题

1. 商标平行进口的特点

尽管对平行进口存在诸多不同定义，但是平行进口有如下共同特点：

（1）权利同源。

被进口的商品不论在进口国（地区）还是出口国（地区）都享有商标权，且是使用在同一商标权人的商品上，属于"合法商标"，在出口国和进口国都不存在假冒和仿冒商标问题。

（2）购买渠道合法。

被进口商品（真品）在出口国有合法销售渠道，是由权利人或经其授权之人投放于出口国市场，第三人从市场上合法购买之后再输入到进口国的。所以不存在商品质量问题，也不会产生消费者的误认。平行进口的"真品"本身的质量与出口国商品是一致的，只是在进口国没有实体店可以得到售后服务。但跨境贸易电子商务平台商会将平行进口的商品返回给国外的代理商进行质保。

（3）有合法的进口报关手续。

平行进口的商品不存在偷漏关税问题，第三人在办理了合法商品报关手续之后才进入到进口国市场。平行进口的商品不同于水货，而是通常所说的"行货"。就履行申报关税义务这一点看，平行进口没有破坏公共经济秩序。

（4）出口国和进口国处于商标法不同法域。

两个法域内的商标权会有不同的法律效力。他人如果在第一市场上从商标权人的经销商处合法购买了商品，而没有经过第二市场商标权人及经销商授权进行销售，就形成了一条与商标权人"平行"的销售途径。

(5) 平行进口的商品存在地区差价。

商标权人通过代理商或独占被许可人控制商品的定价和销售。正是因为有商品的地区差价，才会有动力从低价位市场向高价位市场平行进口。但地区差价这一特点可能不再是跨境贸易电子商务平台商的消费者购买的主要原因。

2. 平行进口应适用"中性定义说"和"商标权国际用尽原则"

综合国内外相关理论和实践，平行进口应适用"中性定义说"。依据"商标权国际用尽原则"，商标的平行进口没有影响商标指示来源的基本功能，不会使消费者混淆该商标商品的来源，同时平行进口的是真品，也不存在假冒的问题，也没有隔断商标和商品之间的特定联系。因而，国内学主流的观点认为商标的平行进口合法。

禁止平行进口的观点与商标权用尽的法理基础不相符。自由竞争的市场要求货物正常流通。反对平行进口表面上是商标权人或其授权的人禁止从商标法的法域外输入特定商标商品，本质上是商标权人或其授权的人通过商标权控制该商品的国际贸易，从而妨碍该商标商品正常流通。平行进口可以保持市场的活力，促进行业的自由竞争，防止商标权人刻意地垄断价格或划分市场；可是也可能导致以次充好、"搭便车"或"劣币驱逐良币"的现象，造成不正当竞争。司法实践中，可考虑下列四方面因素：第一，商标上载明的产地和产品质量经过平行进口是否受损，导致进口国的消费者混淆该商品的质量和来源；第二，该商标在进口国内的商誉、品牌度是否独立；第三，平行进口该商品，是否促进国内相同合法授权的商品在价格和服务商的公平自由竞争；第四，平行进口的进口商或经销商是否存在利用合法授权的商品在进口国已经建立的商誉而"搭便车"的嫌疑或是否存在不正当竞争行为。如果根据上述标准考核，平行进口不属于实质违法。

3. 平行进口不能适用严格的地域性原则

严格的地域性原则明显不利于国际贸易的开展。邵景春认为："倘若认为未经知识产权人同意，进口商无权进口一切知识产权产品，那么在国际贸易中一切知识产权产品贸易实际上就都不是自由和有竞争性的，而是由知识产权人所垄断进口商所从事的自由进口贸易就只能是非知识产权产品。与此同时进口商在从事一项具体的进口贸易以前，还不得不承担两项非常苛刻的义务：第一，如果是知识产权产品,那么还必须自己承担风险和费用去设法取得知识产权人的同意或许可。否则他就无权进口该项物品。第二,必须自己承担风险和费用穷尽进口国关于知识产权人及其知识产权状况的一切信息,以便确定自己意欲进口的物品是否是进口国的知识产权产品。上述两项义务一方面当然会加重进口商的交易成本,另一方面又将进口商置于一个不甚公平的境地。"❶

七、立法建言和实务预防

(一) 跨境贸易电子商务平台商间接侵权

1. 商标法中引入间接侵权理论体系

将跨境贸易电子商务平台商商标帮助侵权认定为共同侵权十分不合理。原因如下:第一,要求共同侵权人承担连带责任的原因是共同侵权人对损害结果的直接因果关系,而间接侵权人只是对直接侵权人的行为起到了协助作用,对损害的结果造成的原因力要弱一些。第二,在网络环境下商标侵权案件中,交易平台商的主观恶意,侵权行为造成的损害后果比直接侵权人要小的多。如果让平台商承担与直接侵权人相同的侵权责任未免加大了平台商的责任。从法律承担的角度来讲,让平台商承担间接侵权责任更符合公平公正的原则。第三,从程序法的角度考虑,共同侵权人必须全部参加诉讼,如果部分共同侵权人未参加诉讼,法院应追加共同侵权人作为事人参加诉讼。由于侵权形式的多样,尤其是在网络环境下商标权人根本无法知悉全部直接侵权人,这必然会造成商标权人的权益得不到救济。而商标法中明确间接侵权责任后,商标权人可以直接追究直接侵权人的责任,也可以追究间接侵权人的责任。第四,我国《侵权责任法》第 36 条规定仅就被侵权人"损害的扩大部分"与该平台商户承担连带责任。可见,"通知后未采取措施"才承担连带责任,并不是说平台商直接就直接侵权人的侵权行为承担共同侵权责任。

在《商标法》第 57 条第 1 款至第 7 款以列举式地立法方式规定了商标侵权的

---

❶ 邵景春. 均等保护——平行进口诘问法律 [J]. 国际贸易,2011 (6).

行为内容，但把直接侵权和间接侵权的行为内容混为一谈是不恰当的。这容易造成法院在判定时的混淆。如果商标权人知道作为跨境贸易电子商务平台商的淘宝网只是间接侵权人，依法律的规定，必然不会要求其承担全部的经济损失。法院也不会无法可依，仅依《民法通则》第130条来认定"不构成共同侵权责任"。

2. 商标法中明确间接侵权的相应过错责任

按照间接侵权理论体系，权利人在追究侵权人的法律责任时，直接侵权人间接侵权人各自承担相应责任，这也是引入间接侵权理论体系最大的益处所在。可以在商标法中明确规定间接侵权人应该承担与自己过错相应的法律责任，但是为了避免让间接侵权人承担过重或者过轻的法律责任可以规定赔偿数额的上限和下限。法官可以运用自由裁量权结合间接侵权人的行为对损害结果造成的原因力大小和主观过错的程度判定间接侵权人应该承担的法律责任。

3. 细化"通知删除规则"和"红旗规则"相关规定

（1）明确通知的要求。

"衣念公司诉淘宝案"中原告被告双方对商标侵权投诉中应该包括的内容产生了争议，实际上就是对"通知删除规则"下通知应该列明的侵权商品内容、初步证明材料内容，应该达到怎样的要求产生了争议。目前我国中"通知删除规则"是存在的，但是法院在应用到商标侵权领域时，并没有更具体的要求。从实际角度出发，像淘宝网这类网站，其入驻网店数量众多，每家网店销售的商品众多，淘宝网每天接到若干投诉通知，如果商标权人不列明侵权网址，淘宝网需对每则投诉进行调查确定投诉的侵权产品的网址再采取删除等必要措施，这样会带给淘宝网惊人的工作量，未免太苛责跨境电子商务平台商了。

所以，通知中应该列明侵权商品的具体名称和该商品的网络链接地址。平台商才能具体的知道该针对哪一网络信息进行移除或断开网址。仅仅是概括性的告知平台商其平台上销售的某品牌商品均为假冒他人商标权的商品，要求平台商禁止该行为也是不现实的。

对于通知中的证明材料只需要包括权利人合法的商标权证书，被控的侵权事实存在的信息，即需要有证明商品侵权的初步证明材料即可。商标权人只要证明该网店销售的产品并非权利人自己厂家合法生产的产品，就能证明该网店侵权了自己的商标权。

（2）明确删除的要求。

案例二中，原告之所以诉诸法院很大一部分原因是被告并未作出合理的措施以制止侵权行为的危害。另一方面，平台商接到权利人的侵权通知后是否采取了合理的措施直接决定了他是否在知道第三人侵权的情况下构成间接侵权。2012年最高人民法院出台《关于审理侵权信息网络传播权民事纠纷案件适用法律若干问题的规定》对此使用"及时采取必要措施"来认定删除的要求，笔者认为可以采纳。"及时必要"具体是指：采取的措施必须具有及时性。采取及时措施的实质是一经知道侵权事实便迅速处理。交易平台商收到权利人的侵权通知后，能够初步判断具有侵权行为的，平台商便应该采取及时的措施制止侵权人继续侵权。

平台商采取的措施是否合理也是"删除"要考虑的因素。平台商采取删除等措施后，侵权人仍然利用网络服务商提供的网络服务实施侵权行为，则平台商需要进一步采取必要的措施制止侵权人继续侵权。尤其对于长期重复从事侵权行为销售侵权商品的平台商户而言，针对此种侵权人服务商应该采取警告、降低信用评级、限制发布侵权商品信息和关闭网页等更加严厉的措施以制止。

（3）示警红旗的适用。

案例一中，原告的七次投诉显然可以构成平台商主观上的"明知"状态，法院在判决时确出现了应用是否尽到义务和通知删除规则的标准，笔者认为完全可以按照红旗规则来判定平台商是否存在主观过错，以进一步判定平台商是否构成商标侵权。

示警红旗的情形可以基本概括为三种：第一，网店的自认。网络平台中有的网络店铺中明示有"高仿""仿真"字样，针对如此明显的字眼，平台商应对其进行筛选排除，判断是否该商品侵犯了相关权利人权利，若构成侵权必须要采取必要措施制止侵权。第二，反复侵权。某网店被商标权人投诉多次进行侵权行为，即使商标权人的通知不符合要求的情况下，平台商也应该对该网店严加监管，也应负有更高的注意义务。如果某网店因销售同一商标的商品受到平台商的处理甚至法院的审理，那么该网店再次实施侵权行为时，平台商负有更多的注意义务。第三，买家的投诉。在某网店销售假冒他人商标的商品后，买家要求退款退货的过程中与平台商户达不成一致的协商，便将平台商户的行为投诉到平台商，或者在商品评论中留言，此种情况下平台商完全可以接触到有关网店销售侵权商品的信息。

此外，有一种情况需要注意。有观点提出以过低价格销售可以成为示警红旗的情形之一。在"欧米茄公司诉淘宝网卖假表案"中曾要求淘宝网设定价格访问过滤机制，以禁止低价销售商品。根据商标法规定，商品进入市场后，商标权人不得限制商品的自由买卖。如果平台商户从合法途径购入商品，为了竞争需要，在不改变其包装或者商品名称的情况下低价销售，并不构成侵权。更何况在淘宝网中有许多二手贸易，价格无法控制。

（二）跨境贸易电子商务平台商商标的平行进口

电商时代应当给平行进口以合法地位。可以在未来的《电子商务法》中加以确定。

1. 回归商标法本源

商标是一种标志性的权利，它的基本功能在于区别商品或服务的不同来源，防止消费者误认。只要没有造成消费者在商品来源上的误认，平行进口即是合法和自由的，平行进口没有违背商标法的宗旨，不应当给予禁止。而鼓励平行进口，对于假冒商标的活动也会有抑制作用。平行进口增加消费者的选择并为消费者带来福利。

2. 防止双重获利和权利滥用

进口商在第一市场上购买产品时，商标权人已经获得了期望的利润，包括商标使用费。再到第二市场上销售时，进口商如果还要重新向商标权人支付商标费用，商标权人涉嫌二重获利。如果商标权用尽理论不遵循国际用尽原则，那么商标权人在低价位市场进行销售时已经获得了一重利益，当商品从低价位市场进入高价位市场的时候再次收取许可费，获得第二重利益，也不符合公平交易原则。

国际商标制度确立的"首次销售、权利用尽"原则就是防止商标权滥用，而在没有构成商品来源混淆的平行进口问题上，商标权人以维护销售渠道的垄断利益为目的，阻止已经进入公共市场的商品再次销售，实际上是一种滥用权利的行为。此外，平行进口符合自由贸易的趋势和促进电子商务产业发展。

八、结　语

以上对跨境贸易电子商务平台商的商标侵权的性质、商标侵权的主观过错如何判定，新形势下平台商应尽的法律义务等做出了详尽的分析，并提出了相应的法律意见，相信在日渐完善的立法过程中，会更加规范平台商的行为，避免侵权事件的频现，以使得网络交易更规范地发展。平行进口反映了知识产权保护和国际贸易自由化之间的冲突。电子商务是无国界销售，瞬间完成。跨境电子商务势不可挡，平行进口就无法阻止。在我国制定允许平行进口的法律政策，有利于我国自贸区的建设，也符合贸易自由的世界潮流。

第五章　商标撤三行政纠纷案件中的商标使用证明标准

隆忠和[*]

摘　要：商标撤三制度，是商标法规定的盘活闲置商标，打击囤积和抢注他人商标意在谋取暴利，提高商标申请注册通过率的重要制度设计。近几年，有关商标撤三的案件大量涌现，商标局、商评委和北京知识产权法院在对商标使用的证据认定上标准不一致，使商标专用权人及代理人感到不解和迷惑。通过对北京知识产权法院"GUFO"商标撤销复审行政纠纷判决这一案例的分析，结合商评委、北京知识产权法院、北京市高级人民法院和最高人民法院公布的部分典型案件，尝试从商标专用权人的视角，探讨撤三行政纠纷案件中商标使用证据的证明标准问题。

关键词：商标撤三　使用证据　证明标准

一、案例简介

原告：温州鼎鸿鞋业有限公司（以下简称"鼎鸿公司"）
被告：国家工商行政管理总局商标评审委员会（以下简称"商评委"）
第三人：艾尔古弗有限公司（以下简称"艾尔古弗公司"）

---

[*] 隆忠和，浙江甬泰律师事务所合伙人，知识产权部主任，宁波市律师协会知识产权专业委员会委员，宁波市知识产权纠纷人民调解委员会人民调解员。在从事律师业务的12年时间里，办理了大量商标异议、异议复审、商标无效宣告、撤三的申请或答辩，以及商标行政诉讼案件，同时处理了大量商标、专利侵权案件；擅长于公司法律顾问、商务谈判、合同审查等非诉讼和诉讼法律事务。

该案历经三级审限（国家商标局、商评委、法院一审），商标最后仍被撤销，最重要的原因是对商标使用证据的认定问题。期间周期长，审理结论反复，在考验着当事人和代理律师的心智。

第4487719号商标"GUFO"，2005年1月31日在第25类鞋、靴、运动鞋、凉鞋、皮带（服饰用）、雨衣、戏装、浴帽、帽、服装共10项商品上申请注册，商标专用权期限到2018年11月6日。

2011年11月24日，艾尔古弗公司对"GUFO"商标以连续3年未使用为由，向国家商标局申请撤销；鼎鸿公司收到国家商标局通知，要求提供2009年2月27日至2012年2月26日期间在"皮带（服饰用）、雨衣、戏装、浴帽、帽、服装"6项商品上使用"GUFO"商标的证据。

鼎鸿公司在法定期间提供了如下证据：①加工生产合同、授权委托书、温州某服饰公司的营业执照；②印务合约书、印刷厂营业执照、"GUFO"商标标识、吊牌、成分标；③购销合同、个体工商户营业执照、发货单；④工商分局户外条幅广告审批表、户外广告代理合同等。以上证据证明鼎鸿公司委托温州某服饰公司加工生产"GUFO"牌女装，印制了商标标识、吊牌，与杭州下沙商贸城、广州市新中国大厦的个体工商户叶×、南×签定购销合同，并通过物流公司将服装托运到指定地点，由叶×、南×对外销售。

2013年9月11日，国家商标局作出决定，认定鼎鸿公司提供的商标使用证据有效，驳回艾尔古弗公司的撤销申请，维持"GUFO"商标在皮带（服饰用）等6项商品上的注册继续有效。

艾尔古弗公司对国家商标局决定不服，向商评委申请复审，复审期间鼎鸿公司未提供新证据。2015年1月31日，商评委作出复审决定，"GUFO"商标在复审服务（备注：此处显系商评委错误，应为"复审商品"）上的注册予以撤销，理由是上述证据未形成有效证明，不能证明在鞋、靴等商品（此处显系商评委错误，应为"不能证明在皮带（服饰用）、雨衣等商品"）上对复审商标进行商业使用的证据链。❶

鼎鸿公司不服商评委的复审决定，在法定期限内向北京知识产权法院提起行

---

❶ 参见：国家商评委商评字（2015）第18038号《关于第4487719号"GUFO"商标撤销复审决定书》。

政诉讼，艾尔古弗公司作为第三人参加诉讼。

二、诉辩意见

鼎鸿公司意见：①在第1—3组证据中，能清楚的显示原告生产、销售标识有诉争商标的女装的整个流程：2010年11月18日，原告委托温州某服饰公司生产"GUFO"牌女装，签订加工生产合同；2011年3月8日，原告与印刷厂签订印务合约书，委托印制诉争商标的标识牌、吊牌、成分标各5万套；2011年7月20日、2011年8月5日，原告分别与杭州下沙商贸城、广州市新中国大厦的的个体工商户叶×、南×签订购销合同；2011年9月，物流公司将原告女装分别分次发运到叶×、南×指定地。至于叶×、南×在杭州、广州如何销售以及是否开具发票或收据，原告无法把控，也无法提供叶×、南×销售标识有诉争商标女装的发票或收据。鼎鸿公司认为委托生产合同、印务合同、购销合同、托运单结合在一起形成完整的证据链，足以证明诉争商标在规定期间在女装上进行商业使用。②第4组证据，将户外条幅广告审批表和户外广告代理合同这两份证据结合起来能够证明原告将诉争商标用于广告宣传。

商评委意见：未形成证据链，不能证明诉争商标在进行商业使用。

艾尔古弗有限公司意见：①原告未提供向温州某服饰公司、印刷厂、物流公司、广告公司付款记录及发票，无叶×、南×向鼎鸿公司付款凭据及发票。②物流单据中未显示诉争商标，不能证明运送的是标识有复审商标的女装。鼎鸿公司证据未形成完整证据链，不能证明复审商标在商业使用。

三、争议焦点

在案证据是否可以证明"GUFO"商标在规定期间存在真实、合法、有效的商业使用。

四、裁判意见

法院认为：①加工生产合同，未附有转账记录、发票等该合同已实际履行相关证据，不足以证明诉争商标的真实使用。②印务合约书、"GUFO"商标标识、吊牌、成分标等，该合约书未附有付款凭证、发票等相关实际履行证据，提交的商标、吊牌、成分标等仅为样品，不能证明在该合约有效期内已实际大量印刷，且上述商标、吊牌、成分标中的商标为"GUFO 谷芙"，与诉争商标有一定出入。③购销合同、发货单，同样未附有付款凭证、发票等实际履行证据，且发货单中未载有诉争商标信息，亦不足以证明诉争商标的实际使用情况。④广告审批表及广告代理合同，该审批表仅能证明鼎鸿公司有将诉争商标商品进行广告宣传的意向，该广告代理合同未附有付款凭证、发票、广告实际展出图片等履行证据，不足以证明该广告已实际展出，且单一的诉争商标广告宣传证据在未有其他实际商业使用证据进行佐证的情况下，法院难以认可诉争商标的实际商业使用情况。综上，鼎鸿公司提交的在案证据不足以证明诉争商标在规定期间在其指定使用的复审商品上存在真实、有效、合法的商业使用。对于原告提出的商评委在公告中超范围撤销了诉争商标核定使用的鞋、靴等四项商品的事实，是商评委系统出现操作失误的情况，原告可通过其他行政途径解决，商评委未违反法律规定。驳回鼎鸿公司诉讼请求。❶

五、法理分析

商标最主要的功能是起到区分商品和服务来源的识别作用，而这一功能的实现有赖于商标的实际使用，只有通过在商业活动中使用才能实现该功能，否则其仅是一个商业符号而已。对此，《商标法》第49条作出了"商标因连续3年停止使用而被撤销"的规定，这一法律制度简称为"撤三"。在实务中，"撤三"认定的难点之一在于商标是否实际使用，本文从上述案例，结合近几年商评委、北京知识产权法院、北京市高级人民法院以及最高人民法院公布的部分典型案件，从商标专用权人的视角来阐述商标使用的证明标准问题。

上述案例中，北京知识产权法院认定鼎鸿公司提供的在案证据，不足以证明诉争商标在指定期间在指定使用的复审商品上存在真实、有效、合法的商业使用。

---

❶ 参见：北京知识产权法院（2015）京知行初字第3804号行政判决书。

从判决内容来看，在撤三案件中，原告（商标专用权人）提供的商标使用证据除应当符合时间要求外，在具体的商标使用方式上还应当满足"真实、合法、商业使用"的条件，诉争商标才能予以维持，否则诉争商标将予以撤销。事实上也是以"真实、合法、有效"作为商标使用的证明标准比较合理。

1. 商标专用权人主观上须有使用意图，客观上有真实的使用行为

《商标法》第49条第2款是撤三的法律依据，未明确规定需要存在真实的使用意图。实际上，原告即商标专用权人应当具有真实的使用意图，通过真实的使用行为，使相关公众将商标和特定的商品或者服务联系起来，才能达到识别商品或服务来源的作用，从而实现商标的价值，而非仅为占有商标资源或意图通过转让手段谋取利益。

是否具有真实的使用行为，可从如下三方面来判断：①商品的销售数量或者服务的营业收入；②商品的销售范围或者服务覆盖的范围；③商品销售持续时间或服务的延续时间。当然，这些因素不是绝对的，需要结合个案情况具体判断。

与真实使用行为相对应的是象征性使用。北京市高级人民法院审理的第1240054号"大桥 DAQIAO 及图"商标案中，认为复审商标的商品销售额仅为1800元，期间也仅有一次广告行为投放于在全国发行量并不大的湖州日报上，且广告和商品销售行为均发生在杭州油漆公司主张复审商标未使用的3年期间后期，这种使用系出于规避商标法规定以维持其注册效力目的的象征性使用行为；❶ 在北京市高级人民法院审理的通用磨坊公司与成某"湾仔码头"商标案中，❷ 对第三人提交的在报纸上刊登的一次招商广告，也认为仅为维持商标注册的单次、象征性的使用，不属于出于真实商业目的而进行的商标使用。

该案中，法院认为原告未提供生产加工合同、印务合约、购销合同、广告代理合同的付款凭证、发票等相关的合同实际履行证据；印务合约中约定印制商标、吊牌、成分标各5万套，提交给商标局的商标、吊牌、成分标仅为样品，不能证明已实际大量印刷；发货单中未载有诉争商标信息等，由此否认原告对诉争商标的真实使用。

---

❶ 刘晓军. 象征性商标使用不能维持其注册效力［N］. 人民法院报，2010-08-26（7）.
❷ 参见：北京市高级人民法院（2014）高行终字第1934号行政判决书。

现实情况是，企业在经营中开具发票时基本上是不标注商标信息，很多小型企业尤其是个体工商户在经营过程中为逃避税收不开发票；对于通过杭州下沙商贸城等小商品市场销售商品的小工厂来说，没有自己的门店，多通过经销商或代理商销售商品，商品通过物流公司流转，发货单上不标注商标也是惯例；经销商或代理商将商品卖给消费者时，基本不开发票，付款方式为现金，通过银行转账也无法证明买卖成交的是诉争商标的商品。对于像原告这种大众消费品类型的工厂而言，其年销售额不大，注册商标在业内也没有知名度，但确实在使用诉争商标，在使用方式上不规范且很少保留商标使用证据，其注册商标被撤销的话，对其后续生产经营影响巨大，或造成无法挽回的经济损失，同时亦影响其使用商标争创名牌的积极性。

因此，对于撤销注册商标的行政决定或司法判决，应考虑企业类型及生产经营活动的实际情况，在认定商标使用证据时不能苛求，保证商标行政决定或司法判决的合理性。

2. 商标使用的形式须符合商标法规定

商标使用，是一个法律行为，受到商标法及相关法律调整。对商标使用行为的合法性审查，主要体现在使用人应当在核准注册的商标和核定使用的商品或服务项目上使用。实践中，商标专用权人在商品或服务项目上使用的商标标识往往与注册商标有一定差异，或者使用的并非核定使用商品或服务项目。在撤三案件中，原告提供的商标使用证据，如果实际使用的商标与注册商标不一致，或者并非是核定使用商品，能否认定诉争商标实际在使用？在商标评审案件及司法实践中，对于诉争商标与实际使用商标存在细微改变，相关公众施以一般注意力能够识别出诉争商标的显著特征，该商标也能够起到识别商品或服务项目来源的作用，一般认定为商标使用行为；对于核定使用商品与实际使用商品为类似商品或存在紧密联系，或者商品名称不同但实际为同一商品，如自行车与单车，商标局、商评委或法院也认可这种情形符合商标使用要求。

对于商标使用人不具备特定资质要求，如生产许可，卫生许可，进出口许可等方面的证件，但在此类商品上使用了诉争商标，即使使用商标从事的经营行为违反其他法律法规，也应当认定其对于商标的使用是合法使用。2011年知识产权保护十大典型案例之一的"卡斯特"案件中，一审法院认为撤三案件的制度功能是解决商标是否在用,是否有真实使用的意图和使用的实际。商标使用人在生产许可,卫生许可,进出口许可等方面存在的问题,并非"撤三"条款规范和调整的内容,即将商标使用行为和使用商标从事的市场经营行为应当区分开来。❶

商标使用行为的合法性,还体现在商标使用的地域范围,即原告提供的商标使用证据是在中国使用的证据,还是在国外使用的证据,目前在司法实践中认定结果不一致。采取国内标准的案件,如北京知识产权法院在(2015)京知行初字第3146号一案中,认为原告罗琦公司提供的发票产生于香港,涉案商标"ROCKY"在香港地区使用的行为不符合我国商标法的商标使用要求;❷ 最高人民法院对浦江亚环锁业有限公司与莱斯防盗产品国际有限公司侵害商标权纠纷一案("PRETUL"案)再审判决中,❸ 在判断涉外定牌加工是否构成商标侵权时排除考虑了域外因素,即在判断是否构成商标使用时只考虑"在我国领域内发挥商标的识别功能";最高人民法院在(2014)行提字第30号行政判决中,❹ 对域外的使用是否属于"商标使用"给予了肯定答案,认可广州固达公司提交的"mine"商标域外使用的证据。

该案中,原告提供的是"GUFO"商标在女装上的使用证据,女装与指定商品中的服装为类似商品,符合商标使用要求。

假设商评委、北京知识产权法院认定原告提供的在女装上使用"GUFO"商标符合要求,维持在服装上的注册有效,对于"GUFO"商标"皮带(服饰用)、雨衣、戏装、浴帽、帽"5项商品上的注册是否也有效?即在女装上的使用证据,是否能推断出在"皮带(服饰用)、雨衣、戏装、浴帽、帽"上也在使用?关键点在于要区分上述5项商品与服装是否属于类似商品或有紧密联系!笔者认为"皮带(服饰用)、帽"与服装存在特定联系,但与"雨衣、戏装、浴帽"不属于类似商品,相关公众一般不会认为与服装有特定联系,故在女装上的使用证据,能证明在"服装、皮带(服饰用)、帽"上使用了"GUFO"商标,但不能证明在"雨衣、戏装、浴帽"上使用。

---

❶ 参见:最高人民法院(2010)知行字第55号行政判决书。
❷ 参见:北京知识产权法院(2015)京知行初字第3146号行政判决书。
❸ 参见:最高人民法院(2014)民提字第38号民事判决书。
❹ 参见:最高人民法院(2014)行提字第30号行政判决书。

3. 商业使用，是商标法对使用的一个前提性要求

商标本身只是一个符号，只有在商业活动中以消费者能够接触到的使用行为，而且该使用行为是以盈利为目的，如销售行为、广告行为等，这一符号才能转变为凝聚企业商品信息的商标，才能够产生商标的识别区分作用，才属于商标法意义上的使用行为。对于消费者无法接触到的商标使用行为，如为生产、销售、宣传等而进行的准备活动，工商行政管理机关或法院对侵害诉争商标的行政处罚决定或法院判决书，媒体上刊登的商标注册公告等，不能起到使消费者识别商品来源的使用，不属于商标法意义上的使用行为。

商业使用，必然是对外的、公开的使用，尤其是在流通领域及其相关领域的使用，使得相关公众能够知晓商标的存在。因此内部的使用，例如企业内部使用的办公文具、办公场所展示的商标标识、工作服等一般不宜认为为公开使用，但可以与其他商业使用的证据结合，相互印证商标使用行为。

第六章 供犯罪所用的本人财物的处理方式探析
——从陈某华、刘某燕假冒注册商标罪案谈起

黄 妙 常军帅[*]

摘　要：假冒注册商标罪案件中，如果相关物品是直接、专门用于犯罪的财物，即对犯罪行为的形成能够起到决定作用的，应当认定为"供犯罪所用的本人财物"，予以没收。但如果商品价值昂贵，商标标识易与商品相分离且不影响商品本身价值的，在全面考察犯罪人犯罪的事实、性质、情节和危害后果的情况下，可以根据适当性原则，采取去标的方式进行处理。

关键词：供犯罪所用的财物　去标　适当性原则　假冒注册商标罪

一、案例简介

2013年8月初，被告人陈某华、刘某燕商定共同出资租用武义县桐琴镇金灿购物广场摊位，冒用山东梦金园珠宝首饰有限公司的"梦金园"注册商标经营黄金首饰。二被告人将租用的柜台装修成"梦金园"黄金饰品专柜，采购"越豪"牌黄金首饰后，购进有"梦金园"字样的黄金首饰包装袋、包装盒，定制"梦金园"字样的购物发票，于2013年8月8日正式开业，销售假冒的"梦金园"黄金

---

[*] 黄妙，浙江省律师协会知识产权专业委员会主任，北京大成（宁波）律师事务所知识产权部主任。
常军帅，北京大成（宁波）律师事务所律师，知识产权部秘书长。

首饰。至 2013 年 8 月 14 日，二被告人以 288 元/克的价格共销售假冒"梦金园"黄金首饰 229 件，合计 1 321.4 克，销售金额合计 38 万余元，非法获利 24 000 余元。2013 年 8 月 14 日武义县公安民警从被告人陈某华、刘某燕经营的"梦金园"黄金首饰专柜查获销售发票、"梦金园"黄金首饰包装盒、包装袋及假冒"梦金园"黄金首饰 372 件，合计 2 866.33 克，未销售金额共计 825 503.04 元。❶

二、辩护意见

一审中，辩护人通过会见当事人和审阅案件笔录，将犯罪证据事实与假冒注册商标罪的主客观构成要件对比，对二被告人构成假冒注册商标罪罪名本身不持有异议，但辩护人同时认为二被告人系初犯、偶犯，到案后认罪态度较好并能主动赔偿商标权人的经济损失获得其谅解，二被告人经营时间短、获利较少且没有给商标权人声誉造成重大损失的实际情况，对二被告适用缓刑不致对社会产生危害性为由建议在量刑上对二被告人适用缓刑。

一审法院采纳了辩护人关于二被告罪名和量刑的辩护意见，分别以假冒注册商标罪判处被告人陈某华、刘某燕有期徒刑 3 年，缓刑 4 年，同时判处二被告人陈某华、刘某燕退出的赃款人民币 24 000 元及公安机关扣押在案的黄金 2 866.33 克予以没收，上缴国库；公安机关扣押在案的假冒"梦金园"的包装袋、包装盒予以销毁。二被告人不服公安机关扣押在案的黄金 2 866.33 克予以没收提起上诉，上诉意见主要内容如下：

（1）扣押在案的黄金不属于犯罪份子违法所得的财物，也不属于违禁品，不应当予以没收。

（2）扣押在案的黄金与"梦金园"字样的包装袋、包装盒一起属于供犯罪所用的本人财物，但依据刑法的适当性原则和公平公正的价值理念，也不应当对扣押在案的黄金予以没收。

（3）该案假冒注册商标罪标的的特殊性在于其为扣押在案的黄金与"梦金

---

❶ 参见：金华市中级人民法院（2014）浙金知刑终字第 8 号刑事判决书。该案例入选 2014 年浙江省十大知识产权典型案例。

园"字样的包装袋、包装盒的结合体，任何一项单列或分开均不构成此罪，而恰恰在该案中扣押在案的黄金与"梦金园"字样的包装袋、包装盒又十分易于分离，该案中二被告人假冒注册商标的时间较短，获利较少，因此造成的不良社会影响也较小，而且案发后，被告人积极采取措施获得了原告的谅解，法院如能将涉案黄金返还给被告，不仅可以拯救被告两家人发挥刑法的预防和教育功能，而且又恰如其分的保护了商标权人以及广大社会公众的利益，从而完美实现刑法社会效果和法律效果的统一。

综上，辩护人恳请二审法院能够依法改判，将涉案2 866.33克黄金返还二被告人。

三、争议焦点

该案的争议焦点在于：涉案财物本身价值较大，且在不破坏商品本身价值的前提下能与商标轻易分离而独立存在，二被告的犯罪事实、犯罪情节和犯罪后果均较轻微，在此种情况下，公安机关扣押在案的涉案2 866.33克黄金的性质应该任何认定以及处理？

四、裁判意见

就该争议焦点，一审法院未就公安机关扣押在案的2 866.33克黄金的性质予以认定，但其认为应当将涉案的2 866.33克黄金予以没收，上缴国库。二审法院在一审法院的基础上，经审理认为，公安机关扣押在案的黄金2 866.33克，系陈某华、刘某燕向他人购买后，利用山东梦金园珠宝首饰有限公司的注册商标"梦金园"进行销售，已构成假冒注册商标罪，该罪客观上要求未经商标权人许可，在同一商品上使用与注册商标相同的商标，故该案黄金是构成该罪的必备条件，且涉案黄金系陈某华、刘某燕的财物，应予以没收。遂于2014年12月15日裁定：驳回上诉，维持原判。

五、法理分析

司法实践中,由于对供犯罪所用的本人财物的认识和理解不一,造成许多司法机关在对供犯罪所用的本人财物的执法尺度相异,有些司法机关不分情况,一律予以没收,造成了司法不公,为此,我们有必要在厘清其内涵和外延的基础上,探讨出适用于司法实践的对供犯罪所用的本人财物的处置规则。

(一)供犯罪所用财物的内涵和外延

法律中对供犯罪所用财物之规定见于《刑法》第64条:犯罪分子违法所得的一切财物,应当予以追缴或者责令退赔;对被害人的合法财产,应当及时返还;违禁品和供犯罪所用的本人财物,应当予以没收。没收的财物和罚金,一律上缴国库,不得挪用和自行处理。除此之外,并未有对供犯罪所用财物的解释及具体操作流程。

供犯罪所用财物,根据文义解释和体系解释的方法,其应是是指直接或主要用以实施故意犯罪之财物。要准确理解供犯罪所用财物的内涵和外延,必须注意以下几个问题:

首先,从主观意图上分析,供犯罪所用的财物是行为人有意识的为实施某种犯罪行为所预备的或所使用的财物。因此,没收供犯罪所用财物不适用于过失犯罪,❶ 只适用于希望犯罪行为发生的直接故意犯罪案件。

其次,在客观行为上,供犯罪所用财物的形式主要表现为:第一,该财物与犯罪实行行为相结合,成为完成该犯罪行为不可缺少之物,或者犯罪人将财物直接作为具体实施犯罪行为的辅助工具,例如实施赌博犯罪中的赌资,利用汽车撞人实施故意杀人行为的汽车。第二,犯罪人经常性的利用某物为其实施犯罪提供预备、逃逸、处理赃物等间接的便利条件。❷

最后,供犯罪所用的财物一般应限定为本人拥有所有权之财物,但在某种情

---

❶ 张勇,殷涛,蒋晓春."供犯罪所用的本人财物"之界定与处置 [J]. 人民检察,2008 (2):17.
❷ 李鹏飞."供犯罪所用本人财物"之范围界定探讨 [J]. 法制与经济,2012 (10):35.

况下，虽然本人对财物不拥有所有权，但长期拥有实际控制权的他人财物或共有财物亦应包括在内。

在该案中，涉案的2 866.33克黄金明显不属于犯罪分子违法所得，也不属于违禁品，根据现行的刑法，其是否应当予以没收关键看其是否属于供犯罪所用的本人财物。二被告涉嫌的罪名为假冒注册商标罪，而假冒注册商标罪的客观行为表现为未经注册商标所有人许可，在同一种商品上使用了与其注册商标相同的商标，涉案2 866.33克黄金即为商品，梦金园即为注册商标，涉案2 866.33克黄金与梦金园包装盒、包装袋一起共同构成了假冒注册商标罪的犯罪标的，且涉案2 866.33克黄金和带有"梦金园"字样的包装袋、包装盒均系直接用于实施假冒注册商标罪的财物，与犯罪行为密不可分，缺一不可，故在此种意义上涉案2 866.33克黄金被视为"供犯罪所用之财物"无可厚非。

(二) 没收供犯罪所用之财物还需考虑适当性原则

上文，我们分析了供犯罪所用财物的内涵和外延，但供犯罪所用的财物在性质上属于犯罪人所有，具有私权属性，是否应予以没收，还必须经受适当性原则的检验和考察。

适当性原则，又称均衡性原则，具体是指没收的供犯罪所用的本人财物应当与犯罪行为相适应，即以犯罪的社会危害性为基础，全面考察犯罪人犯罪的事实、性质、情节和危害后果，保持没收处分与犯罪的危害性相当，不能因为轻微的犯罪行为没收犯罪人的大宗财物或者因没收而间接造成犯罪人重大损失。[1] 适当性原则很好的平衡了犯罪人的私益、注册商标所有权人和社会公共利益，是罪责刑相适应原则和公平公正原则的具体体现。

具体到该案中，二被告人于2013年8月8日正式开始营业，2013年8月14日即被公安机关抓获，非法获利仅24 000元，而且二被告人销售的黄金饰品均系"越豪"正品黄金首饰，没有给社会公众的利益造成重大损害，二被告人事后也与商标权人达成了谅解，赔偿了商标权人的经济损失，根据适当性原则，不应再对供犯罪所用之财物"涉案黄金饰品"予以没收，否则将造成新的不公，致使二被

---

[1] 李鹏飞."供犯罪所用本人财物"之范围界定探讨[J].法制与经济，2012 (10)：36.

告生活困难，不利于刑法预防犯罪功能的发生。

综上，我们认为二审法院将涉案2 866.33克黄金予以没收的决定不合情理。

（三）去标：商标侵权领域的新尝试，解决供犯罪所用财物问题的新思路

去标，现阶段特指在商标侵权类案件中，出于公共利益需要或公平公正价值追求或社会整体经济利益考量，允许侵权人将侵权商标标识从侵权商品上去除而不必销毁整个侵权商品的法律责任承担方式。目前去标已尝试应用于以下两种情形：

1. 能提供合法来源的销售商商标侵权

根据《商标法》第56条"销售不知道是侵犯注册商标专用权的商品，能证明该商品是自己合法取得并说明提供者的，不承担赔偿责任"的规定，销售商销售的商品侵犯他人商标权的，如果能提供合法来源并说明提供者，销售上只需要承担停止侵权的法律责任，而不需要承担赔偿责任。然而，实践中存在这样的情况，销售商有大量库存，侵权产品质量上乘属于正品，如果一律要求销售商将该侵权产品全部销毁，不仅会给销售商自己带来巨额损失，也会导致销售商在执行程序中的百般阻挠，更会导致社会资源的极大浪费。在这种情况下，一种新的处理方式应运而生：销售商主动将侵权产品上的侵权商标标识全部予以去除或者遮盖，在不影响产品质量和使用功能和不影响商标权人的商誉的双重前提下，销售上向商标权人支付少量的费用，商标权人同意销售商将去标的侵权产品重新投入市场来填补或减少其可能遭受的经济损失。

2. 出于公共利益或其他考虑，将侵权产品全部销毁将造成重大经济损失的

笔者曾经代理过奥克斯集团有限公司的一个商标侵权案例。在该案例中，奥克斯集团有限公司是第5108409号 **AUX** 商标的商标权人，该商标于2006年1月9日申请注册，于2009年4月7日公告授权，核定使用于电梯（升降机）等商品上。2014年，我们发现南昌市某超市自动扶梯上印有"奥克斯AUX"标识，电梯使用标志上明确记载该电梯制造单位为奥克斯快速电梯（苏州）有限公司，为此，我们向当地的工商行政管理部门进行了投诉。当地的工商行政管理部门认为涉案自动扶梯侵犯了奥克斯集团有限公司的商标权，但由于涉案自动扶梯价值昂

贵，且已经安装使用于某超市，若因为使用"奥克斯 AUX"商业标识而导致整个自动扶梯被全部拆除的话将给某超市造成重大的经济损失，故在当地工商行政管理部门的调解下，奥克斯集团有限公司与其他相关各方达成了和解，某超市将自动扶梯上的"奥克斯 AUX"商标标识清除并支付奥克斯集团有限公司少许费用，奥克斯集团有限公司承诺不再要求销毁自动扶梯。

上述两个情形，司法机构都是通过去标来代替停止侵权的方式，合理的平衡了商标权人、侵权方和社会公众的利益，取得了良好的社会效果。

在侵犯知识产权犯罪案件中，对于供犯罪所用的财物的处理方式可以根据案件的具体情况，全面考察犯罪人犯罪的事实、性质、情节和危害后果，采取去标代替全部没收的方式进行处理。

第二编

专利权保护理论与判例研究

第七章 论贴牌生产中专利侵权责任主体的认定

吕甲木[*]

摘 要：OEM、ODM是贴牌生产合同的典型表现形式，其缺乏固定的模式，并且不断演变，但贴牌生产合同的性质仍为承揽合同。承揽人专利侵权责任认定与普通的专利侵权责任的认定模式一致。专利侵权责任的归责原则为严格化的过错推定原则。通过对特殊侵权行为领域内典型定作人侵权责任规范的体系化解释，以及从有利于受害人救济理论、利益平衡理论、风险控制理论出发，认为定作人作为合同法上承揽合同中的制造者，应承担擅自制造专利产品的侵权责任。如定作人与承揽人具有共同的意思联络或具有教唆、帮助情形，则由其承担连带责任。

关键词：贴牌生产 专利侵权 制造 归责原则

一、引 言

在市场经济条件下，掌握不同资源的市场主体之间通过委托加工、贴牌生产

---

[*] 吕甲木，浙江海泰律师事务所合伙人、知识产权部主任，兼任最高人民法院知识产权案例指导研究（北京）基地专家咨询委员会专家、宁波市律师协会知识产权委员会主任、宁波市法学会知识产权法学研究会副会长、中华全国律师协会知识产权专业委员会委员、宁波市知识产权纠纷人民调解委员会调解员。曾获"浙江省知识产权宣讲活动先进个人""宁波市十佳律师"等荣誉。承办的案件多次入选全国法院50大知识产权典型案例，以及浙江法院、宁波法院十大知识产权保护案件。撰写的论文曾分别被评为2011年、2013年、2015年、2016年全国知识产权律师年会十佳论文。本文原稿在中华全国律师协会知识产权专业委员会2013年年会上被评为"十佳论文"。

等方式进行分工合作,延长了商品生产制造的链条,大幅扩大了产品的生产制造能力。随着全球经济一体化的加剧,在国际贸易中出现了大量的贴牌生产商业模式,使一家没有工厂的贸易公司能够成为产品的制造商,一国制造商首次销售的商品是由其他国家的工厂实际生产成为可能,以致在法律上互相独立的生产工厂成为制造商的"生产车间"。因此,无论是在国际贸易还是在国内贸易中,贴牌生产已成为仅次于买卖合同的一种交易方式。随着贴牌生产商业模式的快速发展,也带来了大量的法律问题,在知识产权领域集中体现在贴牌生产的商标侵权问题与专利侵权问题。与国内理论界和实务界对贴牌生产中的商标侵权问题进行大量的研究不同,对贴牌生产中的专利侵权问题尚未展开深入的研究。依照我国《专利法》第 11 条的规定,对于将被诉侵权行为人直接实施生产被诉侵权产品的行为认定为专利法意义上的制造行为,构成专利侵权自无问题。但是,对于定作人委托承揽人贴牌生产的被诉侵权产品,如何认定该产品的制造者以确定侵权责任主体的问题,由于《专利法》以及相关司法解释对制造并未作出规定,导致司法实践对专利法意义上的制造的理解千差万别,以致相类似的案件作出了相反的判决,使专利权人和社会公众均无所适从。对于加工贸易中的知识产权保护问题,最高人民法院认为要认真研究,抓紧总结审判经验,解决突出问题,完善司法保护政策,促进加工贸易的转型升级。❶ 因上述问题属于加工贸易中涉及专利侵权责任认定的一般性问题,故有必要对此进行深入研究。

二、贴牌生产的法律属性

(一)贴牌生产的含义和典型的表现形式

贴牌生产又称贴牌加工、定牌加工、代工生产,是指加工承揽人根据约定,为定作人加工生产使用特定商标的产品并将该产品交付给定作人,根据约定向定作人收取加工费的贸易方式。狭义上的定牌加工是指 OEM 加工方式,广义上的定

---

❶ 参见:《最高人民法院关于当前经济形势下知识产权审判服务大局若干问题的意见》(法发〔2009〕23 号)。

牌加工还包括近来兴起的 ODM 加工方式。❶ 目前，无论在国际贸易还是在国内贸易中，OEM、ODM 是重要的两种商业模式。通常而言，在 OEM 的模式下，由品牌拥有商提供产品的设计或核心技术，委托加工厂加工生产产品，在加工生产的产品上标注品牌拥有商提供的商标，加工生产完成后全部交付给品牌拥有商，由品牌拥有商统一对外销售。一般而言，高精尖技术产品的 OEM，由品牌拥有商提供核心技术委托加工厂生产；而普通商品的 OEM，品牌拥有商只提供设计方案或样品委托加工厂生产，例如耐克、阿迪达斯的 OEM，服装、鞋帽的裁剪、染色、拷边、缝合技术是加工厂自己拥有的技术。而 ODM 是比 OEM 稍微高级一点的委托加工模式，加工厂拥有一定的技术开发、设计能力。通常而言，在 ODM 的模式下，品牌拥有商提供产品的规格、技术要求、外观式样等要素委托加工厂利用其自己的设计、开发能力加工样品，在样品的外观、技术要求得到品牌拥有商的确认后进行批量生产，在加工生产的产品上标注品牌拥有商的商标，加工生产完成后全部交付给品牌拥有商，由品牌拥有商统一对外销售。例如戴尔、惠普、索尼等笔记本电脑大多就是利用 ODM 的模式委托中国台湾地区的加工厂生产。而在苹果公司与富士康公司的合作中，由苹果公司提供核心专利技术，富士康公司提供外围专利技术，富士康公司接受苹果公司委托加工生产的产品全部标注苹果商标，并由苹果公司统一对外销售。因此，OEM、ODM 作为一种商业代工模式，是随着商业的发展而不断演化的，很难进行明确清晰的区分，没有绝对的界限，是一方提供技术、设计还是双方都提供技术、设计已经不是关键问题。在 OEM 模式下，加工厂也可以提供技术为品牌商加工产品，比如耐克、阿迪达斯的模式；在 ODM 模式下，品牌商也可以提供技术、设计给加工厂再利用加工厂的设计、开发能力为品牌商加工产品，比如苹果、戴尔等手机、笔记本电脑的加工模式。因此，在法律上以贴牌生产概括这种 OEM、ODM 委托生产加工方式比较贴切，将之细分为

---

❶ OEM 是英语 Original Equipment Manufacture 的缩写，中文字面意思为"原始设备制造者"，也称"原产地委托加工"，是指制造者根据委托人的要求为其生产产品并直接标注委托人的商标，所生产的产品全部交由委托人包销的生产方式。ODM 是英语 Original Design Manufacturer 的缩写，中文字面意思为"原始设计制造商"。ODM 是指某制造商开发了某产品后，被品牌拥有商看中，要求配上其品牌来进行生产，或者稍微修改一下设计来生产。国家认证认可监督管理委员会发布的《强制性产品认证实施规则中涉及 ODM 模式的补充规定》（2009 年 30 号公告）定义的 ODM 模式是指 ODM 生产厂依据与制造商的相关协议等文件，为制造商设计、加工、生产产品的委托生产制造模式。

OEM 抑或 ODM 并无实际意义。

（二）贴牌生产的法律性质和法律特征

作为贴牌生产典型形式的 OEM、ODM，它们最核心之处就是品牌拥有商委托加工厂生产加工产品并标注品牌拥有商的商标。因为，加工厂是根据品牌拥有商的委托或指示加工生产产品的，所以这种贴牌生产委托加工合同的法律性质就是承揽合同。其主要法律特征为：（1）贴牌生产合同以完成一定的工作成果为其合同目的。作为定作人的品牌拥有商，其支付报酬的目的是取得加工厂完成的工作成果。因此，在贴牌生产合同中，一般而言，加工厂具有完成工作成果的能力，这些能力不仅仅体现为技术、设备，还包括人员组织能力等。定作人并不是单纯为了取得加工厂的劳务成果，而是为了取得凝结了加工厂劳务、技术、设备等能力的综合工作成果。（2）加工厂须独立完成工作成果。品牌拥有商之所以与加工厂订立合同，是看中加工厂具有完成工作成果的能力，比如专业的技术、设备、服务能力。这些能力是加工厂自身具有的能力。因此，加工厂应该以自身所具备的能力为品牌拥有商完成工作成果。（3）贴牌生产合同的标的具有特定性。加工厂在其生产的产品上必须根据定作人的要求标注商标，如果不符合要求，就构成不履行或不完全履行合同。通常要将工作成果全部交付给定作人，对于超过合同数量生产的产品，如果未征得定作人的许可，不得销售，否则会构成商标侵权。

（三）贴牌生产合同与买卖合同的区别

贴牌生产合同作为承揽合同，其与买卖合同之间虽然均存在供方向需方提供产品，需方向供方支付款项的共性。但其中的区别还是非常明显的，主要有：（1）交付的标的物不同。在贴牌生产合同中，作为承揽人的加工厂是根据定作人的特殊要求加工生产产品，尤其是在产品上标注定作人指示的商标，是一种特定物；而在买卖合同中，出卖人是向买受人交付买卖合同约定的标的物，这种标的物可以是种类物，也可以是特定物。（2）标的物是否可以由第三人完成不同。在贴牌生产合同中，加工厂应以自己所具备的能力完成工作成果，除非征得定作人同意可将部分工作转由第三人完成；在买卖合同中，在合同没有特殊约定的情况下，标的物可以是买受人自己生产，也可以是买受人从第三方取得，并无限制，所以在买卖贸易中出现了大量的中间贸易商，从事转售贸易。（3）产品交付前的监督权不同。在贴牌生产合同中，因为是承揽合同，定作人有权对承揽人的工作情况在不妨碍承揽人工作的情况下进行检查和监督；而在买卖合同中，在标的物交付前，买受人无权监督出卖人完成标的物的情况。（4）是否享有单方解除权的不同。贴牌生产合同作为承揽合同，定作人有随时解除合同的权利；而在买卖合同中，除具备双方约定或者法定的解除条件时，是不允许随意解除合同的。（5）产品责任的承担不同。贴牌生产的产品，产品责任由委托制造的定作人承担；而在买卖合同中，最终的产品责任由制造商承担，该制造商可能是出卖人，也可能是第三方。当然，贴牌生产合同与买卖合同最核心的区别还在于是否根据需方的要求生产及标注需方指示的商标。

（四）贴牌生产合同与商标许可使用合同的区别

贴牌生产合同与商标许可使用合同的共性就是产品上均使用了商标，但它们之间还是有许多不同的地方。（1）主体间的相互关系不同。在贴牌生产中，定作人和承揽人是一种委托和被委托加工产品的承揽合同关系；在商标使用许可合同中，被许可人和许可人之间是部分商标权利的使用关系。（2）商标权的处分方式不同。在贴牌生产中，当承揽人自备物料时，在工作成果所有权转移给定作人之前，工作成果的所有人与其标注的商标的所有人是相分离的，承揽人无权处分工作成果上的商标权；在商标使用许可合同中，商标权人许可被许可人使用的是部分商标使用权，被许可人可以在自己制造或销售的商品上使用该商标，对商品及其标注的商标可一并处分。❶（3）商标使用许可关系不同。在贴牌生产中，作为商标使用权拥有人的定作人是产品的法定制造商，自主销售，自负盈亏，独立承担产品责任，是该产品的原始所有权人，而作为加工承揽人无权销售、处分加工产品，只负有交付加工产品给定作人的义务；而在商标使用许可中，被许可方对许可使用商标的产品，自主销售，自负盈亏，独立承担产品责任，是产品的原始所有权人，是产品的制造者，而商标许可人主要就是收取商标许可使用费。

---

❶ 参见：浙江省高级人民法院课题组. 贴牌生产中商标侵权问题研究 [J]. 法律适用，2008（4）.

三、司法实践对贴牌生产的专利产品制造者认定的争议

（一）认定定作人为专利产品制造者

1. 北京法院的观点

北京市高级人民法院《专利侵权判定若干问题的意见（试行）》（京高法发〔2001〕229号）第113条第（2）项规定：委托他人制造或者在产品上标明"监制"的视为参与制造。北京市高级人民法院《专利侵权判定指南》（2013年）第89条规定：委托他人制造或者在产品上标明"监制"等类似参与行为应当认定为制造发明或者实用新型专利产品的行为。北京市第一中级人民法院在利而浦公司与魏某建侵犯外观设计专利权纠纷上诉案中认为，根据利而浦公司与武义公司签订的《"福玛特"OEM购销合同》，利而浦公司委托武义公司加工贴有"福玛特"商标的产品，任何有关产品加工工厂或零部件的采购都必须经过利而浦公司同意，被控侵权产品的保修卡和使用说明书上均署名利而浦公司。因此，原审法院认定利而浦公司为涉案产品的制造者并无不当。❶

2. 上海法院的代表性案例

上海市第一中级人民法院在泰丰公司诉公爵公司专利侵权纠纷案中认为，被控侵权的"真王"牌旅行箱系被告委托温州宏达厂定牌加工，故应认定该旅行箱是被告生产的。❷ 上海市高级人民法院在宝石公司与重机株式会社侵害外观设计专利权纠纷上诉案中认为，上诉人亦认可被控侵权产品系上诉人委托案外人制造，被控侵权产品机身上喷绘的上诉人注册商标"GEMSY"系案外人按照上诉人的要求在制造产品时直接喷绘在被控侵权产品上的，作为委托人应当承担制造者应当承担的法律责任。❸

---

❶ 参见：北京市第一中级人民法院（2012）一中民终字第10789号民事判决书。
❷ 参见：上海市第一中级人民法院（2000）沪一中知初字第91号民事判决书。
❸ 参见：上海市高级人民法院（2011）沪高民三（知）终字第72号民事判决书。

(二) 认定专利产品上识别性标志所有者为专利产品制造者

1. 北京法院的代表性案例

北京市高级人民法院在紫隆都公司与百灵公司等侵犯专利权纠纷上诉案中认为,紫隆都公司对其生产、销售涉案被控侵权产品虽然提供了外观设计来源,但是,其在该产品上署名的行为已经表明其是该产品的制造者。❶ 北京市高级人民法院在千安达公司与九星恒隆公司侵犯专利权纠纷上诉案中认为,千安达公司在其销售的DR-305型小飞人红外感应垃圾桶包装盒上明确标注其企业名称、地址、联系方式,该标注方式表明千安达公司系该产品的制造者,其应承担产品制造者的法律责任。尽管千安达公司提交了《采购合同》欲证明该产品的实际生产者系东日公司,但由于千安达公司在产品上以产品制造者的身份进行了标注,故千安达公司仍应承担产品制造者的法律责任。❷

2. 上海法院的代表性案例

上海市第二中级人民法院在信高公司诉恒杰公司专利侵权纠纷案中认为,根据被告在其系争产品上直接印制其公司名称的行为,应认定其为系争产品的生产者,被告所称其仅为产品销售者的辩称不能成立。❸ 上海市高级人民法院在国生公司与信高公司专利侵权纠纷上诉案中认为,上诉人定牌加工被控侵权产品,在产品上标有其"国生"牌商标,并附合格证等标签,在包装盒上标有其"国生"牌商标、企业名称、住址、联系电话等,该行为就是生产行为,且又进行了销售。❹

3. 广东法院的代表性案例

广东省高级人民法院在佰镒公司与曹某斌侵犯专利权纠纷上诉案中认为,关于佰镒公司上诉提出被控产品是向他人购买,其只是在外壳上打上自己的商标,

---

❶ 参见:北京市高级人民法院(2006)高民终字第515号民事判决书。
❷ 参见:北京市高级人民法院(2006)高民终字第1570号民事判决书。
❸ 参见:上海市第二中级人民法院(2001)沪二中知初字第194号民事判决书。
❹ 参见:上海市高级人民法院(2003)沪高民三(知)终字第56号民事判决书。

是一种行业"贴牌经营"行为，不构成侵权的辩称，根据最高人民法院批复的规定，❶ 应认定佰镒公司为被控侵权产品的产品制造者。❷ 广东省高级人民法院在世家公司等与江某宏侵害实用新型专利权纠纷上诉案中也持同样的观点。❸

4. 江苏法院的代表性案例

江苏省高级人民法院在康宝公司与好孩子公司等专利侵权纠纷上诉案中认为，被控侵权产品的外包装上已标有康宝公司的名称、地址、联系方式及产品商标等信息。根据《最高人民法院关于产品侵权案件的受害人能否以产品的商标所有人为被告提起民事诉讼的批复》的精神，被控侵权产品外包装上的相应标注内容应作为康宝公司系生产者的相关证据。❹ 江苏省高级人民法院在大金公司与灿坤公司侵犯外观设计专利权纠纷上诉案中认为，被控侵权产品标注的厂家信息均指向"大金公司"，大金公司应认定为涉案产品的生产制造商。尽管月立公司系涉案产品贴牌加工方，但月立公司非必要共同诉讼人，大金公司与月立公司的OEM生产合同不能免除大金公司的责任。❺

（三）认定定作人与承揽人为共同制造者

《最高人民法院关于审理专利侵权纠纷案件若干问题的规定》（会议讨论稿2003. 10. 27—29）第35条规定：承揽人由于接受定作人的委托而实施侵犯专利权行为的，与定作人一起构成共同侵权。❻ 上海市高级人民法院在亿利达公司与卢某光专利侵权纠纷上诉案中认为，上诉人是该案系争口杯的委托加工方，其行为应视为共同生产行为。❼ 北京市第一中级人民法院在中奥通公司诉中国科学院自动化

---

❶ 最高人民法院于2002年7月11日作出的《关于产品侵权案件的受害人能否以产品的商标所有人为被告提起民事诉讼的批复》（法释〔2002〕22号）规定："任何将自己的姓名、名称、商标或者可资识别的其他标识体现在产品上，表示其为产品制造者的企业或个人，均属于《中华人民共和国民法通则》第122条规定的'产品制造者'和《中华人民共和国产品质量法》规定的'生产者'。"

❷ 参见：广东省高级人民法院（2006）粤高法民三终字第365号民事判决书。

❸ 参见：广东省高级人民法院（2011）粤高法民三终字第533号民事判决书。

❹ 参见：江苏省高级人民法院（2007）苏民三终字第0016号民事判决书。

❺ 参见：江苏省高级人民法院（2009）苏民三终字第0236号民事判决书。

❻ 关于审理专利侵权纠纷案件若干问题的规定［EB/OL］.［213-09-27］. http://www.chinaiprlaw.cn/show_ News.asp?id=2463&key=.

❼ 参见：上海市高级人民法院（2001）沪高知终字第67号民事判决书。

研究所等侵犯发明专利权纠纷案中认定，建设单位自动化研究所和施工单位中建二公司未经专利权人许可，使用了诉争专利方法，构成专利侵权，应承担停止侵权、赔偿损失的民事责任。❶最高人民法院在上诉人华某平、安迪华公司与被上诉人斯博汀公司、丰利公司、天龙塑业公司侵犯专利权纠纷案中对一审法院江苏省高级人民法院认定，涉案被控侵权哑铃套组手提箱系由斯博汀公司委托丰利公司制造完成，双方之间属于法律规定的加工承揽关系，故应认定双方共同实施了侵犯两原告涉案专利权的行为的观点予以确认。❷

（四）认定未提供技术方案或技术要求的定作人不构成制造者

浙江省高级人民法院在敖某平与飞利浦公司、和宏公司侵害发明专利权纠纷案中认为：定作人和加工人的行为是独立的，并不能将加工人的法律责任，尤其加工承揽中的对外侵权责任，直接归属于定作人。飞利浦公司作为定作人不存在故意诱导、怂恿、教唆加工人侵犯他人专利权的情形，因此其所实施的行为未侵犯专利权。❸最高人民法院在对该案作出的再审裁定中进一步认为，《专利法》第11条的"制造专利产品"，对于发明或实用新型来说，是指作出或者形成覆盖专利权利要求所记载的全部技术特征的产品。上述理解综合考虑了"制造"一词本身的含义和《专利法》第11条的立法目的。在委托加工专利产品的情况下，如果委托方要求加工方根据其提供的技术方案制造专利产品，或者专利产品的形成中体现了委托方提出的技术要求，则可以认定是双方共同实施了制造专利产品的行为。飞利浦公司没有向和宏公司就被诉侵权产品的生产提供技术方案或者提出技术要求，飞利浦公司不是专利法意义上的制造者，其行为并不构成侵害涉案专利权。❹

四、贴牌生产中承揽人专利侵权责任的认定

《专利法》第11条只规定了直接实施侵害专利权行为的形态。因此，承揽人

---

❶ 参见：北京市第一中级人民法院（2011）一中民初字第1635号民事判决书。
❷ 参见：最高人民法院（2007）民三终字第3号民事判决书。
❸ 参见：浙江省高级人民法院（2011）浙知终字第172号民事判决书。
❹ 参见：最高人民法院（2012）民申字第197号民事裁定书。

作为专利法意义上的贴牌生产的专利产品的制造者并无异议。所以，贴牌生产中承揽人专利侵权责任的认定与普通的专利侵权责任的认定是一致的，遵循相同的归责原则、构成要件与认定标准。

（一）专利侵权归责原则的认定

侵权法主要解决什么样的行为构成侵权责任以及如何承担侵权责任的问题。因此，侵权法主要有责任成立法和责任承担法两部分组成。而责任成立法的实质就是解决侵权责任的认定问题。在责任成立法中，根据何种标准认定侵权责任的成立是整个责任成立法的核心。而这一核心标准，在法学理论上被称为归责。所以，侵权法在界定责任成立的标准的同时，也界定了不需要承担责任的标准。因此，归责原则是指将责任归结于侵权人承担的事由，归责原则也可以称为归责事由。❶

1. 过错责任与无过错责任的争议

已故的郑成思教授认为从国际上知识产权法的研究成果，知识产权的特殊性等出发，知识产权侵权认定的归责原则为无过错责任原则，在赔偿损失上采用过错责任原则。❷ 但是，坚持这一观点的人数日渐变少，实务界中受过专业训练的知识产权法官和知识产权律师在最高人民法院有关判例、指导性意见、论文的影响下，基本上认同专利侵权与商标侵权的归责原则为过错责任原则。

2. 确定专利侵权归责原则的理由

（1）TRIPS规定的知识产权侵权归责原则。

其实TRIPS第45条第1款规定的归责原则是过错责任原则，该协议第45条第2款的规定属于例外情形，只适用于适当场合，是一种辅助性原则。❸ 此外，该协议作为不同经济发展程度和法系的国家经过多轮谈判达成的妥协性法律文本，

---

❶ 参见：吕甲木. 侵权法原理与判例研究 [M]. 北京：法律出版社，2013：8.

❷ 参见：郑成思. 知识产权论 [M]. 北京：法律出版社，2003：272.

❸ TRIPS第45条第1款规定："对已知或有充分理由应知自己从事之活动系侵权的侵权人，司法当局应有权责令其向权利人支付足以弥补因侵犯知识产权而给权利持有人造成之损失的损害赔偿费。"第45条第2款规定"司法当局还应有权责令侵权人向权利持有人支付其他开支，其中可包括适当的律师费。在适当场合即使侵权人不知、或无充分理由应知自己从事之活动系侵权，成员仍可以授权司法当局责令其返还所得利润或令其支付法定赔偿额，或二者并处"。

其逻辑性和体系性并不强，与一个国家的法律传统和法律理论不尽相符。因此，世贸成员在保证国内法遵守协议的同时，应以自身的法律传统和法律理论进行消化，以保证法制统一。

（2）我国法律体系中的知识产权侵权归责原则。

1986 年《民法通则》第 106 条第 2 款规定了过错责任原则，第 3 款规定了无过错责任原则。该法第 118 条规定的侵害专利权等各种类型的知识产权行为需承担侵权责任的归责原则为过错责任原则，而明确规定适用无过错责任原则的为国家机关及其工作人员责任、产品责任等 6 种侵权行为类型，并无知识产权。故认为知识产权侵权责任的归责原则为无过错责任的理由与《民法通则》的规定不一致。此外，知识产权侵权责任的无过错归责原则与知识产权行政违法、刑事犯罪的归责原则不一致。刑事犯罪要求主观上具有故意，特殊情形下过失也应承担责任。而行政违法中违法性的要件也包含了主观过错。所以，如认为知识产权侵权归责原则为无过错责任原则，则与知识产权行政违法与刑事犯罪的归责原则无法协调。

（3）过错责任与无过错责任具有不同的制度目的。

过错责任是主观归责原则，其基本内容系对加害行为进行客观评判。以行为人应遵循的注意义务与其行为时的实际注意程度进行评判，确定其是否应避免或能避免损害的发生，以及其是否尽到足够的注意义务以避免损害的发生，由此判断其是否应承担侵权责任。过错责任原则具有行为制导、积极预防、道德评价和间接平衡的功能。[1] 认定过错的标准可以分为主观标准和客观标准。由于主观标准在实践中很难操作，而客观标准既简便易行，又较为明确，同时，还能够为行为人确定明确的行为准则。[2] 所以，司法实践中基本以客观标准来认定过错的有无。无过错责任的立法目的是对于受害人遭受的不幸损害，通过保险和损失分担制度进行合理分配，让整个社会来分摊受害人的损失。所以，无过错责任不具有过错责任的制裁和预防功能。因此，过错责任具有违法性，而无过错责任，法律一方面允许行为人从事具危险性的事务，另一方面则使其承担因危险具体实现所生不

---

[1] 参见：王卫国. 过错责任原则：第三次勃兴 [M]. 北京：中国法制出版社，2000：158.

[2] 参见：王利明，杨立新. 侵权行为法 [M]. 北京：法律出版社，1996：73.

幸损害的赔偿责任，以实现分配正义。❶ 专利侵权行为是行为人未经专利权人许可，以生产经营为目的实施他人专利的行为，具有主观责难性和应受法律制裁性。因此，专利侵权责任由行为人自己承担，其并非对从事合法行为中造成的不幸损害赔偿。所以，专利侵权责任无论是从法律规定还是从法学理论上而言，均非无过错责任。❷

（4）专利侵权的归责原则：严格化的过错推定原则。

已如上述，专利侵权实行的是过错责任原则而非无过错责任原则。但在司法实践中，侵权人不能以自己无过错抗辩而免除侵权责任。法院只会在损失赔偿的考量上审查被告的过错，在专利侵权成立与否的判定上不会考虑被告的过错。因此，这种理论内核上的过错责任与司法实践操作中的无过错责任模式相结合的归责原则是知识产权法中一项特有的归责原则，必须从过错责任原则的演化过程加以说明。工业革命以后，为了对当时工业事故的受害人扩大救济，进行举证责任倒置，推定行为人具有过错，由行为人通过证明自己没有过错而免责。由此，产生了过错推定原则。因此，过错推定本质上仍然是过错责任的一部分，是过错责任在适用中的一种特殊情形。❸ 随着社会的发展以及危险因素的增加，过错推定原则也出现了分化，一些传统的特殊侵权行为仍实行举证责任倒置的过错推定，而一些新出现的特殊侵权行为在归责原则上趋于严格化，向无过错责任原则靠拢。传统侵权行为中举证责任倒置的过错推定属于可反驳的程序法上的司法推定，可以在司法程序中通过举证自己没有过错而免责。英美法律国家由于不考虑法律概念的逻辑性、体系性，故将过错推定与无过错责任统统归结为严格责任。但大陆法系国家对这种具有无过错责任原则的形式而本质为过错责任的归责原则尚未建立相应的概念，由于我国法学界基本上已将严格责任原则混同于无过错责任原则，所以基于法律概念逻辑性、体系性的考量，为了论述方便，将之命名为"严格化的过错推定原则"。

推定是法律或法官从已知的事实推论未知事实所得出的结论。英国学者克劳

---

❶ 参见：王泽鉴. 侵权行为 [M]. 北京：北京大学出版社，2009：546.

❷ 参见：吕甲木. 论商标权保护的界限——以涉外定牌加工商标侵权问题为视角 [M] // 罗东川，李德成. 知识产权审判与法律实务. 北京：法律出版社，2011：196.

❸ 参见：吕甲木. 侵权法原理与判例研究 [M]. 北京：法律出版社，2013：195.

斯（Cross）把推定分为结论性推定、说服性推定、证据性推定和临时性推定四种。结论性推定就是实体法规则，如其不是为了确定举证责任的分配，而是类似刑事责任年龄这样的规定，则其是不能反驳的，其他则是程序意义上的推定。作为实体法规则的推定有别于程序法上的司法推定，实体法规则的推定可以反复运用，而程序上的推定则只能是一事一议，反驳起来也相对容易。❶ 因为专利在授权时向社会进行了公告，具有公示效力，作为为生产经营目的专利实施者，应负有高度注意义务，有义务对自己使用的技术进行必要的审查。如其未尽到必要的审查义务，就推定具有过错。对于过错的认定，则采用客观标准，只要行为人未经权利人许可，客观上从事了实施他人专利的行为，就可以推定其没有尽到一个合格的理性人应尽的审查义务，而且这一推定是一项实体法上的规则，不能通过反驳证据予以推翻，有别于传统侵权行为中的举证责任倒置的过错推定。所以，专利侵权责任实行的是一种严格化的过错推定原则，是一种确定无疑的过错责任，而不是一般过错责任原则，也不是实行举证责任倒置过错推定。❷ 这种严格化的过错推定原则在 2009 年的《侵权责任法》中有所体现。❸

（二）专利侵权构成要件的认定

侵权责任的认定在裁判方法上就是对侵权责任的构成要件予以分解说明并得出结论。在侵权责任法中，有关侵权行为的构成要件主要有三要件说与四要件说之分。三要件说是指法国民法主张的损害事实、因果关系和过错三要件；四要件说是指德国民法主张的行为的违法性、损害事实、因果关系和过错四要件。❹ 随着 2009 年《侵权责任法》的实施，行为的违法性要件被过错责任所吸收已逐渐被学术界和实务界所认同，为了便于分析侵权责任的构成要件，实务界倾向于以四要件说中的过错、损害行为、损害结果、因果关系来论述个案侵权责任的构成，行

---

❶ 参见：邓子滨. 刑事立法上的推定 [EB/OL]. [2011-04-10]. http://www.iolaw.org.cn/showNews.asp?id=1157.
❷ 参见：吕甲木. 侵权法原理与判例研究 [M]. 北京：法律出版社，2013：196.
❸ 《侵权责任法》第 58 条规定患者因医疗机构违反法律、行政法规、规章以及其他有关诊疗规范的规定；隐匿或者拒绝提供与纠纷有关的病历资料；伪造、篡改或者销毁病历资料受到损害的，推定医疗机构有过错。
❹ 参见：张新宝. 侵权责任法原理 [M]. 北京：法律出版社，2005：48.

为的违法性作为过错的认定因素。从 2008 年《专利法》第 11 条的条文而言，尚无法得出诸如主观过错等构成要件。但是，专利权本质上是一种私权，是一种民事权利，专利法属于民法范畴，专利法与民法之间是特别法与一般法的关系。因此，民法侵权责任构成要件理论对专利侵权责任的认定同样适用。结合民法的一般规定与专利法的特殊规定，专利侵权责任的构成要件为：(1) 被诉侵权产品或方法落入授权专利的保护范围，即被诉侵权的产品或方法必须是专利产品或专利方法；(2) 未经专利权人许可；(3) 行为人实施了专利，从事了制造、销售、许诺销售、使用、进口专利产品的行为；(4) 主观上必须是出于生产经营目的，且具备过错；(5) 存在现实的损害或可能的损害；(6) 专利实施行为与现实的损害或可能的损害之间存在因果关系。由于第 (1)、(5)、(6) 构成要件对专利产品制造者的认定无关，故不作阐释，又因为过错在归责原则中已经论述，不再重复，以下仅对第 (2)、(3)、(4) 这 3 个构成要件予以展开论述。

1. 未经专利权人许可的认定

一般情况下，专利权人起诉被告侵犯其专利权，基本上被告是未得到专利权人的许可的。得到专利权人许可的最典型的情况就是专利权人与专利实施者订立了专利实施许可合同。但是，基于对专利实施许可合同内容的不同理解，还是会对被告的实施行为是否得到专利权人的许可产生争议。尤其是当被告是第三人时，会涉及专利实施许可合同是否约定了被许可人有权向第三人颁发分许可的问题。这一问题在贴牌生产中尤为特出，当只有贴牌生产中一方当事人定作人或承揽人得到了专利权人的许可，且被许可人无权利向第三人颁发分许可时，作为未与专利权人订立专利实施许可合同的承揽人或定作人是否属于未经专利权人许可就成问题。这一问题在以下的章节中会有涉及。

2. 制造、使用、销售、许诺销售、进口行为的认定

专利法或其他法律、司法解释未对制造作出规定，《现代汉语词典》认为制造系"用人工使原材料成为可供使用的物品"。❶ 因此，作为承揽人的加工厂直接用人工将原材料加工生产出专利产品的行为认定为制造自然并无争议。但是，对于没有直接参与加工生产行为的定作人的定作行为是否也系制造行为在司法实践中

---

❶ 中国社会科学院语言研究所词典编辑室. 现代汉语词典 [M]. 北京：商务印书馆，1996：1622.

就产生了争议。对于这一争议将在以下章节中予以详细论述。

使用是指落入专利权保护范围的专利技术方案得以应用、专利方法得以实现或外观设计产品的用途得以实现的行为。

销售是一种行为,而非买卖合同本身,是指出卖人与买受人通过订立买卖合同的方式,出卖人将产品交付给买受人的行为或买受人受领货物的行为。因此,销售行为只需要买卖合同成立这一前提,至于买卖合同是否撤销、变更、解除、终止、无效对销售行为并无影响。

许诺销售是 2000 年修改《专利法》时,为了履行 TRIPS 的义务而增加的专利实施行为。国家知识产权局条法司在借鉴欧洲的有关观点和做法的基础上,对 TRIPS 中的"offer for sale"一词翻译成"许诺销售",得到了全国人大常委会的认可,成为了专利法中的法律术语。❶ 2001 年《最高人民法院关于审理专利纠纷案件适用法律问题的若干规定》中明确:许诺销售是指以做广告、在商店橱窗中陈列或者在展销会上展出等方式作出销售商品的意思表示。

进口行为是 2000 年修改的《专利法》增加的内容。平行进口是否属于专利的禁止范围由于争议过大,在 TRIPS 中也未得到解决。因为该协议在第 28 条规定专利权人享有禁止进口权的同时特意加了注释,该权利要符合协议第 6 条有关本协议的任何规定均不得用于涉及知识产权的权利用尽问题。该协议在第 28 条又特意加入注释的做法就是为了对第 28 条的理解更加明确,不要出现歧义。❷ 该问题实质上不是一个法律问题,而是一个国家的公共政策问题,根据各自的利益作出选择。我国《专利法》在 2000 年修订时基于保护国内专利权人的利益,对平行进口予以禁止。但在 2008 年修订时,在第 69 条规定了平行进口不视为侵犯专利权。

3. 生产经营目的的认定

生产经营目的在一般的专利侵权诉讼中不会引起争议,但在特殊的情形下就有探讨的余地。例如学校等非营利性事业单位为了日常办公需要实施专利的,如使用侵犯他人专利权的饮水机;生产经营单位为了办公而非业务需要使用专利,

---

❶ 参见:尹新天. 专利权的保护 [M]. 2 版. 北京:知识产权出版社,2005:146.

❷ Frederick M. Abbott. The TRIPS-Legality of Measures Taken to Adress Public Health Crisis: Asynopsis [J]. Widener Law Symposium Journal, 2001.

如服装厂在办公室安装使用侵犯他人专利权的空调。上述单位在被诉侵权后,就会以不是为了生产经营目的进行抗辩。如果该抗辩成立,就会严重损害专利权人的利益,大幅度挤占专利产品的市场份额。因为,上述单位完全可以在市场上购买专利产品。所以,生产经营目的应作广义解释,不能以单位的性质或单位的经营范围、业务范围、职权范围作为认定生产经营目的的因素。对生产经营的目的可以从政治经济学的角度进行解释,与生产经营目的相关的是生产资料,与生产资料相对的是生活资料,所以因生活所需的产品才不是出于生产经营目的。因此,自然人除了为生活消费实施专利外,均应认定为生产经营目的。所以,私人方式且无商业目的是适用非生产经营目的的抗辩的恰当表述。❶《最高人民法院关于审理侵犯专利权纠纷案件应用法律若干问题的解释(二)》(公开征求意见稿)第28条认为被诉侵权人为私人消费目的实施发明创造的,不应认定为专利法上的为生产经营目的。所以,最高人民法院对于生产经营目的的认定也倾向于用排除法,将自然人的生活消费排除在外,而对于单位则没有规定。就单位而言,不管是营利性的还是非营利性的,其采购原料自己制造还是购买或进口并使用侵权专利产品均有经费支出,计入成本核算。该行为本身就是一种不管是营利性的企业还是非营利性的国家机关等单位是作为一种平等民事主体从事的市场交换行为,本质上具有商业属性,属于广义上的经营行为。但如果非营利性机构无偿接受他人捐赠而使用侵权专利产品的,因其没有金钱支出,不应认定为生产经营目的而实施专利。因此,一些国家会将无法处理的侵权产品无偿提供给慈善机构使用。例如《知识产权海关保护条例》(2010年)第27条第3款规定被没收的侵犯知识产权货物可以用于社会公益事业的,海关应当转交给有关公益机构用于社会公益事业。这种公益机构接受海关捐赠而使用侵权产品的,显然不能被认定为生产经营目的实施专利。所以,自然人为生活消费或者公益慈善机构无偿接受捐赠而实施专利的,不应认定为《专利法》第11条、第70条所称的为生产经营目的。

---

❶ 参见:北京市第一中级人民法院知识产权庭.侵犯专利权抗辩事由[M].北京:知识产权出版社,2011:19.

五、贴牌生产中定作人专利侵权责任的认定

(一) 贴牌生产中定作人专利侵权归责原则的认定

1. 定作人专利侵权责任的范畴

民法理论上通常将侵权行为的类型分为一般侵权行为和特殊侵权行为这两个大类,再将特殊侵权行为中的侵权形态予以类型化、具体化。但一般侵权行为与特殊侵权行为不是一种实体法上的法律制度。一般侵权行为是指行为人对基于自己过错造成的损害而应承担侵权责任的行为,其在归责原则上实行过错责任的归责原则,故亦称自己责任,由自己对自己的过失行为负责。而特殊侵权行为是相对于一般侵权行为而言,系指当事人因与自己有关的行为、事件或其他特别原因致人损害,依照民法上的特别责任条款或民事特别法的规定应负民事责任的侵权行为。[1] 特殊侵权行为在侵权责任的主体、构成要件、归责原则、举证责任的分配、责任承担的形式等方面不同于一般侵权行为。而专利侵权责任以及民法中的定作人侵权责任在侵权行为类型上均属于特殊侵权行为的范畴。

2. 特殊侵权行为的归责原则

特殊侵权行为与一般侵权行为的显著区别就在于归责原则的严格化。一般侵权行为实行过错责任原则,由受害人对于加害人的主观过错承担举证责任;而特殊侵权行为虽然也有实行过错责任原则的,但大多特殊侵权行为在认定上趋于严格化,进行过错推定,甚至很多特殊侵权行为直接实行无过错责任原则。工业革命以后,随着机器操作的应用,工业事故频发,而作为受害人的一方往往是弱势群体,没有足够的能力举证证明被告实施了加害行为,可是作为强势群体的被告掌握了证据,但其往往以自己没有过错进行抗辩。在此情况下,根据传统过错责任原则,作为弱势群体的受害人经常败诉而得不到救济。所以,为了对当时工业事故的受害人扩大救济,进行举证责任倒置,产生了过错推定原则。[2] 19 世纪西

---

[1] 参见:王卫国. 民法 [M]. 北京:中国政法大学出版社,2007:572.
[2] 参见:吕甲木. 侵权法原理与判例研究 [M]. 北京:法律出版社,2013:195.

方资本主义工业的发展，社会化大生产导致工业灾害和公共灾害增加，交通事故频发，产品缺陷损害消费者的健康。但是，由于灾害的发生是工业发展这一机器革命所带来的风险，尽管行为人也采取了避免灾害发生的措施，但是仍旧无法避免此等风险给他人造成的损害。在这种情况下，若要让受害人举证行为人具有过错显然勉为其难。因此，立法和判例希望寻找一种新的归责原则，于是在实行过错推定和举证责任倒置之后，进一步产生了无过错责任原则。因此，在特殊侵权行为领域的归责原则是从过错责任到过错推定，再到无过错责任，逐渐趋于严格化。

3. 定作人专利侵权责任的归责原则

定作人特殊侵权行为的一个主要特征在于定作人委托加工厂完成的工作成果存在质量缺陷或者权利缺陷而导致侵害他人的权利，加工生产的产品为侵权产品。其典型类型主要有以下几种：其一是加工生产的产品存在质量缺陷而产生的产品责任；其二是加工生产的产品未得到知识产权权利人的许可存在权利缺陷而产生的知识产权侵权责任。

在典型特殊侵权行为的产品责任领域，根据 2000 年《产品质量法》第 41 条、2009 年《侵权责任法》第 41 条的规定，产品的直接制造商对因产品缺陷造成他人损害承担无过错的产品责任。根据 2000 年《产品质量法》第 27 条、《最高人民法院关于产品侵权案件的受害人能否以产品的商标所有人为被告提起民事诉讼的批复》（法释〔2002〕22 号）以及《产品标识标注规定》（技监局监发〔1997〕172 号）第 9 条的规定，如果该产品是委托他人加工生产的，则在产品上标注的生产厂家名称为委托人，其作为产品制造者对外应承担无过错的产品责任。专利侵权行为也是特殊侵权行为，对于加工厂直接生产专利产品的行为实行的是严格化的过错推定原则。产品责任在立法政策上为了利于对受害人救济而实行无过错归责原则，不管行为人是否具有过错，均要承担责任，不要求受害人举证行为人存在过错，也不允许行为人通过举证自己无过错而免责。专利侵权责任为了有利于保护专利权，打击侵权，实行严格化的过错推定原则，在专利侵权成立与否的问题上不要求权利人举证侵权人存在主观过错，也不允许侵权人举证自己无过错而抗辩不侵权。因此，专利侵权责任与产品责任在保护受害人利益方面是一致的，并且专利权与产品责任中的人身权、财产权均为对世权。所以，定作人专利侵权的归责原则应该借鉴产品责任中定作人责任归责原则的做法，认定定作人专利侵权的归责原则也为严格化的过错推定原则，具体理由将在以下部分详细论述。

(二) 贴牌生产中定作人承担专利产品制造者责任的理论证成

1. 法学方法论解释

当法律规范适用出现矛盾或者没有明文规定时，应该根据法学方法论的要求对法律规范进行解释。杨仁寿教授认为狭义的法律解释，系指于法律规定不明确时，以文义、体系、法意、比较、目的或合宪等解释方法，探究法律之规范意志，其旨在澄清法律疑义，使法律含义明确化、正确化。❶ 梁慧星教授认为法律解释方法分为文义解释、论理解释、比较法解释、社会学解释。其中论理解释包括体系解释、法意解释、扩张解释、限缩解释、当然解释、目的解释、合宪性解释。❷ 因现行法律、司法解释未对2008年《专利法》第11条规定之"制造"作出具体解释，所以应根据法学方法论之手段，对该"制造"进行解释。从文义而言，《现代汉语词典》（1996年版）认为制造系"用人工使原材料成为可供使用的物品"。❸ 依该解释，无法确定制造者之外延，故无法解释制造者之主体范围。从目的而言，专利法系为平衡专利权人与社会公众之利益，以赋予专利权人一定期限的技术垄断权换取其向社会公开技术方案促进科技进步。如要侧重专利权人利益，则要对专利法上之"制造"进行扩张解释，反之则进行限缩解释。从法意而言，有关专利法立法资料并未对2008年《专利法》第11条中之"制造"作出解释，只有一些地方司法政策文件以及有关会议讨论稿对其作出了规定。例如上述北京市高级人民法院《专利侵权判定若干问题的意见（试行）》（京高法发〔2001〕229号）第113条以及最高人民法院《关于审理专利侵权纠纷案件若干问题的规定》（会议讨论稿2003.10.27-29）第35条规定的认为定作人承担制造责任。

通过上述解释方式均无法对贴牌生产中的定作人是否需要承担专利侵权责任得出明确结果，故对现行法规范进行体系解释，以求法律的正确适用。根据1999

---

❶ 参见：杨仁寿. 法学方法论 [M]. 北京：中国政法大学出版社，1999：128.
❷ 参见：梁慧星. 民法解释学 [M]. 北京：中国政法大学出版社，1995：214.
❸ 中国社会科学院语言研究所词典编辑室. 现代汉语词典 [M]. 北京：商务印书馆，1996：1622.

年《合同法》第 251 条的规定，加工、定作行为均属于标的物的制造行为。2000 年《产品质量法》第 41 条规定生产者应当承担产品责任。2009 年《侵权责任法》第 41 条又作了相同规定。2000 年《产品质量法》第 27 条规定产品或者其包装上的标识必须有生产厂厂名和厂址。《最高人民法院关于产品侵权案件的受害人能否以产品的商标所有人为被告提起民事诉讼的批复》（法释〔2002〕22 号）规定任何将自己的姓名、名称、商标或者可资识别的其他标识体现在产品上，表示其为产品制造者的企业或个人为产品的制造者。因此，根据上述规定，在产品上标注自己的姓名、名称、商标等识别性标识，表示其为产品制造者的企业或个人属于产品制造者。另外，根据《产品标识标注规定》第 9 条中"受委托的企业为委托人加工产品，且不负责对外销售的，在该产品上应当标注委托人的名称和地址"的规定，委托加工的产品，在产品上标注的生产者名称应该是定作人，由定作人对外承担侵权责任。因此，根据体系解释，虽然定作人不是直接作出或形成加工产品的直接生产者，但是法律已经将定作人拟制为加工产品的制造者，应该就加工行为与加工产品产生的特殊侵权行为对外承担侵权责任，而不管其是否具有过错。虽然，上述规范是针对产品责任而非专利侵权责任的明文规定，但因产品责任中的人身权、财产权与专利权均为对世权，产品责任与专利侵权均是特殊侵权行为，在立法政策上均是为了有利于对受害人救济而实行严格化归责原则，不要求受害人举证行为人存在过错，也不允许行为人通过举证自己无过错而免责。因此，专利侵权责任与产品责任在价值理念上是相通的，所以在专利法未对定作人责任作出规定的情形下，应该借鉴产品责任法律规范中认定定作人为产品的制造者对外承担民事责任的做法，认定贴牌生产中定作人为专利产品的制造者，对外承担专利侵权责任。

2. 有利受害人救济理论

定作人委托承揽人加工制造的产品虽然由承揽人负责具体工作，但是承揽人完成的工作成果归属于定作人。从承揽标的物的外观而言，定作人系该标的物的所有权人。受害人因为该承揽标的物系侵权产品而致权利受损的，根据侵权物的外观认定定作人系该物的生产制造者，向定作人主张权利符合正当的维权逻辑。如对定作人实行过错责任的归责原则，则受害人向定作人主张权利还要证明定作人是否具有过错增加了举证负担；此外定作人还以自己没有过错，受害人可向承揽人主张权利为由免责，而受害人又要重新向承揽人主张权利增加了讼累。因此，从有利于保护受害人的利益出发，应该对定作人的归责原则实行严格化，而定作人承担责任以后，可以根据其与承揽人之间有关承揽合同的约定进行内部责任处理。

3. 利益平衡理论

利益平衡也称为利益均衡，是在一定的利益格局和体系下出现的利益体系相对和平共处、相对均势的状态。❶ 利益平衡既是法律的目的，也是司法的裁判规则，是司法的目的和功能。❷ 日本自20世纪60年代开始，在民法解释的方法论中兴起了一种利益衡量论或利益考量学说。❸ 获得利益者应该承担相应的责任，系基本的正义要求。虽然承揽合同不同于雇佣合同中雇员纯粹为雇主利益劳动，但是承揽合同中对承揽标的物享有利益的是定作人而非承揽人。在加工贸易中，定作人、委托人基本上处于强势地位，产品的利润基本上是由拥有品牌的定作人、委托人赚取，而作为加工商基本上是底端的劳动密集型企业，只赚取一些辛苦的劳务费。因此，因承揽标的物系侵权产品而导致权利受损的，对该侵权产品享有利益的定作人应该承担责任。

4. 风险控制理论

根据风险控制理论，掌控危险源者，应该采取措施控制该危险源产生的风险，应对该危险源所导致的损害承担责任。定作人委托承揽人从事承揽事务，并在承揽人完成工作后，从承揽人处受领工作成果。因此，定作人对于定作的工作成果应该是熟悉的，对于定作的工作成果是否存在侵害他人权利的潜在风险是有能力预防和控制的，所以当潜在风险变成现实危险，侵害他人权利时，应由定作人承担责任符合风险控制理论。

---

❶ 参见：冯晓青. 论利益平衡原理及其在知识产权法中的适用 [J]. 江海学刊，2007 (1).

❷ 参见：吕甲木. 知识产权法中的利益平衡机制——以知识产权法定赔偿制度为视角 [EB/OL]. [2013-09-27]. http://www.chinaiprlaw.cn/file/2009080215500.html.

❸ 参见：梁慧星. 民法解释学 [M]. 北京：中国政法大学出版社，1995：314.

六、定作人与承揽人之间承担连带责任或分别责任的认定

(一) 连带责任的认定

设立连带责任制度的目的在于保护受害人的利益，扩大受害人的救济途径。对受害人而言，可以向任一侵害人主张全部责任，而在侵害人的内部还是实行分别责任，但有可能造成一侵害人承担了超过其过失程度的责任后无法向另一侵害人追偿的后果，利益的天平在实现受害人公平的同时却对某一侵害人造成了不公平。所以，连带责任的出现背离了传统民法的与主观过错相统一的自己责任原则。承担连带责任最典型的就是共同侵权制度。共同侵权制度的目的就是让多个侵权人互相承担连带责任，以使受害人得到充分的救济。2009年《侵权责任法》第8条、第9条、第10条、第11条、第86条分别规定了狭义的共同侵权行为、教唆帮助的拟制共同侵权行为、共同危险的准共同侵权行为、等价因果关系无意思联络数人侵权行为以及建筑设施倒塌的物件致人损害承担连带责任。通过对侵权责任法进行体系解释，《侵权责任法》第8条规定的狭义的共同侵权行为显然是指有意思联络的数人侵权行为。此外，现行法上的共同侵权已严格限定为《侵权责任法》第8条规定的有意思联络的数人侵权行为，其他承担连带责任的形态均不能称为共同侵权。所以共同侵权要求数个行为人之间必须具有共同的故意或过失，除此之外连带责任的承担必须要有法律的明文规定。

因此，如果定作人与承揽人之间就擅自实施他人专利加工生产专利产品具有共同的意思联络，即具有共同故意或共同过失，则应认定定作人与承揽人构成共同侵权，承担连带责任。申言之，当定作人与承揽人合谋以实施他人专利来加工产品进行分工合作的，则可以认定两者具有共同故意构成共同侵权；当一方由于疏忽或轻信认为加工产品实施的专利是自己的专利或已得到授权，且另一方也由于疏忽或轻信不作审查而侵害他人专利权的，则可以认定两者具有共同过失构成共同侵权。当一方鼓励、怂恿、教唆对方未经许可实施他人专利的，或者当一方明知对方未经许可实施专利而为其提供帮助的，根据2009年《侵权责任法》第9条的规定承担教唆、帮助的连带责任。在美国关于教唆侵权的著名判例是 Water-

Technologies Corp. v. Calco, Ltd 案，该案要求被控侵权的教唆人具有故意，必须明知专利的存在。❶

（二）教唆、帮助侵权行为与专利间接侵权行为的区别

专利间接侵权行为始于美国 1871 年 Wallace v. Holmes 案，1894 年 Norgan Envolope Co. v. Albany Perforate Wrapping Paper Co. 案正式提出了专利间接侵权的概念。❷ 1952 年美国专利法修改时，将之前的普通法判例予以成文，纳入到专利法中。《美国专利法》第 271 条规定了专利间接侵权人与直接侵权人负同谋侵权责任。❸《日本专利法》第 101 条规定了为商业目的提供仅仅只能用于制造该产品的物品行为构成专利侵权。❹ 我国专利法未规定专利间接侵权制度，主要是因为专利间接侵权制度与专利判定中的全面覆盖原则相抵触，其部分内容可以适用广义共同侵权理论中教唆、帮助侵权承担连带责任的规定。但是，司法实践对于专利间接侵权制度的探索从未停止，北京市高级人民法院《专利侵权判定若干问题的意见（试行）》（京高法发〔2001〕229 号）第 73—80 条以及《最高人民法院关于审理专利侵权纠纷案件若干问题的规定》（会议讨论稿 2003.10.27-29）第 33 条在专利共同侵权行为之下规定了间接侵权。该会议讨论稿规定行为人知道第三人实施侵犯他人专利权的行为，仍然为其提供所需要的设备、工作场地等帮助的；

---

❶ 850F. 2d 660, 669 (Fed. Cir), cert. denied, 488 U. S. 968 (1988) [EB/OL]. [2013-09-27]. http://law.justia.com/cases/federal/appellate-courts/F2/850/660/3405/.

❷ 参见：张玉敏，等. 专利间接侵权问题 [M] //知识产权局条法司.《专利法》及《专利法实施细则》第三次修改专题研究报告（下卷）. 北京：知识产权出版社，2006：1601.

❸《美国专利法》第 271 条规定："任何人积极引起对专利权的侵害时，应负侵害的责任；任何人出售已取得专利权的机器的组件、制造品、物品的组合或合成物，或者出售用在实施一项已取得专利权的制法（该项发明的重要部分）中的材料或设备，而且明知上述物品是为用于侵害专利权而特别制造或特别改造，也明知上述物品并不是用于基本不构成侵害用途的生活必需物品或商品的，应负同谋侵害的责任"。[EB/OL]. [2013-09-07]. United States Code Title 35-Patents, http://www.uspto.gov/web/offices/pac/mpep/consolidated_laws.pdf.

❹《日本专利法》第 101 条规定：下列行为被视为侵犯专利权或者侵犯独占许可：对于产品专利来说，在商业过程中制造、出让、租借、为了出让或租借目的而出示、或者进口仅仅只能用于制造该产品的物品；对于方法专利来说，在商业过程中制造、出让、租借、为了出让或租借目的而出示、或者进口仅仅只能用于实施专利方法的物品。"特許法（昭和三十四年法律第百二十一号，平成十八年法律第百九号改正）"。[EB/OL]. [2013-09-07]. http://www.japaneselawtranslation.go.jp/law/detail/?id=42&vm=04&re=01.

行为人知道有关产品系只能用于实施特定发明或者实用新型专利的原料、中间产品、零部件等，仍然将其提供给没有合法权利实施专利的第三人使用的；商标注册人知道被许可人在侵犯他人专利权的产品上使用其商标而不予制止的构成间接侵权行为。北京市高级人民法院《专利侵权判定指南》（2013年）在第106条规定了教唆、帮助他人实施《专利法》第11条规定的行为的，与实施人为共同侵权人。此外，在第108条和第109条分别规定："提供、出售或者进口专门用于实施他人产品专利的材料、专用设备或者零部件的，或者提供、出售或者进口专门用于实施他人方法专利的材料、器件或者专用设备的，上述行为人与实施人构成共同侵权。""为他人实施专利法第11条规定的行为提供场所、仓储、运输等便利条件的，与实施人构成共同侵权"，但未采用专利间接侵权的概念。因为专利间接侵权在我国不是一项现行法规定的法律制度，其概念和表现形式存在不确定性，而教唆、帮助的侵权行为是我国1986年《民法通则》和2009年《侵权责任法》中的一项确定的法律制度，所以定作人与承揽人之间基于教唆、帮助承担连带责任的专利侵权行为在专利间接侵权尚未上升到法律制度之前不宜认定其构成专利间接侵权。《最高人民法院关于审理侵犯专利权纠纷案件应用法律若干问题的解释（二）》第21条规定："明知有关产品系专门用于实施专利的材料、设备、零部件、中间物等，未经专利权人许可，为生产经营目的将该产品提供给他人实施了侵犯专利权的行为，权利人主张该提供者的行为属于侵权责任法第9条规定的帮助他人实施侵权行为的，人民法院应予支持。明知有关产品、方法被授予专利权，未经专利权人许可，为生产经营目的积极诱导他人实施了侵犯专利权的行为，权利人主张该诱导者的行为属于侵权责任法第9条规定的教唆他人实施侵权行为的，人民法院应予支持。"

（三）分别责任的认定

已如上述，只有定作人与承揽人之间存在着共同的意思联络构成共同侵权，或者构成教唆、帮助侵权的情形下才承担连带责任。由于专利检索的复杂性，客观上存在大量定作人与承揽人均不知道专利的案件。此种案件既不符合共同侵权的构成要件，也不不符合教唆、帮助侵权的构成要件，不能认定两者承担连带责任。但是，作为权利人而言，在定作人与承揽人身份明确的情况下，基本上会将两者作为共同被告起诉到法院，请求法院判定它们承担专利侵权的连带责任。正如上述，贴牌生产中的承揽人作为专利的直接实施人已经构成了专利侵权行为，定作人作为专利产品的法定制造者也构成了专利侵权行为。于此情形下，如果定作人与承揽人之间缺乏承担连带责任的事实依据，就停止侵权而言，应该认定定作人与承揽人分别停止各自的侵权行为；就赔偿损失而言，应该考量各自的过错程度、获利比例、侵权规模、持续时间、赔偿能力等因素的基础上判决定作人与承揽人分别承担赔偿责任，不能使权利人获得双方赔偿。定作人与承揽人之间的责任分担问题属于承揽合同约束的范畴，原则上以合同的相关约定作为处理他们之间关系的依据。如果承揽合同对加工产品侵害他人专利的侵权责任承担问题未作约定的，则可以根据形成落入专利保护范围的技术方案或技术要求来源作为其内部分担责任的依据。

七、结　语

专利权系私权，专利法是民法的组成部分，贴牌生产合同的实质是承揽合同。贴牌生产中的加工厂作为承揽人，其直接参与了被诉侵权产品的生产行为，所以认定承揽人是否构成专利侵权应当根据普通专利侵权的归责原则、构成要件予以判定。在专利法对制造没有作出明确规定的情况下，应根据法律方法论的解释手段，认定贴牌生产专利产品的定作人为专利产品的制造者，基于专利侵权实行严格化的过错推定原则，所以定作人不管是否有过错均应对外承担专利侵权责任。如定作人与承揽人具有共同的意思联络或存在教唆、帮助情形，则由两者承担连带责任。有关技术方案或技术要求的具体来源只对定作人、承揽人内部分担责任时才有法律意义，不能作为定作人、承揽人是否需对他人承担侵权责任的依据。专利间接侵权由于不是一项实体法制度，其概念和表现形式具有不确定性，而定作人与承揽人之间的教唆、帮助侵权行为有《民法通则》和《侵权责任法》可以适用，因此不宜将专利间接侵权的概念嫁接到教唆、帮助的专利侵权行为中去。

第八章 论先用权必要准备工作的认定

吕甲木[*]

摘　要：对于完成先用权必要准备工作认定的问题，应该对法释〔2009〕21号司法解释第15条第2款与第3款规定进行文义、体系、目的解释，第15条第2款第（1）项为技术上的必要准备工作，第（2）项为物质上的必要准备工作，第15条第3款为生产上的准备工作。必要准备工作的构成要件为二要件，技术上的必要准备工作或物质上的必要准备工作之间可以择一，但生产上的准备工作必须具备。生产上的准备工作是指具有立即或即将实施发明创造的能力。

关键词：专利　先用权　必要准备

专利权作为国家授予民事主体的一项私权利，是一项实在法上的法定权利，而非自然权利。因此，专利的授权制度系一国专利行政管理制度的主要内容。当今世界，授予专利权的制定主要是先申请制和先发明制。所谓先申请制，即一国的专利主管部门将该专利权授予最先向其提出申请的人。而对该专利申请人是否

---

[*] 吕甲木，浙江海泰律师事务所合伙人、知识产权部主任，兼任最高人民法院知识产权案例指导研究（北京）基地专家咨询委员会专家、宁波市律师协会知识产权委员会主任、宁波市法学会知识产权法学研究会副会长、中华全国律师协会知识产权专业委员会委员、宁波市知识产权纠纷人民调解委员会调解员。曾获"浙江省知识产权宣讲活动先进个人""宁波市十佳律师"等荣誉。承办的案件多次入选全国法院50大知识产权典型案例，以及浙江法院、宁波法院十大知识产权保护案件。撰写的论文曾分别被评为2011年、2013年、2015年、2016年全国知识产权律师年会十佳论文。本文原稿在中华全国律师协会知识产权专业委员会2015年年会上被评为"十佳论文"。

系真正的发明人，以及其取得专利申请资格是否系善意在所不问。要做出真正的发明创造，必须付出大量的智力和物力。对一个付出大量资源的发明创造者而言，在其实施自己的发明创造时，却发现已被别人申请了专利，自己不能实施，一切努力付诸东流，同时反而被指控侵权，实则有失公平。一些"聪明之士"在发明创造尚未成熟之时抢先申请专利，以致造成专利质量低下的后果。先发明制是指不同的主体就同一发明创造向一国的专利主管部门提出申请时，国家将该专利授予最先完成发明创造的申请人。显然，从专利制度的本意来看，先发明制更加符合鼓励发明创造的立法目的，而且也更为公平。但是，专利权毕竟是将专利权人的个人利益与社会公共利益衡量的结果。如果实行先发明制，那么就会出现发明创造者一开始怠于申请专利，将先进的技术作为商业秘密予以保护，待发生纠纷时又声称其是最先完成发明创造者，应将专利权授予他。此外，要证明其为先发明者，需要进行大量的举证，经历众多的程序。这样，不仅不利于技术的公开和推广以及后人在该技术基础上的创新，而且浪费了国家的公共的行政、司法资源，使专利权属一直处于不稳定的状态，扰乱了专利管理秩序，损害了社会公共利益。世界上实行先发明制的国家只有寥寥数国，但原先有全球霸主美国撑着，俨然亦自成一派，独领风骚。可是，美国于2011年颁布的《美国发明法案》对美国旧专利法进行了大量修改，主要的修改点就在于改先发明制为先申请制。因此，在专利授权制度上实行先申请制已经是大势所趋。正如先申请制最大的缺点就在于剥夺了专利申请日前作出真正发明创造者实施专利的权利，所以，作为平衡专利权人与社会公众利益产物的专利法规定了先用权，作为特定情况下对专利权的一种限制。我国的专利法也不例外，1984年《专利法》第62条、1992年《专利法》第62条、2000年《专利法》第63条第（2）项和2008年《专利法》第69条第（2）项均规定：在专利申请日前已经制造相同产品、使用相同方法或者已经作好制造、使用的必要准备，并且仅在原有范围内继续制造、使用的，不视为侵犯专利权。已经制造相同产品、使用相同方法容易认定，实践中争议不大，但已经作好制造、使用的必要准备的认定属于司法实践中的难点，不仅涉及证据认定问题，还涉及判断标准问题。为此，《最高人民法院关于审理侵犯专利权纠纷案件应用法律若干问题的解释》(法释〔2009〕21号)第15条对先用权的认定作出了相应的规定。❶ 该解释第15条第2款第(1)项属于技术上的准备,第(2)项属于物质上的准备。虽然,司法解释对此作了细化规定,但是在司法实践中仍存在缺乏统一的判断标准问题。

一、司法实践中先用权必要准备工作认定作法的梳理

为了更好地分析司法实践中对先用权必要准备认定的态度,笔者在中国裁判文书网和北大法律信息网对2008年《专利法》和《最高人民法院关于审理侵犯专利权纠纷案件应用法律若干问题的解释》自2009年10月1日实施以来的相关民事判决书进行了检索,发现认定涉案专利申请日前已经作好制造、使用的必要准备从而认定先用权抗辩成立的案例非常稀少。大多数案例均以证据缺乏真实性、关联性认定先用权抗辩不能成立。在认定已经作好必要准备的案例中,也是围绕证据的认定进行分析说理的。

在上诉人和平电气公司与被上诉人久辉电气公司侵害实用新型专利权纠纷案中,虽然被告没有提供专利申请日之前已经生产出来的实物,但一审、二审法院除了根据备案的图纸认定被告已经作好了技术上的必要准备之外,无一例外地以根据现有证据能够推断出专利申请日之前被告已经生产实物交于检测机构备案作为认定先用权抗辩成立的补充理由。❷ 因此,可以说明上海法院在先用权必要准备的认定上持非常慎重的态度。

最高人民法院在申请再审人银涛公司与被申请人汉王药业公司侵犯专利权纠纷案中认为:在涉案专利的申请日前,银涛公司已经完成了生产"强力定眩胶囊"的工艺文件和设备,符合已经作好制造、使用的必要准备的条件。至于银涛公司何时取得"强力定眩胶囊"药品生产批件,是药品监管的行政审批事项,不能以

---

❶ 《最高人民法院关于审理侵犯专利权纠纷案件应用法律若干问题的解释》第15条第2款规定:"有下列情形之一的,人民法院应当认定属于《专利法》第69条第(2)项规定的已经作好制造、使用的必要准备:(1)已经完成实施发明创造所必需的主要技术图纸或者工艺文件;(2)已经制造或者购买实施发明创造所必需的主要设备或者原材料。"第3款规定:"《专利法》第69条第(2)项规定的原有范围,包括专利申请日前已有的生产规模以及利用已有的生产设备或者根据已有的生产准备可以达到的生产规模。"

❷ 参见:上海市高级人民法院(2013)沪高民三(知)终字第100号民事判决书。

是否取得药品生产批件来判断其是否作好了制造、使用的必要准备。❶ 最高人民法院的该案例载入了《最高人民法院知识产权年度报告》（2011年），其核心观点只是表明先用权抗辩是否成立的关键在于被诉侵权人在专利申请日前是否已经实施专利或者为实施专利作好了技术或者物质上的必要准备；药品生产批件是药品监管的行政审批事项，是否取得药品生产批件对先用权抗辩是否成立不产生影响。而且从该案而言，被诉侵权人在涉案专利申请之前已经完成了药品样品的试制，并向药监部门进行了报批。

浙江省高级人民法院于上诉人远特信公司与被上诉人威斯特公司侵犯外观设计专利权纠纷案中，在认定被诉侵权人已经作好物质上的必要准备工作之外，还分析了一系列间接证据，以之佐证在专利申请日之前已经制造了被诉侵权产品，增强认定先用权抗辩成立的说服力。❷

在上诉人知科株式会社与被上诉人常州永和精细化学有限公司侵害发明专利权纠纷案中：一审法院认为合成化合物，掌握了合成路径，即视为作好了技术上的必要准备，而二审法院认为仅掌握合成路径还不够，还必须具备技术的生产工艺文件以及物质上的生产设备。❸ 在该案中，法院在认定被诉侵权人先用权抗辩成立的依据是作好了技术上以及物质上的准备工作，而未以类似推定的方式认定其在涉案专利申请日之前已经制造出被诉侵权产品作为认定先用权抗辩成立的补强理由。

二、学理上关于先用权必要准备工作认定的争议

（一）三要件说

程永顺先生认为必要准备包括以下几方面的准备工作：①技术上的准备，指是否已经下达技术任务书、新产品设计书以及生产图纸等，此时只下达了科研任务书，列入科研课题不能算是已作好了技术上的准备；②生产上的准备，指专门

---

❶ 参见：最高人民法院（2011）民申字第1490号民事裁定书。
❷ 参见：浙江省高级人民法院（2009）浙知终字第161号民事判决书。
❸ 参见：江苏省高级人民法院（2014）苏知民终字第0049号民事判决书。

仓库是否已建立，是否已准备好生产该产品所必须的各种机器设备（包括通用设备和专用设备）、专门工具及模具、原料等；③完成了样品的试制，指样品通过检测已经达到使用要求和技术任务书的要求。❶ 因此，根据程永顺先生的观点，已经作好先用权必要准备工作必须具备三个要件，除了技术上的准备工作和物质上的准备工作之外，还必须完成样品的试制。

（二）二要件说

尹新天先生认为：①技术性的准备工作应该是在专利申请日之前已经实际获知、掌握了该项专利技术，而且是一种已经开始了的实际的准备工作，而非表明意向的行为；②所谓生产上的准备工作，是与该项专利技术的实施之间应当有明确的因果关联，让人能够认定有关准备工作是为实施哪项技术而进行的，例如如果仅仅进行购买地皮、装设供电供水设备等基础性的准备工作，却无法证明行为人准备实施哪项技术，则不能被认为是为实施某项专利而作好了必要准备工作。❷ 因此，根据尹新天先生的观点，所谓先用权必要准备工作是指与实施专利的技术内容有关的技术性准备工作、物质上准备工作已经实际开始准备。广东省高级人民法院张学军认为，对必要准备进行界定时，总的原则是应当坚持衡量先用人是否为实施专利投入了一定量的人力、物力和资金。通常情况下，从商业组织的建立到技术上都完成了准备的，投资往往较大。因此，具体要考虑的因素应当集中在：专用设备是否已制造或购买；模具是否已开发；原材料是否已准备；零件图和总装图是否已绘制；工艺流程是否已制定；样品是否已试制等。❸ 张法官在文中提出的必要准备认定应考虑因素是在《最高人民法院关于审理侵犯专利权纠纷案件应用法律若干问题的解释》实施前，司法实践中关于先用权必要准备认定的一般做法。北京市第一中级人民法院的学理观点认为先用权的必要准备的要件是先用人对于该技术方案的实施已经进行实质性准备工作的情形，即其在人力和物力上的投入在其应投入份额中占绝大部分比例。技术方案的研发成功是先用权抗辩成立的前提条件，但仅有技术方案不能达到必要准备的程度，还需要其他为生产

---

❶ 参见：程永顺. 中国专利诉讼 [M]. 北京：知识产权出版社，2005：223.
❷ 参见：尹新天. 专利权的保护 [M]. 2版. 北京：知识产权出版社，2005：36-37.
❸ 参见：张学军. 先用权抗辩在专利审判中的适用 [J]. 人民司法·案例，2008（22）：104.

而进行的投入，包括相应的技术任务书、产品的生产图纸，或者为投入生产而具体设计的方案等。对于是否需样品试制成功，需视不同的行业而定，对于特殊行业，如药品，则需要样品试制成功，但对于其他无实质要求的行业，则样品是否试制成功不影响必要准备工作的认定。生产准备通常指物质上的投入，包括厂房的建立，通用设备或专用设备的购买，主要原材料或工具、模具等的购买。❶ 该观点系在《最高人民法院关于审理侵犯专利权纠纷案件应用法律若干问题的解释》实施之后，对该解释中有关先用权必要准备的规定作出的学理解释。刘立春教授认为：如果只满足生产准备或技术准备的二者之一，显然不能构成能够实施生产行为的实质性"必要准备"。但刘教授同时也认为，结合《最高人民法院关于审理侵犯专利权纠纷案件应用法律若干问题的解释》第15条第3款原有范围的规定，可以得出必要准备工作的认定是技术性准备与生产性准备相结合的结论。但是，如果，满足《最高人民法院关于审理侵犯专利权纠纷案件应用法律若干问题的解释》第15条第2款第（2）项的规定也能认定先用权抗辩成立，容易造成先用权的滥用，会极大地损害专利权人的利益，有悖于先用权的设立目的。❷ 因此，刘教授对于先用权必要准备工作的认定标准是坚持二要件说，即技术准备要与生产准备相结合。王凌红认为，技术实施所需要的必要准备往往会由于发明创造的不同类型而有所差异。对于不需要特殊生产设备的特定技术而言，如果生产经营者完成了主要设计图纸或工艺文件之后即可利用自身原有的设备从事产品的生产活动或使用特定方法，则可视为已经作好了必要准备。但对必须购置特定的模具和生产设备才有可能开始从事相关的生产经营活动的，主要设计图纸或工艺文件既不足以证明该生产经营者已经客观上作好了可随时实施特定技术的物质技术准备工作，也不能成为其有意从事该生产经营活动的有力证据。并认为必要准备的认定必须考虑以下两个要素：先使用者客观上应当具备可随时实施特定技术的条件；先使用者主观上有意将这些物质技术条件用于实施与专利相同的技术。❸ 王凌红提出要针对不同发明创造的类型确定不同的必要准备工作的认定标准，应该而

---

❶ 参见：北京市第一中级人民法院知识产权庭. 侵犯专利权抗辩事由 [M]. 北京：知识产权出版社，2011：114-115.
❷ 参见：刘立春. 论先用权中"必要准备"成立的标准 [J]. 电子知识产权，2012（7）：80-82.
❸ 参见：王凌红. 先用权制度探析 [J]. 电子知识产权，2010（11）：93.

言是比较符合实际的，可以作为认定先用权必要准备工作是否完成的一般原则。

三、司法解释第 15 条规定的理解

基于先用权必要准备工作认定的复杂性，《最高人民法院关于审理侵犯专利权纠纷案件应用法律若干问题的解释》第 15 条的规定在司法实践的适用中存在相当大的困境。因此，在《最高人民法院关于审理侵犯专利权纠纷案件应用法律若干问题的解释》的该规定尚未修改的情况下，如何对该规定进行准确的理解成为当下亟须解决的问题。当法律规范适用出现矛盾或者没有明文规定时，应该根据法学方法论的要求对法律规范进行解释。杨仁寿教授认为狭义的法律解释，系指于法律规定不明确时，以文义、体系、法意、比较、目的或合宪等解释方法，探究法律之规范意志，其旨在澄清法律疑义，使法律含义明确化、正确化。❶ 梁慧星教授认为法律解释方法分为文义解释、论理解释、比较法解释、社会学解释。其中论理解释包括体系解释、法意解释、扩张解释、限缩解释、当然解释、目的解释、合宪性解释。❷ 从《最高人民法院关于审理侵犯专利权纠纷案件应用法律若干问题的解释》第 15 条第 2 款规定的文义而言，技术上的准备或物质上的准备只要满足一项就应当认定已经作好制造、使用的必要准备，并不需要技术准备与物质准备相结合，也不需要样品已经试制成功。但是，在检索的案例中，尚未发现法院仅以具备上述 1 种情形就认定已经完成了必要准备工作。虽然知科株式会社与常州永和精细化学有限公司侵害发明专利权纠纷案中，一审法院认为针对合成化合物，被告永和公司掌握了合成路径，即视为作好了技术上的必要准备。但是二审法院认为仅掌握合成路径还不够，还必须具备技术的生产工艺文件以及物质上的生产设备。从体系解释而言，《最高人民法院关于审理侵犯专利权纠纷案件应用法律若干问题的解释》第 15 条第 3 款规定的原有范围是指"包括专利申请日前已有的生产规模以及利用已有的生产设备或者根据已有的生产准备可以达到的生产规模。"所以，先用权抗辩的成立必然具备生产准备要件，如果仅仅具备技术文件，

---

❶ 参见：杨仁寿. 法学方法论 [M]. 北京：中国政法大学出版社，1999：128.
❷ 参见：梁慧星. 民法解释学 [M]. 北京：中国政法大学出版社，1995：214.

而无任何生产准备，则原有范围就根本无从谈起。从立法目的而言，先用权制度的产生是为了弥补先申请制的不足，以免产生严重的不公平问题。但是，先用权的制度目的不是为了动摇先申请制作为基本的专利申请制度的地位，甚至其作为专利申请制度的例外也谈不上。因为，即使认定先用权成立，只是被告在原有范围内可以继续制造、使用专利产品，不仅对原告专利的有效性毫无影响，而且原告还享有禁止被告超出原有范围实施专利的权利。所以，在先用权必要准备的认定上必须根据个案的具体情况进行分析，综合考量先用人为实施发明创造的投入情况进行利益平衡，实现个案正义，而不能采取一刀切的作法。因此，对于先用权必要准备的认定，根据《最高人民法院关于审理侵犯专利权纠纷案件应用法律若干问题的解释》第 15 条第 2 款、第 3 款的规定，是将物质准备与生产准备相分离，技术准备与物质准备可以二者只具备其一即可，但生产准备必须具备。

四、先用权必要准备工作构成要件的认定

（一）完成技术上必要准备工作的认定

《最高人民法院关于审理侵犯专利权纠纷案件应用法律若干问题的解释》第 15 条第 2 款第（1）项规定已完成技术上必要准备是指"已经完成实施发明创造所必需的主要技术图纸或者工艺文件"。对于技术上必要准备工作是否已经完成涉及判断主体以及完成程度的确定。

1. 判断主体

对于技术上的必要准备工作是否已经完成的认定应该根据何人的角度进行判断的问题，司法实务界和学术界上尚未对此进行探讨。或许他们认为这个根本就不是问题，是否已经完成当然是由法官进行判断。诚然，技术准备是否已经完成，先用权抗辩是否成立的司法判断权当然归属于法官。但是，先用人提供的用以证明其已经完成技术准备的一份份具体技术文件的文字内容，是不可能与权利要求书、说明书、附图的记载完全一致的。法官可能看不懂技术文件中的含义，该技术领域内的专家看了以后，可能会认为该技术文件记载的相关文字已经完全呈现了落入涉案专利权利要求保护范围的被诉侵权技术方案，而该领域的普通技术人

员看了以后，可能会认为该技术文件没有完全呈现被诉侵权技术方案。如果将该问题委托司法鉴定机构进行司法鉴定，等于就是将判断主体赋予专家。其实，对先用人提供的用以证明已经完成技术准备的主要技术图纸或工艺文件是否体现了涉案专利权利要求记载的技术方案的解释，与专利权利要求的解释属于相同性质的问题，技术图纸或工艺文件相当于专利说明书和附图。根据《专利法》第26条第3款规定，说明书应当对发明或者实用新型作出清楚、完整的说明，以所属技术领域的技术人员能够实现为准。也就是说对权利要求所要保护的技术方案，应当是所属技术领域的技术人员能够从说明书及附图直接得到或者概括得出的。正如专利权利要求的理解，法院应该结合本领域普通技术人员阅读说明书及附图后对权利要求的理解，来确定权利要求的内容，以之认定专利是否有效以及被诉侵权技术方案是否落入专利的保护范围。因此同理，对于主要技术图纸或工艺文件是否体现了落入涉案专利权利要求保护范围的被诉技术方案应该站在本领域普通技术人员的角度进行解释。"本领域普通技术人员"，是法律拟制人，是个抽象的概念，是一种假设的"人"，不是指具体的某一个人或某一类人，不宜用文化程度、职称、级别等具体标准来参照套用，是指先用人主张完成技术准备时该专利所属技术领域平均知识水平的技术人员，既不是该领域的技术专家，也不是不懂技术的人。

2. 完成程度的认定

在确定了技术上必要准备的判断主体为本领域的普通技术人员之后，就涉及技术图纸和工艺文件的完成程度的认定问题。技术图纸或工艺文件如果全部体现了原告所主张的权利要求中的技术方案，自无问题。但现实的案情往往是纷繁复杂的，先用人或许提供了一大叠技术文件，可是还不能与被诉侵权技术方案完全对应。对于这种情况，如果技术文件结合公知常识能够呈现完整的被诉侵权技术方案的，则应该认定完成了技术上的必要准备。而对于被诉侵权的外观设计产品而言，被告提供的技术图纸或工艺文件本身或其与本领域的惯常设计结合能够体现与被诉侵权设计相同或相近似的外观的，则认定完成了技术上的必要准备，但是提供的仅系照片或图片，而无其他技术参数，则不能称为技术文件，不能认定完成了技术上的必要准备。

(二) 完成物质上必要准备工作的认定

《最高人民法院关于审理侵犯专利权纠纷案件应用法律若干问题的解释》第 15 条第 2 款第（2）项规定已完成物质上必要准备是指"已经制造或者购买实施发明创造所必需的主要设备或者原材料"。该规定没有提到完成发明创造所必需的专用设备或专用材料以及模具。而《最高人民法院关于审理侵犯专利权纠纷案件应用法律若干问题的解释》（征求意见稿）第 19 条第 2 款第（2）项原文表述为"已经制造或者购买实施发明创造所需的主要设备或者模具"，而正式公布的司法解释将"模具"改为了"原材料"。因为，有很多产品是不需要专用设备、专用材料或模具的，但是设备和原材料肯定是需要的。必需的主要设备或原材料主要是指该主要设备或原材料与发明创造的实施具有关联，也就是说该主要设备或原材料是实施发明创造的必要条件。对于需要专用设备或者专用原材料才能实施发明创造的，则物质上的准备工作必须是该专用设备或专用原材料已经制造或购买；对于实施发明创造不需要专用设备或者专用原材料的，则要证明已经准备的该设备或原材料是用于实施发明创造，而不是为了制造其他产品，例如，能够提供该产品的生产任务书已经完成，客户购买该产品的订单已经下达，销售给该产品的买卖合同已经签订，该产品的模具已经在开发等相关的证据。

(三) 完成生产准备工作的认定

《最高人民法院关于审理侵犯专利权纠纷案件应用法律若干问题的解释》第 15 条第 3 款规定的原有范围是指"包括专利申请日前已有的生产规模以及利用已有的生产设备或者根据已有的生产准备可以达到的生产规模"。司法实务界和学术界基本上将物质上的准备工作与生产上的准备工作等同。但是，深究起来，两者之间肯定是有区别的。生产是与生活相对应的，物质作为有体物是与精神、意识、智力等无形成果相对应的。所以，一个企业生产能力的范畴肯定是大于物质资料的。《最高人民法院关于审理侵犯专利权纠纷案件应用法律若干问题的解释》第 15 条第 2 款第（2）项规定的物质准备是与发明创造有关联的物质准备，但《最高人民法院关于审理侵犯专利权纠纷案件应用法律若干问题的解释》第 15 条第 3 款规定的生产准备与发明创造的之间并不需要有很强的关联度。已如上述，先用权必要准备的认定在技术必要准备与物质必要准备二者之间可以择一为之,但生产准备工作必须具备。因此,在这种特殊的二要件中,在技术上的必要准备或物质上的必要准备已经与发明创造具有紧密的关联性的情况下,生产上的准备其实是指在具备技术上的必要准备或者物质上的必要准备的情况下,先用权人具有立即或即将实施发明创造的能力。例如对于不需要专用设备、专用原材料的发明创造而言,先用人在完成主要技术图纸或工艺文件这一技术上必要准备工作的情况下,其还需要其他相关的基础性、通用性生产准备,如厂房、工人、通用设备、通用原材料;在完成物质上必要准备工作的情况下,其也还需要如厂房、生产线、仓库、工人、供电等相关的基础性生产设备。因此,生产准备工作是指基础性、通用性的生产准备工作。

结　语

先用权必要准备工作的认定应该根据法律解释的方法,对《最高人民法院关于审理侵犯专利权纠纷案件应用法律若干问题的解释》第15条第2款和第3款进行文义解释、体系解释和目的解释,在构成要件上坚持二要件,完成技术上必要准备工作或完成物质上必要准备工作二者可以择一,但生产准备工作必须具备。样品是否需要试制完成不是认定完成先用权必要准备工作的要件。

第九章　判定专利侵权应遵循技术特征——对应原则

林飞君[*]

摘　要：在发明、实用新型专利侵权判定的技术比对中，应当是技术特征的比对，而非整体技术方案的比对，更非技术方案的功能、效果的比对。在对技术特征进行比对时，应遵循的原则是：应以权利要求中记载的全部技术特征与被诉侵权技术方案所对应的全部技术特征逐一进行比较，相同侵权和等同侵权都要求两个技术方案的技术特征之间的对应性，这是侵权比对的基础。只要权利要求中的技术特征在被诉侵权技术方案中找不到相对应的技术特征，就无从比对两个技术方案，即可认定侵权不成立。

关键词：专利侵权　技术方案　技术特征　一一对应

一、案例简介

夏某（原审原告、二审上诉人）从事扇骨生产；陈某（原审被告、二审被上诉人）从事模具加工。

夏某于2014年9月向国家知识产权局申请名称为"扇骨冲压模具"的实用新

---

[*] 林飞君，浙江贞信律师事务所合伙人，中国民主促进会会员，法律硕士。2003年开始从事法律工作，主要服务领域：知识产权法律事务、企业公司法律事务等。现为宁波市律师协会知识专业委员会委员，宁波仲裁委员会仲裁员，企业法律风险管理专家。承办过知识产权案件涉及专利侵权纠纷、专利无效宣告案件、海关知识产权保护、不正当竞争纠纷、商标权纠纷、商业秘密纠纷、竞业限制赔偿纠纷、企业商号权纠纷等。

型专利,并于2015年1月获得公告授权,专利号为ZL201420508938.×,该专利至今有效。权利要求书记载权利要求为:"1. 扇骨冲压模具,包括阳模和阴模,阳模上自上而下依次叠合有上模座、上中座、上面板构成,上面板上开有与上模芯形状适配的通孔一,上模芯可滑动地设置在上面板内,上模芯上带有阻止其脱出上面板的挡块,上模芯顶部有销柱一,销柱穿在上中座的导孔内,穿在所述销柱上的弹簧一将上模芯抵紧在上面板上,阴模自上而下依次叠合有下面板、下中座、下模座构成,下模芯固结在下中座上,下中座固结在下模座上,下面板上开有与下模芯形状适配的呈扇骨幢的通孔二,下模芯套在所述与下模芯形状适配的通孔二中,下面板套在下中座上的销柱二上,下中座与下面板之间有抵紧弹簧二,其特征在于:所述通孔二在靠近呈扇骨削子状部位和呈扇骨身子状部位处的横向宽度为1.3—2cm。2. 根据权利要求1所述的扇骨冲压模具,其特征在于:所述下模芯上设有用于扇骨刻花的针孔,上模芯上设有与所述针孔相配合的冲针。3. 根据权利要求1所述的扇骨冲压模具,其特征在于:所述针孔呈自入口到出口逐渐扩大的形状。"

2015年4月,浙江省某公证处公证人员与乐某某(夏某的委托代理人)到位于余姚市某店铺,购买了扇子模具一件,支出4 500元并取得送货单一张、"陈某"名片一张。浙江省某公证处对上述过程进行了公证,并出具公证书。夏某认为陈某侵害其专利权并给其造成了巨大的经济损失,故起诉至宁波市中级人民法院。宁波市中级人民法院判决驳回夏某的诉讼请求。❶夏某不服原审判决,上诉至浙江省高级人民法院。二审法院判决驳回上诉,维持原判。❷

二、诉辩意见

夏某认为:其合法拥有"扇骨冲压模具"的实用新型专利,陈某未经许可生产侵犯其实用新型专利的侵权产品并销售,给其造成了巨大的经济损失。虽然被诉侵权产品少了"销柱"结构,但"销柱"结构并不是一个必不可少的实质性部

---

❶ 参见:宁波市中级人民法院(2015)浙甬知初字第698号民事判决书。
❷ 参见:浙江省高级人民法院(2015)浙知终字第244号民事判决书。

件，没有"销柱"结构的被诉侵权产品和有"销柱"结构的专利产品均可以实现基本相同的连接固定功能，产生基本相同的效果，而且对于所属领域的技术人员来说显而易见，构成等同侵权。故请求判令陈某：停止侵权行为并销毁侵权产品及所使用的生产模具；赔偿经济损失20万元；赔偿该案支出的合理费用1万元。

陈某认为：首先，夏某与陈某是加工定作关系，陈某不构成侵权。按照模具生产的交易习惯，模具只能通过加工定作而不可能到生产现场临时购买。夏某通过其代理人乐某某与陈某交易模具业务，故双方之间应当是加工定作关系，而不是买卖关系，故陈某不构成侵权。其次，被诉侵权产品技术方案与专利技术方案不一致，没有落入专利的保护范围，不同之处为：其一是被诉侵权产品没有"销柱"结构，即被诉侵权技术方案没有专利权利要求1中的"上模芯顶部有销柱一，销柱穿在上中座的导孔内"这一技术特征。其二是被诉侵权产品上的冲针系设置在上中座上，即被诉侵权技术特征与专利权利要求2中的"上模芯上设有与所述针孔相配合的冲针"这一技术特征存在不同。

三、争议焦点

该案经过一审、二审，法院认定的双方争议焦点是：该案被诉侵权产品是否落入涉案专利的保护范围，陈某在该案中是否构成专利侵权。

四、裁判意见

（一）原审法院意见

原审庭审中夏某要求按涉案专利权利要求1—3所记载的必要技术特征来确定涉案专利权的保护范围。

1. 关于上述技术特征的不同

夏某认为：被诉侵权产品中虽然没有销柱，但销柱的作用仅是对弹簧进行固定，被诉侵权产品也有弹簧，被诉侵权技术方案即便没有销柱也实现了固定弹簧的效果，两者构成等同，而冲针的位置仅是简单的位置替换，并不影响侵权的认定。

陈某认为：被诉侵权技术方案没有采用销柱来固定弹簧，和夏某专利的技术特征相比不采用"销柱"来固定弹簧需要更高的技术要求和更加完整的技术方案，如果没有销柱，弹簧与上模芯的接触面的制作工艺要求更高，该工艺可节约材料和成本，较夏某专利技术方案更为进步，而冲针固定在上模芯和上中座上的工艺亦属不同。

原审法院认为：通过比照权利要求及说明书内容，可以认定涉案专利记载的技术方案中"上模芯顶部有销柱一，销柱穿在上中座的导孔内"这一技术特征主要的功能系固定"穿在所述销柱上的弹簧"，进而配合整个技术方案形成"上模芯可滑动地设置在上面板内"的效果。被诉侵权技术方案缺失涉案专利"上模芯顶部有销柱一，销柱穿在上中座的导孔内"这一技术特征，被诉侵权产品系通过弹簧与上模芯等零部件接触的表面相互吻合来实现弹簧的固定功能。

2. 关于两者是否构成等同

原审法院认为：首先，为实现固定弹簧这一机械功能可以有很多方式，夏某专利技术方案采用的利用销柱固定和被诉侵权技术方案采用的利用零部件相互吻合来固定系属于不同的固定方式，两者采用的工艺确有不同，并非本领域的普通技术人员无须经过创造性劳动就能够联想到的简单可替换的技术方案；其次，弹簧中间是否有销柱对于上模芯的滑动范围有一定影响，在设置销柱的情形下，弹簧的弹性范围有可能受到销柱长度的限制，而在没有销柱的情形下，弹簧则有可能实现完全的紧缩，即是否有销柱这一结构对弹簧的弹性功能和上模芯的滑动效果有一定影响。因此，原审法院认定，被诉侵权技术方案没有采用销柱来固定弹簧，与夏某专利技术方案相比较，两者在技术手段和实现的功能效果方面均存在不同，不属于等同技术特征。被诉侵权技术方案未落入夏某专利权利要求1的保护范围，相应地也不落入从属权利要求2、3的保护范围，不构成对夏某专利权的侵害，陈某无须承担民事侵权责任。

(二) 二审法院的意见

二审判决认为，夏某作为专利权人完全可以根据其技术方案的创造性、新颖性特点，选择某一位阶的技术词汇作为技术特征，专利权人应当信守其在权利要求书中所作的意思表示，法院也会尊重合法、有效专利权人在权利要求书中所作的意思表示。在该案中，专利权人在权利要求中限定"上模芯顶部有销柱一，销柱穿在上中座的导孔内，穿在所述销柱上的弹簧一将上模芯抵紧在上面板上"，即专利权人不仅明确存在"销柱"这一技术特征，而且进一步限定了"销柱"与"导孔"及"弹簧一"的连接关系。在这种情况下，夏某的上诉主张脱离上述技术特征表述，完全缺乏权利要求书的依据，违背了专利权人在权利要求书中所作的意思表示，不予支持。被诉侵权产品由于缺乏"销柱"及其与"导孔"及"弹簧一"的连接关系这一技术特征，未落入夏某涉案专利权的保护范围。

五、法理分析

（一）有关法律规定

《专利法》第59条规定，实用新型专利权的保护范围以其权利要求的内容为准，说明书及附图可以用于解释权利要求。该条规定了专利权的保护范围，即某项具体专利权在法律上受保护的界限。《最高人民法院关于审理侵犯专利权纠纷案件应用法律若干问题的解释》第7条规定，人民法院判定被诉侵权技术方案是否落入专利权的保护范围，应当审查权利人主张的权利要求所记载的全部技术特征。被诉侵权技术方案包含与权利要求记载的全部技术特征相同或者等同的技术特征的，人民法院应当认定其落入专利权的保护范围；被诉侵权技术方案的技术特征与权利要求记载的全部技术特征相比，缺少权利要求记载的一个以上的技术特征，或者有一个以上技术特征不相同也不等同的，人民法院应当认定其没有落入专利权的保护范围。这是判断专利侵权的比对原则：一一对应，全面覆盖原则。

（二）有关法理分析

1. 技术对比是技术特征的对比，而非整体技术方案的对比

技术比对是技术特征的比对，而非整体技术方案的比对，更非技术方案的功

能、效果的比对。❶ 技术方案不同于技术特征。技术方案是专利权人对其要解决的技术问题所采取的技术措施的集合。技术措施通常是由技术特征来体现的。❷ 每个技术特征能够在技术方案中具有相对独立的功能。技术特征是进行技术方案比对的基本单元。技术特征是在权利要求所限定的技术方案中,能够相对独立地执行一定的技术功能、并能产生相对独立的技术效果的最小技术单元或单元组合。

等同侵权的技术比对也应遵循"技术特征的对比"这一方法。等同特征是指与专利权利要求记载的技术特征相比,以基本相同的手段,实现基本相同的功能,达到基本相同的效果,并且本领域的普通技术人员无须经过创造性劳动就能够联想到的特征。等同判定是技术特征之间是否以基本相同的手段,实现基本相同的功能,达到基本相同的效果的判定,而不是对整个技术方案的判定。❸

2. 判定专利侵权的比对原则是技术特征一一对应原则

无论从相同侵权或等同侵权角度,在侵权判定的技术特征比对中,应以权利要求中记载的全部技术特征与被诉侵权技术方案所对应的全部技术特征逐一进行比较,被诉侵权技术方案包含与权利要求记载的全部技术特征相同或者等同的技术特征的,应当认定其落入专利权的保护范围。由此可见,相同侵权要求专利权利要求中记载的技术特征全部再现于被诉侵权技术方案中;等同侵权也要求专利权利要求中记载的技术特征与被诉侵权技术方案中的技术特征之间的对应性,这是侵权比对的基础,只是在等同侵权中将技术特征之间的差异放宽要求到"等同"。在等同侵权判断中适用上述对应性,是指权利要求中的每一个技术特征都必须再现于被诉侵权的技术方案中,即技术特征的一一等同,只要这些技术特征在被诉侵权技术方案中找不到相对应的技术特征,就无从比对两个技术方案,即可判定侵权不成立,无须在动用等同侵权,这是对全部技术特征原则的坚持,也是对多余指定原则和变劣技术方案适用等同侵权的否定。❹

---

❶ 参见:最高人民法院民事审判第三庭. 知识产权审判指导 [M]. 北京:人民法院出版社,2011:43.
❷ 参见:最高人民法院民事审判第三庭. 知识产权审判指导 [M]. 北京:人民法院出版社,2011:40.
❸ 参见:最高人民法院民事审判第三庭. 知识产权审判指导 [M]. 北京:人民法院出版社,2011:44.
❹ 参见:北京市高级人民法院知识产权庭.《专利侵权判定指南》理解与适用 [M]. 北京:中国法制出版社,2014:181.

3. 该案的法律适用

该案中，双方均无异议的事实是：涉案专利的技术特征中有"销柱"，被诉侵权产品无"销柱"。该"销柱"是夏某权利要求中的技术特征，而非整体的技术方案。即使涉案专利与被诉侵权产品两者整体技术方案，及技术方案的功能和效果是一致的，但其比对方法针对整体技术方案，未涉及技术特征，这与法律规定相悖，违反了技术比对的原则。夏某的权利要求中有"销柱"这一技术特征，而陈某的被诉侵权技术方案中没有这技术特征，可见两者的技术特征无法一一对应，则未落入夏某专利权的保护范围。

第十章　专利侵权诉讼中技术比对实务指引

——以"前置过滤器"专利侵权纠纷案为例

卢柯权　骆俊峰[*]

摘　要：专利制度经过数百年的发展已经成为全世界基本通行的法律制度，有关"创造、运用、保护、管理"是每个国家或者企业都会极力重视的领域。其中的保护领域，由于各国诉讼制度有别，其保护措施也存在很大不同。在关于权利要求保护范围的确定以及技术比对上，我国专利法综合了周边限定论与中心限定论的观点采纳了折中原则，全面体现在《专利法》第59条以及相关司法解释中。前置过滤器案件曾被评为"2015上海市知识产权司法保护十佳案例"，其中体现了很多新的专利裁判思想。本文重点分析了外观设计案件与实用新型案件中双方争议的个别焦点，并为此提出了实务上的诉讼指引。

关键词：专利侵权　权利要求　保护范围　前置过滤器

一、引　言

专利制度从产生到现在已有数百年历史，专利制度已成为保护技术方案最为

---

[*] 卢柯权，男，浙江慈溪人，复旦大学法学学士，浙江素豪律师事务所知识产权部主任、高级合伙人、专利代理人，浙江省律师协会知识产权专业委员会委员，浙江省净水设备协会智库专家。

骆俊峰，男，浙江宁海人，西南政法大学全日制法律硕士学位（知识产权法研究方向），研究生学历，浙江素豪律师事务所律师。

重要的法律手段。美国第16任总统亚伯拉罕·林肯（Abraham Lincoln）曾有过一句名言："专利制度是给天才之火浇上利益之油。"❶ 诚然，一件优质稳定的专利，能掌控一个潜在市场，这个市场可以是区域性的，如果运营得好，也可以是国域性的，甚至完全有可能是世界性的。一件优质稳定的专利，具备主动发起攻击别人市场的基础条件，主动收集本领域可能侵犯己身权利的市场交易主体，通过监视全球市场，等到合适时机，发起专利攻击战，既能拿下相对应的市场，也能获得一笔相当可观的侵权赔偿费用，由此给权利人带来的利益，又可以源源不断提供给研发部门，继而产生更为进步的科技成果并将其专利化。

市场经济的本质是一种"法治经济"，其本身也如法治一般需要时间、需要实践、更需要积淀。经过三十多年的改革开放，我国虽仍旧是一个发展中国家，区域发展极不平衡，但是经过海内外复杂经济环境的磨炼，其中也不乏可以完美运营专利的高新企业，如华为、中兴、小米等。这些企业已经具备向海内外主动发起专利攻防战的能力，并且其运用能力正逐年提高；而部分中小企业，虽然经济实力一般，但其也具备了主动攻击别人市场的意识，并付诸于具体的司法诉讼；应诉者也强化了相关意识，通过市场资源及时聘请专利律师并运用法律思维去破解这当中的困境。无论从宏观还是微观角度，这些都是很好的趋势，也释放一种讯号，随着我国司法实践关于知识产权保护水平的逐步提高，市场经济主体保护意识的逐年深化，企业与个人只要坚持创新并及时采取适当措施将研发成果得以固化，想方设法突破国外专利壁垒，尊重国家法律权威，那么在未来的对外专利争夺战中必将掌控主动权。

二、案情回放

杭州N制冷电器厂（以下简称"N企业"），是一家专业生产饮水机系列的企业，其享有名称为"清洗方便的过滤器"实用新型专利权（ZL201020172676.6）、名称为"前置过滤器"外观设计专利权（ZL201030153865.4），以下图1、图2分别表示。该项专利技术由于技术方案先进、效果可靠，为其带来巨大利益。

---

❶ 吴汉东. 知识产权法 [M]. 5版. 北京：法律出版社，2014：133-137.

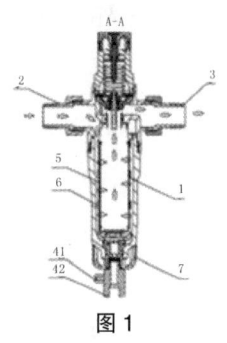 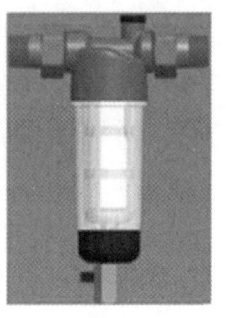

图 1　　　　　　　图 2

在生产经营过程中，N 企业发现市场上存在未经其许可生产、销售涉嫌侵犯专利权产品的厂商。N 企业一边密切监视市场中的"疑似侵权主体"，包括生产者、销售者等；另一边也通过合法渠道搜集了相关证据，并委托杭州某公证处、上海某公证处对相关网页证据做了公证保全，也通过网络渠道购买了"涉嫌侵权"产品，保留了有关票据，聘请律师担任诉讼代理人等。在做好了一系列准备工作后，N 企业开始启动诉讼战略，分别于 2014 年 12 月 30 日、2015 年 2 月分两批次对 8 家企业提起专利侵权诉讼。

经过对各案件的分析，N 企业将国内涉嫌制造侵权产品的所有生产者、销售者均诉诸于法院，从杭州中级人民法院一审、浙江省高级人民法院二审，并在成立专门知识产权法院后，将与东莞 C 实业有限公司的案件起诉至上海知识产权法院，由于诉前初步证据完善，上海知识产权法院受理了 N 企业的诉讼请求。

此外，作为对应方的被告企业，其中有作为源头的涉嫌侵权制造者，亦有销售者，由于这些企业大都通过淘宝、京东、亚马逊等电商平台销售产品，在法院受理案件后，有关的电商平台纷纷下架涉诉产品，继而该产品的市场份额逐渐被 N 企业重新掌控。这些企业的各种销路被 N 企业切断，那么唯有积极应诉。依据专利法的规定，一项专利权被依法宣告无效，就意味着该专利权不符合授予专利权的实质性条件，也就是该专利权自始不存在。❶ 他们各自向国家知识产权局专利复审委员会提起该两件专利的无效宣告程序，然而无效程序的结果是，两专利均被审查决定予以维持有效，如表 1 所示。

---

❶ 尹新天. 中国专利法详解 [M]. 2 版. 北京：知识产权出版社，2012：374.

表 1　无效宣告名称及结果

序号	专利号	名　　称	决定号	结论
1	201020172676.6	清洗方便的过滤器	26671	维持有效
2	201030153865.4	前置过滤器（DJS-1-3T）	26692	维持有效
3	201030153865.4	前置过滤器（DJS-1-3T）	26848	维持有效
4	201030153865.4	前置过滤器（DJS-1-3T）	27539	维持有效

专利复审委员会的决定对于 N 企业极为有利，对于各起诉讼，法院均可以参考专利复审委员会的审查决定，继而作出裁判。因此，除了 N 企业本身证据链问题原因，法院均判决 N 企业胜诉，其中与东莞 C 实业公司之间的侵权纠纷，经过一审，上海知识产权法院更是判决东莞 C 实业有限公司全部侵权，其中，外观设计侵权赔偿 30 万元，实用新型侵权赔偿 100 万元。

三、案件争议焦点与裁判结果

（一）外观设计案件的争议焦点与裁判观点

在外观设计案件的庭审中，原被告双方的主要争议焦点主要在于：①被告 C 公司是否制造、销售了被控侵权产品；②被控侵权产品是否落入原告外观设计专利权的保护范围。❶ 若第一个争议焦点予以确定，则进入下一程序的设计比对环节。上海知识产权法院认为，原告 N 企业从天猫、京东商城、苏宁易购、1 号店网站购买的净邦（GEE.BON）FF06B-W 前置过滤器产品的名称、包装及实物均相同，产品外包装及使用说明书均标注了被告东莞 C 实业公司的名称，综合以上证据，可以认定被告 C 公司生产、销售了涉案净邦（GEE.BON）FF06B-W 前置过滤器。因此，庭审进入双方外观设计比对。该案中，两者的产品均属于净水器领域，两者均呈 T 形状，上部是横向有进水口和出水口的滤管，中部是竖向的圆筒形过滤网和透明外壳构成的滤筒，滤网上包围格状骨架，滤筒下部是旋钮、排

---

❶ 上海知识产权法院（2015）沪知民初字第 145 号。

水管和阀门,两者各部分组成及形状均基本一致。被告 C 公司提出的上述区别点,滤筒外部粘贴的标签以及旋钮上粘贴的数字属于外部粘贴装饰,不属于产品外观设计的部分;滤筒外部和内部的凸筋排列,以及滤筒透明与否的差异,在原告专利外观设计照片中亦可见,被告该项区别主张不能成立;滤管上的雪花形凸起、箭头标记以及滤管上有否凸起管道的区别点均属于整个外观设计的次要部位,且差别细微,以一般消费者的注意程度不易被观察到,亦不足以区分被控侵权产品和原告专利,对两者整体视觉效果并不产生实质性影响。因此,法院综合认定被控侵权设计与授权外观设计在整体视觉效果上无实质性差异,构成近似设计,被控侵权产品落入外观设计专利权保护范围。

(二) 实用新型案件的争议焦点与裁判观点

在实用新型案件的庭审中,原被告双方的主要争议焦点主要在于:①被告 C 公司是否制造、销售了被控侵权产品;②被控侵权产品是否落入原告实用新型专利权的保护范围。❶ 由于两个案件关系同一款产品,如上所述,该产品确系被告所生产销售,因此,实用新型案件的争议焦点①也由此确定。在第②个争议焦点中,原告主张保护专利权利要求 1。将被控侵权产品技术方案与专利权利要求 1 进行对比,原告认为构成相同侵权,被告认为存在三个差异点。

上海知识产权法院认为,首先,关于被控侵权产品中排水阀的位置,排水管道套接于旋钮上,设置于滤筒底部,位于清洗骨架底部下方,旋钮、排水管道一体转动,与滤筒可转动连接,可认定排水阀设置于旋钮上,同时设置于滤筒底部,与原告专利权利要求 1 中排水阀的设置相同,被告关于排水阀设置在清洗骨架底部区别于原告专利排水阀设置在滤筒底部的主张不能成立。其次,关于被控侵权产品中是否存在原告专利中的"洗刷过滤网的刷子",原告专利权利要求 1 中记载:"所述的清洗骨架上设有洗刷所述的过滤网的刷子",附图中显示刷子部件为带有凸条状的刮洗刷,除此之外,说明书、附图中对于"刷子"未有其他解释或者指向,因此,原告权利要求书中记载的"刷子",在说明书及附图中所描述的部件具有特定性,即带有凸条状的刮洗刷,该刮洗刷具有紧密结合的清洗功能,可

---

❶ 上海知识产权法院(2015)沪知民初字第 144 号。

以理解为是对原告权利要求书中所述的刷子的特别界定。而被控侵权产品清洗骨架上亦设有洗刷所述过滤网的凸条状的刮洗装置，故应当认定为原告权利要求书中的刷子，被告该项技术特征不同的主张不能成立。最后，关于被控侵权产品清洗骨架与旋钮的连接方式，原告专利权利要求1中记载"所述的清洗骨架与一能带动其旋转的旋钮固接"，说明书、附图并未对固接进行解释，而按照一般理解，固接指两者相对之间不能上下、左右运动，也不能旋转运动，其与被告所述的活动链接并不具有对应关系，而被控侵权产品中清洗骨架底部的凸环插入旋钮与之匹配的通孔中，清洗骨架相对于旋钮不能上下、左右、旋转运动，故两者连接关系属于原告专利权利要求1中的固接，被告关于两者技术特征不同的主张不能成立。因此，被控侵权产品的技术特征全面覆盖了原告专利权利要求1记载的全部技术特征，被控侵权产品落入原告专利权保护范围。

四、法理分析

（一）外观设计案件的法理分析

根据《最高人民法院关于审理侵犯专利权纠纷案件应用法律若干问题的解释》第8条规定，外观设计专利权的保护范围以表示在图片或者照片中的该产品的外观设计为准，简要说明可以用于解释图片或者照片所表示的该产品的外观设计，在相同或者相近种类产品上采用与授权外观设计相同或者近似的外观设计的，应当认定被诉侵权设计落入涉案外观设计专利权的保护范围，构成专利侵权。在前置过滤器外观设计案中，应当坚持"整体观察，综合判断"，以一般消费者的注意程度观察其视觉效果。该案中，外观设计的保护范围以呈现在专利证书中的图片或照片中为限，被控产品整体形状与主视图完全一致，呈现T形。至于被控方抗辩的"滤筒外部粘贴的标签以及旋钮上粘贴的数字属于外部粘贴装饰"，但这并非产品本身的外观设计，仅仅是起到标识作用，因此这并非区别点，法院的观点是正确。另外，关于次要部位的认定上，目前主要依赖于法官的自由心证。该案中，滤管上的雪花形凸起、箭头标记以及滤管上有否凸起管道的区别点均属于整个外观设计的次要部位，对于该部分次要部位，笔者认为消费者是容易注意到这些区别的。因为，该种产品的消费者通常明了"雪花形凸起、箭头标记"除了视觉上的感受外，其还具有特殊的标识功能，"雪花"表明冷水通道，"箭头"表明水流方向，这是能够引起消费者观察与注意的，能起到一定的区分效果。

为了进一步明确这方面裁判准则，2016年4月1日施行的《最高人民法院关于审理侵犯专利权纠纷案件应用法律若干问题的解释（二）》第14条规定："人民法院在认定一般消费者对于外观设计所具有的知识水平和认知能力时，一般应当考虑被诉侵权行为发生时授权外观设计所属相同或者相近种类产品的设计空间。设计空间较大的，人民法院可以认定一般消费者通常不容易注意到不同设计之间的较小区别；设计空间较小的，人民法院可以认定一般消费者通常更容易注意到不同设计之间的较小区别。"因此，今后法院必须考虑整体外观的设计空间大小与其他区别点的比较了。

（二）实用新型案件的法理分析

根据《最高人民法院关于审理侵犯专利权纠纷案件应用法律若干问题的解释》第7条规定，实用新型专利权的保护范围以其权利要求的内容为准，说明书及附图可以用于解释权利要求的内容。人民法院应当根据权利要求的记载，结合本领域普通技术人员阅读说明书及附图后对权利要求的理解，确定权利要求的内容；人民法院对于权利要求，可以运用说明书及附图、权利要求书中的相关权利要求、专利审查档案进行解释，说明书对权利要求用语有特别界定的，从其特别界定。当被诉侵权技术方案包含与权利要求记载的全部技术特征相同或者等同的技术特征的，人民法院应当认定其落入专利权的保护范围。很明显，我国专利法规定的权利要求的保护范围确定，既不是英美法系的"周边限定论"，也不是以德国为代表的大陆法系的"中心限定论"。❶ 我国法律主要是依据权利要求的内容予以确定，说明书仅仅起到解释作用，以还原权利要求字面意思的真实含义，同时也引入等同原则对权利要求的保护范围作适当扩充。❷

该实用新型案件中，权利要求1保护如下技术特征："清洗方便的过滤器，包

---

❶ 张晓东. 专利诉讼教程 [M]. 上海：华东理工大学出版社，2014：20-21.
❷ 冯晓青. 专利法律知识应考教程及同步练习 [M]. 北京：知识产权出版社，2010：316.

括滤筒和安装于所述的滤筒内部的滤芯所述的滤筒的顶部设有进水通道和出水通道，所述的滤筒的底部设有排水阀；其特征在于：所述的滤芯为与滤筒内腔适配的过滤网，所述的过滤网套接于一清洗骨架中，所述的清洗骨架上设有洗刷所述的过滤网的刷子，所述的清洗骨架与一能带动其旋转的旋钮固接；所述的旋钮与所述的滤筒可转动连接，所述的排水阀设置于所述的旋钮上。"上海知识产权法院对上述技术特征进行了划分，对"洗刷过滤网的刷子"进行了详细分析。但是，笔者认为，上海知识产权法院忽略了一点，就是没有认定该技术特征属于"功能性限定的特征"，根据《最高人民法院关于审理侵犯专利权纠纷案件应用法律若干问题的解释》第4条规定，对于权利要求中以功能或者效果表述的技术特征，人民法院应当结合说明书和附图描述的该功能或者效果的具体实施方式及其等同的实施方式，确定该技术特征的内容。即必须由说明书中的具体实施例进行对"刷子"的限定，即在说明书及附图中所描述的部件具有特定性，即带有凸条状的刮洗刷，该刮洗刷具有紧密结合的清洗功能，可以理解为是对原告权利要求书中所述的刷子的特别界定。通过分析其他一些案例，目前我国审判实践中，对功能性限定特征认定基本很少涉及，对其理解与适用法律仍然需要不断探索与实践。

五、不同位阶之诉讼策略与实务指引

在诉讼实务中，作为被告方，在专利侵权诉讼中应当采用不同位阶的诉讼策略。第一位阶，就是观察原告庭审现场展示的所谓被控侵权产品是否已经自行拆封，如果是，则可以否认销售了该产品，因为从证据的角度，其未能形成使人信赖的证据链并使法庭相信该产品就是从被告处通过网购所得，如此关于该案就无须进行技术比对了，因为比对的前提条件就已经不存在了。第二位阶，如果法庭在一定程度上采信上述产品系被告所销售，就是《专利法》第59条以及《最高人民法院关于审理侵犯专利权纠纷案件应用法律若干问题的解释》第6—11条的规定"不侵权抗辩"。其中，在实用新型或发明专利纠纷中，将独立权利要求与被控侵权技术方案进行比较，通过列举其中的技术区别点，使被诉产品不能全面覆盖原告专利权利的保护范围，以此达到不侵权的目的。❶ 第三位阶，就是《专利法》第 62 条以及《最高人民法院关于审理侵犯专利权纠纷案件应用法律若干问题的解释》第 14 条所规定的现有技术抗辩，通过将被诉产品与该文献公开的引证技术一一比对，使法庭有理由相信被告使用的是现有技术或现有设计。❷

此外，若有充分证据，可以依照《专利法》第 70 条的规定，在上述位阶后加入"产品合法来源"的抗辩意见，即"为生产经营目的使用、许诺销售或者销售不知道是未经专利权人许可而制造并售出的专利侵权产品，能证明该产品合法来源的，不承担赔偿责任"。通过提供采购协议、来往账单、销售的后台数据等来形成合法来源抗辩的证据所在，使法官产生"善意侵权"的合理信赖。在诉讼实践中，可以根据庭审情况着重选择表达各位阶的代理意见，并有条件地放弃其中的代理意见和着重观点。

---

❶ 吴观乐. 专利代理实务 [M]. 2 版. 北京：知识产权出版社，2008：508-509.
❷ 北京市第一中级人民法院知识产权庭. 侵犯专利权抗辩事由 [M]. 北京：知识产权出版社，2011：22-23.

第十一章 论专利侵权中的现有技术抗辩原则兼使用公开之认定

——以夏某诉成亚公司专利侵权案为视角

吕甲木[*]

摘　要：现有技术的公开方式主要有出版物公开、使用公开和口头公开等方式。然在司法实践中，由于证据的证明力问题，使用公开和口头公开很难得到认定。在使用公开的认定中，作为现有技术载体的实物系关键证据。如缺少实物，但有申请日之前形成的图纸以及销售图纸对应产品的增值税发票等证据，当该等证据达到高度盖然性的证明标准，则可以认定使用公开，构成现有技术。现有技术抗辩在相同侵权和等同侵权情形下均能适用。如果被诉侵权技术方案与一份现有技术方案结合公知常识或所述技术领域惯常技术手段显而易见的组合的技术方案相同或等同的，则可以认定现有技术抗辩成立。

关键词：现有技术　使用公开　高度盖然性

---

[*] 吕甲木，浙江海泰律师事务所合伙人、知识产权部主任，兼任最高人民法院知识产权案例指导研究（北京）基地专家咨询委员会专家、宁波市律师协会知识产权委员会主任、宁波市法学会知识产权法学研究会副会长、中华全国律师协会知识产权专业委员会委员、宁波市知识产权纠纷人民调解委员会调解员。曾获"浙江省知识产权宣讲活动先进个人""宁波市十佳律师"等荣誉。承办的案件多次入选全国法院50大知识产权典型案例，以及浙江法院、宁波法院十大知识产权保护案件。撰写的论文曾分别被评为2011年、2013年、2015年、2016年全国知识产权律师年会十佳论文。

一、案例简介

2005年10月17日,原告夏某向国家知识产权局申请名称为"组合式气阀"的实用新型专利,2006年11月29日国家知识产权局授权公告,专利号为ZL20052001××××.1。其权利要求1为:"一种组合式气阀,包括壳体(1),壳体(1)内设有线圈(2),线圈绕在支架(3)上,支架内部设有相配合的动芯(4)以及静芯(5),静芯中空,并且与动芯(4)之间通过弹簧(6)连接,支架(3)底端连接有充气孔(7),其特征是所述的气阀为2个及以上,每个气阀的支架上还设有接头(8)与套接在相邻气阀上的接座(9)内部;接头(8)、接座(9)内部设有通孔,它们与支架(3)内部连通形成三通。"2011年5月5日国家知识产权局出具的专利检索报告显示:该专利全部权利要求1—10符合专利法有关新颖性和创造性的规定。

被告成亚公司在阿里巴巴网站的公司网页"公司介绍"处显示成亚公司的前身为奉化市溪口双雄机械配件厂,以做电磁阀铁芯为主,自2005年11月研发出第一只按摩椅电磁阀至2012年3月,累计生产销售CY040、SX040电磁阀已突破500万只。"供应产品"处显示产品的售价约为100元每只,并显示有"厂家直供""可定作"等字样。

应原告申请,一审法院对成亚公司进行证据保全,发现成亚公司正在装配生产被控侵权产品,被控侵权产品约500只。

应被告申请,一审法院从亚德客公司调取了电磁阀产品的图纸和发票。亚德客公司提供了五份电磁阀产品图纸,分别为:①图号:JV025-302B-A01,名称:JV025-3(DC24V)组合图,制图时间:2005.11.9;②图号:JV040-201B-A01,名称:JV040-2电磁阀组合图,制图时间:2005.4.20;③图号:JV040-301B-A01,名称:JV040-3电磁阀组合图,制图时间:2005.4.20;④图号:JV040-401B-A01,名称:JV040-4电磁阀组合图、制图时间:2005.4.20;⑤图号:JV040-501B-A01,名称:JV040-5电磁阀组合图,制图时间:2005.4.20。

二、诉辩意见

原告夏某认为成亚公司以生产经营为目的，未经其许可擅自制造、销售、许诺销售专利产品，侵害了其专利权，应当承担侵权责任，遂于 2012 年 8 月 9 日诉至法院，请求判令成亚公司立即停止侵害其享有的涉案专利权，即立即停止制造、销售、许诺销售落入涉案专利权保护范围的电磁阀产品（即按摩气阀）；销毁制造侵权产品的专用设备、模具及库存侵权成品、半成品；赔偿经济损失 30 万元并承担该案的全部诉讼费用。

被告成亚公司辨称：被诉侵权产品采用的是亚德客公司在专利申请日前早已经公开生产销售的电磁阀产品的现有技术。夏某的丈夫张某原先就在亚德客公司负责该产品的销售，张某以其妻子夏某的名义将现有技术申请专利。

三、争议焦点

在无实物的情况下，仅凭第三方的产品图纸和增值税发票，且图纸没有用文字标注该产品全部技术特征的情况下，能否认定现有技术抗辩成立。

四、法院裁判

一审法院认为向亚德客公司调取的增值税发票不能证明亚德客公司销售的即是产品图纸所示的产品，且该证据中的产品图纸不能披露涉案专利的静芯中空、支架底端连接有充气孔等技术特征，与该案不具有关联性，故不予认定。2013 年 2 月 5 日，一审法院判决成亚公司立即停止侵害夏某享有的涉案专利权，即立即停止制造、销售、许诺销售侵犯夏某享有的该实用新型专利权的产品；成亚公司赔偿经济损失 20 万元。❶

成亚公司不服提起上诉，并提供下列新证据：①开票日期分别为 2004 年 7 月

---

❶ 参见：浙江省宁波市中级人民法院（2012）浙甬知初字第 398 号民事判决书。

3日和2005年7月25日，销货单位分别为亚德客公司和亚德客宁波分公司，购货单位均为宁波奥森电子有限公司（以下简称"奥森公司"），货物名称均为电磁阀，规格型号分别为JV040-4DC12V和JV040-3DC12V、JV040-4DC12V的增值税发票以及国税局的认证证明；②型号为JV040-3的电磁阀实物。并申请奥森公司工作人员方某出庭作证，说明奥森公司在2004年、2005年使用亚德客公司电磁阀的事实。夏某质证认为增值税发票与实物缺乏唯一指向性，实物的来源和购买时间不明，方某证言不能证明实物来源。二审法院认为虽然实物型号与增值税发票中的型号相符，但形成时间难以确认，无法确认其为增值税发票对应的产品。但结合方某的证言，可以确认奥森公司曾于2005年7月25日购买亚德客公司销售的型号为JV040-3的电磁阀的事实。另，对于原审法院前往亚德客公司调取的电磁阀产品图纸，夏某虽然对图纸的形成时间有异议，但没有提出相应的证据予以证明，该图纸上的产品型号可以与发票中的型号相互印证，与该案诉争事实具有关联性，应予认定。夏某针对成亚公司的举证，申请曾在奥森公司任职的邓某出庭作证，邓某陈述方某虽于2005年时任工艺员，但其于2002—2007年一直在精工车间而非工程部工作，不可能接触到电磁阀，拟否定方某证词的真实性。法院认为，邓某陈述中，关于方某2005年时任工艺员配合工程部工作的事实，与方某的证言可以相互印证，因此其证言不能否定方某关于其工作任职陈述的真实性。

二审法院认为，根据成亚公司提交的证据，号码为02466510的发票经北仑区（开发区）国家税务局认证，真实性可以确认，结合方某的证言以及奥森公司所作的说明，可以认定奥森公司于2005年7月25日向亚德客宁波分公司购买了型号为JV040-3的电磁阀500只。原审法院调取的亚德客公司关于电磁阀产品的图纸中，有名称为"JV040-3电磁阀组合图"、图号为"JV040-301B-A01"、制图时间为2005年4月20日的图纸可以与上述发票中的产品型号相对应。夏某虽对图纸的制图时间和型号与发票的对应关系存有异议，但没有提出可以推翻制图时间以及型号对应唯一性的证据予以证明，因此上述图纸可以与发票互相印证，相对具有客观性。综合考虑相关证据，可以认定，亚德客公司在涉案专利申请日之前，已经在市场上公开销售具备图号为"JV040-301B-A01"图纸所载技术特征的电磁阀，该型号为JV040-3电磁阀的技术方案已为公众所知悉，上述图纸所载产品的技术特征可以作为现有技术与被诉侵权产品进行比对。经比对，夏某认为，该图纸没有披露被诉侵权产品的"静芯中空""接头、接座与支架内部连通形成三通"的技术特征，对该图纸披露的其他技术特征与被诉侵权产品一致没有异议。法院认为，该图纸对"静芯中空""接头、接座与支架内部连通形成三通"的技术特征虽然没有文字表述，但结合图纸的结构特点和机械制图的国家标准，可以看到：图纸中序号为 8 的部件对应的即是静芯部件，该部件的两边绘有剖面线代表有制作材料，中间留白代表没有材料，上述的绘图表示该部件的中间是空心的；图纸中序号为 18 的部件对应的是接头，其套接在接座上，接头、接座以及支架的两侧都绘有剖面线，中间留白，如前所述这表示接头、接座和支架的中间都是空心的，接座与支架相交的地方画有相贯线，代表两者是贯通的，因此从图上可知接座与支架贯通、接座与接头贯通，三者之间可以形成连通。据上，该图纸披露的技术特征与被诉侵权产品的所有技术特征均相同，应当认定成亚公司生产被诉侵权产品使用的是现有技术。成亚公司就此提出的上诉理由成立，法院予以支持。2014年 6 月 9 日，二审法院作出判决，撤销一审判决，驳回夏某的诉讼请求。❶

五、法理分析

（一）现有技术的范围

《专利法》第 22 条、第 23 条规定，授予专利权的发明和实用新型，应当具备新颖性、创造性和实用性。其中新颖性，是指该发明或者实用新型不属于现有技术；也没有任何单位或者个人就同样的发明或者实用新型在申请日以前向国务院专利行政部门提出过申请，并记载在申请日以后公布的专利申请文件或者公告的专利文件中。现有技术，是指申请日以前在国内外为公众所知的技术。《专利审查指南 2010》规定，现有技术包括在申请日（有优先权的，指优先权日）以前在国内外出版物上公开发表、在国内外公开使用或者以其他方式为公众所知的技术。现有技术应当是在申请日以前公众能够得知的技术内容。换句话说，现有技术应当在申请日以前处于能够为公众获得的状态，并包含有能够使公众从中得知实质

---

❶ 参见：浙江省高级人民法院（2013）浙知终字第 245 号民事判决书。

性技术知识的内容。现有技术公开方式包括出版物公开、使用公开和以其他方式公开三种，均无地域限制。

1. 出版物公开

专利法意义上的出版物是指记载有技术或设计内容的独立存在的传播载体，并且应当表明或者有其他证据证明其公开发表或出版的时间。符合上述含义的出版物可以是各种印刷的、打字的纸件，如专利文献、科技杂志、科技书籍、学术论文、专业文献、教科书、技术手册、正式公布的会议记录或者技术报告、报纸、产品样本、产品目录、广告宣传册等；也可以是用电、光、磁、照相等方法制成的视听资料，例如缩微胶片、影片、照相底片、录像带、磁带、唱片、光盘等；还可以是以其他形式存在的资料，如存在于互联网或其他在线数据库中的资料等。出版物不受地理位置、语言或者获得方式的限制，也不受年代的限制。出版物的出版发行量多少、是否有人阅读过、申请人是否知道是无关紧要的。印有"内部资料""内部发行"等字样的出版物，确系在特定范围内发行并要求保密的，不属于公开出版物。出版物的印刷日视为公开日，有其他证据证明其公开日的除外。印刷日只写明年月或者年份的，以所写月份的最后一日或者所写年份的 12 月 31 日为公开日。

2. 使用公开

由于使用而导致技术方案的公开，或者导致技术方案处于公众可以得知的状态，这种公开方式称为使用公开。使用公开的方式包括能够使公众得知其技术内容的制造、使用、销售、进口、交换、馈赠、演示、展出等方式。只要通过上述方式使有关技术内容处于公众想得知就能够得知的状态，就构成使用公开，而不取决于是否有公众得知。但是，未给出任何有关技术内容的说明，以致所属技术领域的技术人员无法得知其结构和功能或材料成分的产品展示，不属于使用公开。如果使用公开的是一种产品，即使所使用的产品或者装置需要经过破坏才能够得知其结构和功能，也仍然属于使用公开。此外，使用公开还包括放置在展台上、橱窗内公众可以阅读的信息资料及直观资料，如招贴画、图纸、照片、样本、样品等。使用公开是以公众能够得知该产品或者方法之日为公开日。

3. 以其他方式公开

为公众所知的其他方式，主要是指口头公开等。如口头交谈、报告、讨论会发言，以广播、电视、电影等能够使公众得知技术内容的方式公开。口头交谈、报告、讨论会发言以其发生之日为公开日。公众可接收的广播、电视或电影的报道，以其播放日为公开日。

(二) 现有技术抗辩原则

《专利法》第62条规定："在专利侵权纠纷中，被控侵权人有证据证明其实施的技术或者设计属于现有技术或者现有设计的，不构成侵犯专利权。"长期以来，我国司法实践中判断被诉侵权产品是否侵犯专利权的审理模式为首先根据原告专利的权利要求书、说明书、附图，审查确定原告专利权的保护范围，再审查被告使用的技术内容，把两者的技术特征进行比较，然后运用全面覆盖原则或者等同原则，判定被告使用的技术是否落入原告的专利的保护范围，作出侵权或者不侵权的判决。可是我国专利的现实情况是，大量的实用新型和外观设计专利没有经过实质审查，很多专利利用的是现有技术，已经丧失了新颖性，不具有专利的实质条件。这些专利不应该得到法律的保护，否则有违公平原则。但是，由于专利权的授权属于行政授权，在侵权纠纷中法院不能直接去审查专利权的有效性。虽然，被告可以利用向专利复审委员会申请宣告原告专利无效来救济，但是走完无效程序需要经历很长的时间，而且也要花费大量的成本。所以，作为不侵权抗辩之一的现有技术抗辩原则在我国的专利侵权诉讼中为司法实践所认可，并在2008年修改《专利法》时，为《专利法》所吸收，在第62条作出了明文规定。专利权作为一项垄断权，既要保护专利权人的利益，又要维护公众的利益。特权与公众利益之间必须找到一个平衡点，要进行公平合理的划界。所以，对专利权保护范围的解释必须是公平合理的，不能将现有技术给予专利权人以特权保护，被诉侵权技术方案采用的是现有技术的，不构成侵权。

(三) 现有技术抗辩的适用范围

由于专利侵权案件中的现有技术抗辩原则是在借鉴国外成熟的司法经验的基础上发展起来的，在国外，对现有技术抗辩适用范围的不同立法例，导致了国内司法实践中也产生了两种不同的观点。

德国通常认为，在权利要求的文字所表达的保护范围内，即便该范围全部为公知技术，侵权受理法院也不能否定专利的权利性。也就是说，侵权诉讼中法院不得触及作为专利权核心的权利要求文字记载范围的有效性，法院只具有判断超越权利要求文字语义以外的保护范围的有效性的权限。公知技术允许在等同侵权范围使用，而不能或者不赞同在相同侵权范围内使用。❶德国采取这种态度的理由是，第三人任何时候都能提起专利权无效复审请求，因此没有必要采用公知技术抗辩。虽然不该授权的专利在授权后有妨碍自由竞争的一面，但瑕疵专利的被控侵权人有义务为公众利益启动无效程序。如果侵权诉讼中能以抗辩的形式主张无效的意旨，虽可救济当事人，但本不该授权的专利却仍带着瑕疵负担存在。但是，等同物的实施者没有义务要为公众利益提起无效之诉。❷北京市高级人民法院曾经坚持了这一观点。北京市高级人民法院《专利侵权判定若干问题的意见（试行）》第102条规定："已有技术抗辩仅适用于等同专利侵权，不适用于相同专利侵权的情况。"第103条规定："当专利技术方案、被控侵权物（产品或方法）、被引证的已有技术方案三者明显相同时，被告不得依已有技术进行抗辩，而可以向专利复审委员会请求宣告该专利权无效。"该院对这一规定的理由阐述为："因为我国的法律制度和法律规定与有些国家不同，对专利是否有效的结论并不是由负责审理专利侵权的法院直接审查作出的，而是由专利复审委员会作出的，在强调依法办案的情况下，法院不能超越职权。法院在审理专利侵权案件中，有权判定侵权物与专利技术是否相同、等同，而在下结论时，尤其是依据'实施自由公知技术不侵权原则'下结论时，只能是在侵权物与自由公知技术等同的情况下才可以，因为，在等同的情况下法院判定侵权只是针对一个具体的案件，一般不涉及广大公众。而且，在等同的情况下也不一定导致专利权无效。而相同的情况下则应当先由专利复审委员会宣告该专利权无效。因为相同的情况下，原本就不应该获得专利权。而一旦获得了专利权，它侵害的是公众利益，法院即便判定了不侵权，针对的也仅仅是一个案件，只有宣告该专利权无效，才能从根本上解决问题。"❸在美国，公知技术抗辩原则也只有在等同侵权的情况下才应当予以考虑。

---

❶ 张晓都. 专利侵权判定理论探讨与审判实践 [M]. 北京：法律出版社，2008：100.
❷ 杨志敏. 专利侵权诉讼中公知技术抗辩适用之探讨——中、德、日三国判例、学说的比较研究 [M] //国家知识产权局条法司. 专利法研究（2002）. 北京：知识产权出版社，2002：79-80.
❸ 程永顺. 专利侵权判定实务 [M]. 北京：法律出版社，2002：20.

但美国法院与中国法院不同。美国法院可以同时审查专利权侵权指控与专利权的有效性，相同侵权情况下，如果使用的是公知技术，法院可直接判定专利权无效，而不必考虑所谓公知技术抗辩。在等同侵权的情况下，法院也只是以公知技术来解释权利要求以排除等同侵权的认定。即使在等同侵权的情况下，法院也可直接审查专利权的有效性，如果判定专利权无效，也就是失去了侵权行为存在的前提。❶ 在日本，赞成公知技术抗辩的多数学者认为，公知技术抗辩是与争执专利的权利要求无关的主张，它仅着眼于被告实施技术与公知技术之间的关系，并以被告实施技术的新颖性和创造性情况决定抗辩的适用。日本学说的主流是主张在相同侵权领域内也适用公知技术抗辩。❷ 国家知识产权局条法司前司长尹新天先生认为我国在相同侵权的情况下，也应允许公知技术抗辩。并提出对于实施公知技术的被控侵权人来说，则有可能遭遇不当授权专利权人的阻击和干扰，有时甚至可以说是一种恶意敲诈。此时，被控侵权人实施的技术分明是公知技术，受到不当授权专利权人的侵权指控，如果不允许进行公知技术抗辩，则被控侵权人迫于无奈只好提出无效宣告请求，缠于诉讼数年不得脱身，致使其正常的经济行为受到严重影响，即使法院最后判定侵权指控不成立，也早已伤痕累累，犹如经历了一场噩梦。❸

在相同侵权情况下能否适用公知技术抗辩的根本原因不在于专利有效性审查与专利侵权判定的职权分工，而在于不当授权的专利是否具有保护的正当性。按照专利法的规定，一项专利如果采用的是与现有技术相同或者等同的技术，那么该专利因为丧失新颖性或者创造性而无效。但由于专利授权审查不可能做到周密，一些不具备新颖性或者创造性的技术也被授予了专利权。一旦专利授权以后，对专利无效宣告的职权属于专利复审委员会。只有有人提出专利无效宣告请求并被受理后，专利复审委员会才启动专利无效宣告程序，因此是被动的。而走完专利无效宣告程序需要花很长时间。如果专利技术采取的是现有技术，那么实质上已经丧失了权利保护的正当性，是不应该被垄断的，否则就属于权利滥用。如果被诉侵权技术方案采用的是现有技术，那么该技术是不能够被原告的专利所垄断的，

---

❶ 张晓都. 专利侵权判定理论探讨与审判实践 [M]. 北京：法律出版社，2008：102.
❷ 张晓都. 专利侵权判定理论探讨与审判实践 [M]. 北京：法律出版社，2008：102.
❸ 尹新天. 专利权的保护 [M]. 2版. 北京：知识产权出版社，2005：502-504.

不能判定被诉侵权技术方案侵犯了丧失权利保护正当性的所谓"专利权"。现有技术抗辩的关键在于被诉侵权技术方案是否明显地属于现有技术，而与被诉侵权技术与专利技术是相同还是等同无关。因此，在专利侵权判定中，被诉侵权人提出现有技术抗辩的，法院可以先对被诉侵权技术方案与专利权利要求中的技术特征进行比较，判断是否落入了专利保护范围。如果落入了专利保护范围，不管是相同还是等同，那么将被诉侵权技术方案与现有技术方案进行比较，如果被诉侵权技术方案与现有技术方案相同或者等同，那么可以判定现有技术抗辩成立，没有必要将现有技术方案与专利技术方案进行比较，也不必考虑被诉侵权技术方案是更接近于现有技术方案还是专利技术方案。

（四）现有技术抗辩的判断原则

如果被诉侵权技术方案与一项现有技术完全一致，那么不存在什么问题。但是，当被诉侵权技术与引用的现有技术相近时，就出现问题了，法院是否可以判断现有技术抗辩成立，因为被诉侵权技术与被引用的现有技术相比，不仅是新颖性的判断问题，还是创造性的判断问题。尹新天认为：被控侵权人进行公知技术抗辩应当符合以下条件：①应当由被控侵权人承担举证责任，提供存在有关公知技术的证据，法院或者专利行政部门没有代为进行调查的责任；②被控侵权人只能援引一项公知技术，而不能将两项或者多项公知技术组合起来进行公知技术抗辩；③被控侵权人应当证明其实施的技术与其援引的那项公知技术相同或者十分接近。❶ 北京市高级人民法院《专利侵权判定若干问题的意见（试行）》第101条规定："用已有技术进行侵权抗辩时，该已有技术应当是一项在专利申请日前已有的、单独的技术方案，或者该领域普通技术人员认为是已有技术的显而易见的简单组合成的技术方案。"《最高人民法院关于充分发挥知识产权审判职能作用推动社会主义文化大发展大繁荣和促进经济自主协调发展若干问题的意见》（法发〔2011〕18号）规定："现有技术抗辩规则在等同侵权和相同侵权中均可适用。正确适用现有技术和设计抗辩，被诉侵权人以一份对比文献中记载的一项现有技术方案或者一项现有设计与公知常识或者惯常设计的显而易见组合主张现有技术或

---

❶ 尹新天. 专利权的保护 [M]. 2版. 北京：知识产权出版社，2005：494.

者现有设计抗辩的,应当予以支持。"当被诉侵权技术与一项现有技术相比并不完全相同时,就涉及创造性的判断问题,即被诉侵权技术与现有技术相比是否具备创造性,如果具备创造性,就不能构成现有技术抗辩。根据创造性的判断规则,法院有能力对简单的创造性问题进行独立判断,如果被引用的现有技术是一份公知技术与所属领域的普通技术人员或者普通公众的常识或者熟知技术显而易见的简单组合的,则应认定现有技术抗辩成立。作为被诉侵权人,不仅可以使用一项与现有技术相同的技术,也有权可以使用一项与现有技术等同的技术,也就是不具备创造性的技术。

(五) 使用公开的证明标准

现有技术的公开方式有出版物公开、使用公开和其他方式公开。出版物公开因为有相应的书面载体,而且基本上为在先的专利文献,容易认定。因此,司法实践中,用以证明现有技术的证据大多为出版物。而使用公开的认定明显比出版物公开来得复杂,因为使用公开是在申请日之后再现申请日之前公开使用的技术方案。使用公开的认定要具备以下 3 个要件:第一,时间要素,使用公开的载体在申请日之前已经真实存在并持续到认定之时,且能排除中间存在变造的可能性;第二,内容要素,作为一份独立证据的载体能够完整包含被诉侵权技术方案,而不能因该载体欠缺某一技术特征而与其他证据披露的该欠缺技术特征结合起来判定;第三,公开要素,即包含技术特征的载体在申请日前处于公众能够获得的状态。在具体的个案中,要证明被诉侵权技术方案采用的是申请日之前已经公开使用的现有技术,就应该针对上述 3 个要件进行举证。

在民事诉讼中,根据"谁主张、谁举证"的举证证明责任分配规则,主张法律关系存在的当事人,应当对产生该法律关系的基本事实承担举证证明责任;主张法律关系变更、消灭或者权利受到妨害的当事人,应当对该法律关系变更、消灭或者权利受到妨害的基本事实承担举证证明责任。当事人未能提供证据或者证据不足以证明其事实主张的,由负有举证证明责任的当事人承担不利的后果。法院对于当事人提供的证据是否足以证明待证事实的判断标准为高度盖然性的证明标准,即对负有举证证明责任的当事人提供的证据,法院经审查并结合相关事实,确信待证事实的存在具有高度可能性的,应当认定该事实存在。对一方当事人为反驳负有举证证明责任的当事人所主张事实而提供的证据，法院经审查并结合相关事实，认为待证事实真伪不明的，应当认定该事实不存在。因此，主张一方提供的证据的证明标准与反驳一方提供的证据的证明标准是不一样的。主张一方提供的证据要达到待证事实的存在具有高度盖然性的证明标准，反驳一方提供的证据只要达到待证事实真伪不明即可。当事人提供的证据有可能是直接证据，能够直接证明待证事实存在与否。但大多数情况下，当事人提供的证据不是直接证据，而是间接证据，有时候即使提供了直接证据，但单一的直接证据尚不能证明待证事实。在这种情况下，当事人为了证明待证事实的存在，就会提供一系列的证据来证明；同时，对方当事人为了反驳该待证事实的存在，也会提供一系列的证据来证明。当双方提供的证据都不能直接证明其主张时，法院根据各方提供的证据的证明力，结合相关事实，如果主张一方提供的证据能够证明待证事实存在具有高度盖然性，而反驳一方提供的证据达不到待证事实真伪不明的状态。法院就认定待证事实存在，主张一方提供的证据相对于反驳一方提供的证据就属于优势证据。该案原审法院从亚德客公司调取的"JV040-301B-A01"电磁阀图纸结合制图国家标准可以认定该图纸包含了全部被诉侵权技术方案；专利申请日之前的增值税发票和国税局认证证明结合方某的证言，能够证明专利申请日之前，奥森公司向亚德客公司采购了500只JV040电磁阀的事实。因此，成亚公司主张亚德客公司在涉案专利申请日前已经公开销售包含被诉侵权技术方案的JV040电磁阀500只，被诉侵权技术方案采用的是使用公开的现有技术的主张具有高度盖然性应该予以认定。成亚公司提供的证据相对于夏某为反驳成亚公司该主张所提供的证据而言，属于优势证据。

第十二章 论等同规则在专利侵权判定中的应用

——以莹冀公司诉精灵厂专利侵权案为视角

吕甲木[*]

摘　要：专利侵权中的等同判定应该坚持全部技术特征规则，但对权利要求等同保护范围在根据折中解释方式解释时，也要根据当时的司法政策平衡专利权人与社会公众的利益。具体技术特征的合并或拆分的替换如果符合"手段—功能—效果"基本相同和显而易见条件的，也应认定构成等同。同时，等同保护范围解释时，应坚持禁止反悔规则和捐献规则。功能性技术特征在坚持实施例加等同的判定方式时，应以侵权行为发生日作为是否构成等同替换的时间界限。

关键词：等同侵权　禁止反悔　捐献　功能性技术特征

一、案例简介

莹冀公司于2001年11月29日向国家知识产权局申请了名称为"一种轧扣机的组合冲压装置"的实用新型专利，专利号为ZL0125××××.1，授权公告日为

---

[*] 吕甲木，浙江海泰律师事务所合伙人、知识产权部主任，兼任最高人民法院知识产权案例指导研究（北京）基地专家咨询委员会专家、宁波市律师协会知识产权委员会主任、宁波市法学会知识产权法学研究会副会长、中华全国律师协会知识产权专业委员会委员、宁波市知识产权纠纷人民调解委员会调解员。曾获"浙江省知识产权宣讲活动先进个人""宁波市十佳律师"等荣誉。承办的案件多次入选全国法院50大知识产权典型案例，以及浙江法院、宁波法院十大知识产权保护案件。撰写的论文曾分别被评为2011年、2013年、2015年、2016年全国知识产权律师年会十佳论文。

2002年10月16日。2009年9月14日，专利复审委员会作出第13919号无效宣告请求审查决定，维持莹冀公司该专利权有效。该专利权利要求1为：一种轧扣机的组合冲压装置，由定位装置、公扣冲压装置、母扣冲压装置、冲孔装置和冲头复位弹簧构成，其特征在于：所述的定位装置由定位轴、上定位块、下定位块构成，两定位块呈1/4圆扇形状，其底边为圆弧，三个角均为圆角；上定位块和下定位块上的顶角处都设有定位轴孔，并通过定位轴固定连接，上定位块和下定位块上还设有三个冲轴孔，所述冲轴孔处在一个圆弧上，并间隔角为α，所述圆弧的圆心与定位轴孔的圆心同轴心；在上定位块的上平面，定位轴孔的圆心到每个冲轴孔圆心之连线的中间设有钢球定位孔；所述的上、下两定位块上的三对冲轴孔内分别设有公扣冲压装置、母扣冲压装置和冲孔装置；上定位块分别安装公扣冲头、母扣冲头和冲孔头，下定位块分别对应安装公扣冲座、母扣冲座和冲孔座；每种冲头均采用长杆结构，其长杆杆顶的直径大于杆身，其底端为冲头的头体，所述冲轴孔底的直径小于孔体的直径；在杆身上，杆顶与孔底之间设有复位弹簧。2009年9月23日，莹冀公司在上海新国际博览中心举行的"2009中国国际缝制设备展览会"上，发现精灵厂在展销一款型号为"JLQ-03-100"的气动式钉扣机，认为精灵厂的该产品所含的组合冲压装置，已落入了莹冀公司上述专利权的保护范围，于是通过上海市卢湾区公证处全程公证在该展会现场领取《参观导引》，并在展位上领取了精灵厂发放的产品介绍一本和名片一张的全过程。经原审庭审比对，被控侵权产品实物与莹冀公司专利权利要求1的技术特征，存在三处不同点，分别为：①莹冀公司专利"杆顶与孔底之间设有复位弹簧"，而被控侵权产品采用的是气动复位，并相应设置有密封件和润滑油孔和气压调速装置。②莹冀公司专利"在上定位块的上平面，定位轴孔的圆心到每个冲轴孔圆心之连线的中间设有钢球定位孔"，而被控侵权产品采用的是磁铁定位，其中三块磁铁固定在下定位块的下平面，另一块磁铁安装在钉扣机的机架上，在上定位块的上平面无定位孔。③莹冀公司专利上、下定位块的边角为圆角，而被控侵权产品上、下定位块的两个边角是方角。被控侵权产品的其余技术特征与莹冀公司上述专利的必要技术特征相同。

二、诉辩意见

原告莹冀公司认为,精灵厂未经其许可,在该厂生产的"JLQ-03-100"气动式钉扣机中实施了涉案实用新型专利,侵犯了其涉案专利权,遂于2009年12月3日诉至法院,请求判令精灵厂:①停止生产侵权产品,并将已生产的产品和模具销毁;②赔偿经济损失36万元。经比对,技术特征虽有上述不同但构成等同侵权。

被告精灵厂比对后认为:莹冀公司专利采用弹簧复位易磨损寿命短,被控侵权产品采用气动复位,由于密封灰尘不会进入冲轴孔,注入润滑油又减少摩擦力,使机器的使用寿命延长,并有气压调速装置;莹冀公司专利在上定位块上采用钢球定位易磨损寿命短,被控侵权产品定位装置是在下定位块上,是利用了比钢球定位先进的磁性定位原理,上下磁铁之间有间隙,不会磨损;莹冀公司专利中上、下两定位块的两个边角是圆角,而被控侵权产品是方角。以上不同的技术特征,不构成等同,要求驳回莹冀公司的诉讼请求。

三、争议焦点

被控侵权产品"JLQ-03-100"气动式钉扣机上的轧扣机的组合冲压装置与涉案权利要求对比中的不同技术特征是否构成等同,是否落入莹冀公司涉案专利保护范围。

四、法院裁判

一审法院认为认为,将被控侵权产品"JLQ-03-100"气动式钉扣机中的组合冲压装置与莹冀公司上述专利的独立权利要求所记载的必要技术特征进行比对,存在上述三处不同点,其中不同点①被控侵权产品采用气动复位而专利采用弹簧复位,气动复位应用气压传动回路原理,依据机械学气压传动回路的一般要求,在机械上一般均需设置减压阀、润滑供油装置,被控侵权产品采用气动复位并相应设置有密封件和润滑油孔和气压调速装置来达到复位目的,属于本领域的普通技术人员无须经过创造性劳动就能够联想到的替换,故该不同技术特征属于等同替换。不同点②被控侵权产品在下定位块的下平面和机架上安装磁铁,采用磁铁定位,而莹冀公司专利在上定位块上设有钢球定位孔,采用由定位孔、钢球、弹簧组成的钢球定位原理。两者装置安装位置不同,定位原理不同,被控侵权产品相比更有非接触性无摩擦使用寿命长的技术进步效果,所以并非以基本相同的手段,实现基本相同的功能,达到基本相同的效果,也并非本领域的普通技术人员无须经过创造性劳动就能够联想到,故该不同技术特征不属于等同替换。而不同点③被控侵权产品上、下两定位块的两个边角是方角而莹冀公司专利是圆角,已经为生效的该院(2007)甬民四初字第37号民事判决认定为属于等同。综上,因被控侵权产品的技术特征没有全面覆盖莹冀公司专利的全部必要技术特征,即被控侵权产品没有落入莹冀公司专利权的保护范围。❶

莹冀公司不服一审判决,向浙江省高级人民法院提起上诉。上诉称:针对被控侵权产品与涉案专利存在的三个不同点,即气压复位装置与弹簧复位装置的区别,磁性定位装置与钢球定位装置的区别及定位块边角为方角和圆角的区别,原审判决认定被控侵权产品的磁性定位装置与涉案专利的钢球定位装置不构成等同,属判定错误,请求二审法院撤销原判,改判上述区别特征均构成等同,支持莹冀公司的原审诉讼请求。

浙江省高级人民法院二审认为,依据《最高人民法院关于审理专利纠纷案件适用法律问题的若干规定》第17条的规定,专利权的保护范围应当以权利要求书中明确记载的必要技术特征所确定的范围为准,也包括与该必要技术特征相等同的特征所确定的范围。而等同特征是指与所记载的技术特征以基本相同的手段,实现基本相同的功能,达到基本相同的效果,并且本领域的普通技术人员无须经过创造性劳动就能够联想到的特征。就该案而言,双方当事人对原审判决归纳的被控侵权产品与涉案专利的三处区别点均无异议,即为:①涉案专利为"杆顶与孔底之间设有复位弹簧",而被控侵权产品采用的是气动复位,并相应设置有密封件和润滑油孔及气压调速装置;②涉案专利为"在上定位块的上平面,定位轴孔

---

❶ 参见:宁波市中级人民法院(2009)浙甬知初字第425号民事判决书。

的圆心到每个冲轴孔圆心之连线的中间设有钢球定位孔",而被控侵权产品采用的是磁铁定位,其中三块磁铁固定在下定位块的下平面,另一块磁铁安装在钉扣机的机架上,在上定位块的上平面无定位孔;③涉案专利为"两定位块呈1/4圆扇形状,其底边为圆弧,三个角均为圆角",而被控侵权产品上、下定位块的两个边角是方角。在二审庭审过程中,精灵厂认可上述区别点③所涉的技术特征构成等同,本院予以确认。对于区别点②,其中涉及磁性定位装置的运用。虽然磁性定位装置本身为公知技术,但就现有证据并不能认定该技术在涉案产品相关领域得到普遍运用,精灵厂将磁性定位装置应用于轧扣机的冲压装置,能克服钢球定位装置易磨损的缺点,能延长使用寿命,也能避免定位失灵、机械卡死等缺陷,且被控侵权产品中的磁性定位装置对比涉案专利权利要求所记载的钢球定位装置,两者的安装位置不同,且定位原理也不同,两者之间使用的技术手段不同,达到了效果也不尽相同,并非本领域的普通技术人员无须经过创造性劳动就能够联想到的特征,故区别点②的相关技术特征不构成等同替换,亦即精灵厂生产、销售的型号为"JLQ-03-100"的气动式钉扣机上的组合冲压装置并不完全具备涉案专利的全部必要技术特征,故未落入莹冀公司涉案专利的保护范围。❶

五、法理分析

(一) 等同侵权与全面覆盖原则的关系

1. 美国的整体等同理论与全部技术特征规则

根据专利侵权判定的"字面侵权"原则,即专利权的保护范围以权利要求书文字记载的权利要求为准,严格按照权利要求中的文字来解释权利要求的保护范围。但是,文字只是技术方案的一种表述方式,具有局限性,相同的技术方案可以用不同的文字进行表述,何况相同的技术方案并不多,更多是相似的技术方案。如果侵权人要模仿一种专利技术方案,一般也不会依葫芦画瓢的照抄,至少也会作出一些改动。因此,对于与专利技术方案相似而不相同的被诉侵权技术方案是

---

❶ 参见:浙江省高级人民法院(2010)浙知终字第128号民事判决书。

否落入专利权的保护范围，就得依赖权利要求的解释规则以确定权利要求的保护界限。因此，等同侵权是相对于字面侵权而言的，是指被控侵权产品或方法中一个或几个技术要素虽然与权利要求书中的技术要素不一样，但二者只有非实质性的区别。❶ 等同理论在美国的真正应用源于美国最高人民法院在1853年对Winan案的判决，该案最高人民法院多数派法官对被诉侵权产品的"棱锥形"轨道是否与权利要求"圆锥形"轨道相同的问题上认为，基于权利要求涵盖了专利权人有权获得的所有保护的推定，咬文嚼字的解释"圆锥形"的含义是不合理的，因为无论专利权人还是该领域的其他技术人员都不会认为运煤的轨道车车身必须是精确的圆锥形。通过对权利要求的合理解释，应当认为它包含了被控侵权的轨道车。❷ 之后，美国最高人民法院又在1950年的Graver Tank案中发展了判断等同的"以基本相同的方式，实现基本相同的功能，产生基本相同的效果"的"方式—功能—效果"的三一致检测标准。但是，该检测标准没有明确是整体技术方案在方式、功能、效果方面的等同还是某一具体的技术特征在方式、功能、效果方面的等同。❸ 同时，美国最高人民法院在该案确立三一致检测标准外，还诞生了实质性相同的理论，认为"根据该案的具体情形并考虑有关的技术和现有技术，以锰（非碱土金属）取代镁是否具有可以适用等同理论的性质；或者说是否在这种情形之下的变换是非实质性的"。❹ 因为美国最高人民法院在Graver Tank案没有明确等同判定的具体内容，以致20世纪80年代成立的美国联邦巡回上诉法院在1983年的Hughes Aircraft Company v. Unite States案中提出了整体等同理论，认为在判断等同时，应当将权利要求所要保护的发明作为一个整体来看待；此外，在判断时不仅要将被诉侵权技术方案与专利技术方案进行对比，还需要将被诉侵权技术方案同现有技术方案进行对比，以确定被诉侵权技术方案是更接近现有技术，还是更接近专利技术方案。❺ 由于该案的判决颠覆了传统的做法，导致公众对于是否构成等同侵权无法预测，使权利要求丧失了公示和划界作用，在美国的专利法律界

---

❶ 参见：李明德. 美国知识产权法 [M]. 北京：法律出版社，2014：143.
❷ 参见：尹新天. 专利权的保护 [M]. 2版. 北京：知识产权出版社，2005：376.
❸ 参见：尹新天. 专利权的保护 [M]. 2版. 北京：知识产权出版社，2005：379-380.
❹ 参见：李明德. 美国知识产权法 [M]. 北京：法律出版社，2014：156.
❺ 参见：尹新天. 专利权的保护 [M]. 2版. 北京：知识产权出版社，2005：385.

产生了巨大的争议。为此，美国最高人民法院于 1997 年在 Warner-Jenkinson 案中对等同原则作出了澄清，认为包含在权利要求中的每一个技术特征对于确定专利权的保护范围来说都是重要的，因此等同原则应当针对权利要求中的各个技术特征，而不是针对发明作为一个整体。因此，美国最高人民法院在该案中推翻了联邦巡回上诉法院确立的整体等同理论，从而使等同判断回归到全面覆盖原则的全部技术特征规则。[1]

2. 我国等同侵权判定中的全部技术特征规则

《最高人民法院关于审理专利纠纷案件适用法律问题的若干规定》（法释〔2001〕21 号）第 17 条规定："专利法第 56 条第 1 款所称的'发明或者实用新型专利权的保护范围以其权利要求的内容为准，说明书及附图可以用于解释权利要求'，是指专利权的保护范围应当以权利要求书中明确记载的必要技术特征所确定的范围为准，也包括与该必要技术特征相等同的特征所确定的范围。等同特征是指与所记载的技术特征以基本相同的手段，实现基本相同的功能，达到基本相同的效果，并且本领域的普通技术人员无须经过创造性劳动就能够联想到的特征。"从该条文的文义而言，专利权的保护范围以权利要求明确记载的必要技术特征所确定的范围为准，也包括与该必要技术特征相等同的技术特征。因此，从权利要求解释角度而言，专利权的保护范围包括权利要求明确记载的必要技术特征和与之等同的技术特征。《最高人民法院关于审理侵犯专利权纠纷案件应用法律若干问题的解释》（法释〔2009〕21 号）第 7 条第 2 款规定："被诉侵权技术方案包含与权利要求记载的全部技术特征相同或者等同的技术特征的，人民法院应当认定其落入专利权的保护范围；被诉侵权技术方案的技术特征与权利要求记载的全部技术特征相比，缺少权利要求记载的一个以上的技术特征，或者有一个以上技术特征不相同也不等同的，人民法院应当认定其没有落入专利权的保护范围。"由此可见，我国在专利侵权判定中，等同只是权利要求的一种解释规则，而非独立的专利侵权判定原则，不管是相同技术特征还是等同技术特征，判定是否构成侵权还是坚持全面覆盖原则，即全部技术特征原则。对于权利要求的解释，世界上大致有三种解释方式。其一是中心限定原则。按照这一解释方式，专利制度所保护的

---

[1] 参见：尹新天. 专利权的保护 [M]. 2 版. 北京：知识产权出版社，2005：397.

是某一发明或技术创意,权利要求书所记载的仅仅是该发明的一个事例。因此,在解释权利要求时,不应拘泥于权利要求的文字,可以把中心周围的一些技术特征也能纳入到权利要求的保护范围内。这种解释方式对于保护专利权人的利益显然是非常有利的,弱化了权利要求的公示和划界作用,导致公众无所适从。其二是周边限定原则。根据这一原则,专利权人通过权利要求书的文字记载已经明确了其受保护的周边范围。法庭要做的是只要将具体技术特征中模糊不清的地方解释清楚即可。该解释方式,表明权利要求具有明显的界定作用和公示作用。其三是主题内容限定原则,也称为折中衷原。《欧洲专利公约》对该原则作了比较明确的规定,在其第 69 条规定:"由欧洲专利或欧洲专利申请所赋予的保护程度,应由权利要求的措辞来确定。但是,说明书和附图可以用于解释权利要求。"我国采取的也是这一方式,即将中心限定与周边限定予以折衷。围绕等同侵权的判定是采取整体等同理论还是全部技术特征规则,与权利要求记载的技术特征相等同的技术特征的解释是采取中心限定原则还是周边限定原则或折中衷原,在折中衷原解释时是偏向专利权人还是社会公众等问题,其实质是对专利权人的利益与社会公众的利益进行平衡的结果。因此,一个国家如果在经济增长困难时期,为了振兴经济,快速提高经济发展的速度,需要扩大生产规模,提高就业能力,其知识产权的司法政策就会偏向于社会公众,在专利司法中会严格控制等同侵权的适用,对权利要求进行折衷解释时就会偏向于社会公众。为了应对 2008 年的亚洲金融危机,最高人民法院在 2009 年发布的《最高人民法院关于当前经济形势下知识产权审判服务大局若干问题的意见》要求严格等同侵权的适用条件,探索完善等同侵权的适用规则。坚持发明和实用新型专利权利范围的折衷解释原则,准确界定专利权的保护范围。重视专利的发明目的对专利权保护范围的限定作用,不应把具有专利所要克服的现有技术缺陷或者不足的技术方案纳入保护范围。2011 年 12 月发布的《最高人民法院关于充分发挥知识产权审判职能作用推动社会主义文化大发展大繁荣和促进经济自主协调发展若干问题的意见》提出了宽严适度的知识产权保护司法政策,要求重视专利的发明目的对专利权保护范围的限定作用,不应把具有专利所要克服的现有技术缺陷或者不足的技术方案纳入保护范围。对于创新程度高、研发投入大、对经济增长具有突破和带动作用的首创发明,应给予相对较高的保护强度和较宽的等同保护范围;对于创新程度相对较低的改进发明,应适当限制其等同保护范围。准确把握发明和实用新型专利侵权判定的全部技术特征对比、禁止反悔、捐献等判断规则，继续探索完善等同侵权适用条件。等同侵权应以手段、功能和效果基本相同并且对所属领域普通技术人员显而易见为必要条件，防止简单机械适用等同侵权或者不适当扩展其适用范围。在目前的形势下，最高人民法院要求贯彻知识产权保护的比例原则，要求根据专利权等科技成果类知识产权的创新程度，合理确定保护范围和保护强度，实现科技成果类知识产权保护范围和强度与其创新高度和贡献程度相适应。因此，我国专利司法实践中的等同侵权判定规则虽然坚持全部技术特征规则，但在具体的适用过程中，对等同的适用不是机械的解释权利要求，在根据折衷方式解释权利要求的同时，也要根据发明创造的创新程度和发明的目的确定等同的范围。在根据全部技术特征规则判定等同侵权时，不应机械地理解权利要求中的某一个技术特征必须与被诉侵权技术方案的等同特征一一对应。如果被诉侵权技术方案以某一等同特征替换了权利要求记载的一个以上技术特征，或者被诉侵权技术方案以一个以上的等同技术特征替换了权利要求记载的一个技术特征，这种技术特征的合并或拆分的替换如果是以基本相同的手段，实现基本相同的功能，达到基本相同的效果，并且本领域的普通技术人员无须付出创造性劳动就能联想到的，即符合"手段—功能—效果"基本等同加显而易见条件的，也应认定构成等同侵权。

（二）等同适用中几个问题

1. 禁止反悔规则

《最高人民法院关于审理侵犯专利权纠纷案件应用法律若干问题的解释》第 6 条规定："专利申请人、专利权人在专利授权或者无效宣告程序中，通过对权利要求、说明书的修改或者意见陈述而放弃的技术方案，权利人在侵犯专利权纠纷案件中又将其纳入专利权保护范围的，人民法院不予支持。"这是我国专利司法实践中确定禁止反悔规则的法律依据。当然，禁止反悔理论源于民事诉讼中的禁反言原则。我国 2002 年 4 月 1 日实施的《最高人民法院关于民事诉讼证据的若干规定》第 74 条就规定了诉讼中的禁反言原则。在专利诉讼中确立禁止反悔规则是因为在专利授权、无效程序中，专利权人为了能使自己的权利要求得到授权，与现有技术相比具有新颖性、创造性，从而将一些影响授权的技术方案予以放弃。但是,在专利侵权诉讼中,专利权人为了能使被诉侵权技术方案落入涉案专利权利要求的保护范围,往往会将其在授权、无效程序中放弃的技术方案解释为涉案专利权利要求的等同技术方案,从而扩大其保护范围。禁止反悔规则目的在于限制专利权人将其已经放弃的技术方案解释成等同技术方案而得到保护,但是如果专利权人在授权、无效程序中放弃的技术方案没有得到采纳,也就是说没有产生技术方案放弃的效果,在此情况下是否仍要适用禁止反悔规则,存在争议。为此,《最高人民法院关于审理侵犯专利权纠纷案件应用法律若干问题的解释(二)》第13条规定:"权利人证明专利申请人、专利权人在专利授权确权程序中对权利要求书、说明书及附图的限缩性修改或者陈述被明确否定的,人民法院应当认定该修改或者陈述未导致技术方案的放弃。"

2. 捐献规则

《最高人民法院关于审理侵犯专利权纠纷案件应用法律若干问题的解释》第5条规定:"对于仅在说明书或者附图中描述而在权利要求中未记载的技术方案,权利人在侵犯专利权纠纷案件中将其纳入专利权保护范围的,人民法院不予支持。"以前有些专利文件在撰写过程中,往往会出现将某一项优选技术方案在权利要求书中予以记载,而在专利说明书中在描述权利要求记载的技术方案之余,还会提到其他变换的技术方案,认为也在专利的保护范围之内。当被诉侵权技术方案与权利要求记载的技术方案不同,而与权利要求未记载但在说明书中有描述的技术方案相同或等同时,权利人就会根据专利法有关说明书、附图可以用以解释权利要求的规定,将该在权利要求未记载而在说明书描述的技术方案解释为权利要求记载的技术方案的等同技术方案,从而扩大专利权的保护范围。在以往的司法实践中,不乏这类案件,而且有些法院对该观点也予以支持。为了明确专利权的保护界限,确立权利要求的公示和划界作用,司法解释引入了捐献规则,规定仅在说明书或附图有描述但在权利要求中未记载的技术方案不能解释为权利要求记载的技术方案的等同技术,不能纳入专利权的保护范围。

3. 功能性技术特征的等同判定

功能性技术特征的等同判定属于专利司法实践中的疑难问题。《最高人民法院关于审理侵犯专利权纠纷案件应用法律若干问题的解释》第4条规定:"对于权利要求中以功能或者效果表述的技术特征，人民法院应当结合说明书和附图描述的该功能或者效果的具体实施方式及其等同的实施方式，确定该技术特征的内容。"虽然，该条司法解释规定了功能性技术特征的"实施例加等同"的判定方式，但是由于该规定比较原则，对于司法实践中复杂的功能性技术特征的具体确定是否构成等同还是存在不少问题。为此，《最高人民法院关于审理侵犯专利权纠纷案件应用法律若干问题的解释（二）》第8条第1款规定："功能性特征，是指对于结构、组分、步骤、条件或其之间的关系等，通过其在发明创造中所起的功能或者效果进行限定的技术特征，但本领域普通技术人员仅通过阅读权利要求即可直接、明确地确定实现上述功能或者效果的具体实施方式的除外。"第2款规定："与说明书及附图记载的实现前款所称功能或者效果不可缺少的技术特征相比，被诉侵权技术方案的相应技术特征是以基本相同的手段，实现相同的功能，达到相同的效果，且本领域普通技术人员在被诉侵权行为发生时无须经过创造性劳动就能够联想到的，人民法院应当认定该相应技术特征与功能性特征相同或者等同。"《最高人民法院关于审理侵犯专利权纠纷案件应用法律若干问题的解释（二）》在起草该条功能性技术特征的过程中，争议较大，几易其稿。《司法解释二（公开征求意见稿）》把该条分成3款，其中第2款、第3款规定："与说明书及附图记载的实现上述功能或者效果不可缺少的技术特征相比，被诉侵权技术方案的相应技术特征是以基本相同的手段，实现相同的功能，达到相同的效果，且本领域普通技术人员在专利申请日无须经过创造性劳动就能够联想到的，人民法院应当认定该相应技术特征与功能性特征相同。与说明书及附图记载的实现上述功能或者效果不可缺少的技术特征相比，被诉侵权技术方案的相应技术特征是以基本相同的手段，实现基本相同的功能，达到基本相同的效果，且本领域普通技术人员在专利申请日后、被诉侵权行为发生日以前无须经过创造性劳动就能够联想到的，人民法院应当认定该相应技术特征与功能性特征等同。"《最高人民法院关于审理侵犯专利权纠纷案件应用法律若干问题的解释（二）》第1款所称的功能性特征为纯功能性特征，从而将本领域约定俗成的、具有固定含义的以功能性形式出现的特征排除（如变压器、放大器等），不适用功能性特征的解释规则，而按其固定含义解释。"仅通过权利要求即可直接、明确地确定其技术内容"，主要针对通信领域有关"功能模块"的问题，通过但书将其排除在功能性特征之外，从而解决实践中难以得到应有保护的情况。因为司法解释需要解决的是功能性特征的字面含义，所以，在适用等同时，要求以基本相同的手段，实现"相同"的功能，达到"相同"的效果，而非一般等同原则适用的"基本相同手段，实现基本相同的功能，达到基本相同的效果"。现在《最高人民法院关于审理侵犯专利权纠纷案件应用法律若干问题的解释（二）》把征求意见稿中的第 2 款、第 3 款合并到一款予以规定，并且该条款还包含了功能性特征的相同侵权和等同侵权两种情形。因此，在具体适用该条款时还需要进一步解释何种情形构成相同侵权，何种情形构成等同侵权。因权利要求的含义应当在申请日即已确定，所以，如果被诉侵权技术方案的相应结构、步骤特征是以基本相同的手段，实现了相同的功能，达到相同的效果，而且本领域普通技术人员在专利申请日时无须经过创造性劳动就能够联想到的，应当认定该相应结构、步骤特征与上述功能性特征相同。如果被诉侵权技术方案的相应结构、步骤特征是以基本相同的手段，实现相同的功能，达到相同的效果，且本领域普通技术人员在涉案专利申请日后至被诉侵权行为发生时无须经过创造性劳动就能够联想到的，应当认定该相应结构、步骤特征与功能性特征等同。

第十三章 相同侵权判定可适用禁止反悔原则

张民元[*]

摘　要：禁止反悔原则是一项独立的权利要求解释规则。长期以来，禁止反悔原则被视为限制等同原则适用的工具，在相同侵权判定时不考虑适用禁止反悔原则。在这种理解前提下，必须先考虑有原告的等同侵权主张，才有禁止反悔原则的适用问题。但这样的理解并不符合禁止反悔原则发展的历史，也没有现实的法律依据。司法实践中，只要专利权人将已被限制的内容重新纳入专利权保护范围的，法院在侵权判定时均不应予以支持。即专利权利人在专利授权或者无效宣告程序中，只要曾经作出了影响专利保护范围的修改或意见陈述，在侵权判定中，都可以适用禁止反悔原则，不必以等同原则被提出之后，才考虑禁止反悔原则的适用。

关键词：禁止反悔　相同侵权　保护范围

---

[*] 张民元，浙江素豪律师事务所高级合伙人。最高人民法院知识产权案例指导研究（北京）基地专家咨询委员会专家，第四批国家知识产权高层次人才，中华全国律师协会综合标准化专家工作组组长，中国侨联法律顾问委员会委员，浙江省律协常务理事、业务指导委员会副主任、教育培训委员会副主任。中央政法委主办《中国平安网》平安使者，法制日报与中国律师网联合推出《中国律师故事》新闻人物。策划组建浙江知识产权律师讲师团，连续七年组织浙江全省知识产权宣传巡回演讲，讲师团被授予"浙江省形势政策教育宣传先进集体"；省律协被国家知识产权局等部级单位联合授予"实施国家知识产权战略先进集体"称号。获宁波市人民满意律师、宁波市优秀青年律师、浙江省服务中小企业优秀律师、浙江省优秀公益律师、浙江省知识产权宣传先进个人、浙江省作出积极贡献优秀律师。论文《企业知识产权战略指引》获得全国"十佳知识产权论文奖"，著作《走出驰名商标的误区》《智慧的较量：知识产权战略践行者》获全国知识产权"优秀著作"奖，论文《国际海洋运输中的THC之争》获宁波市一等奖、浙江省二等奖、华东三等奖，论文《从生态环境视角论知识产权制度改革》获省二等奖。

一、案例简介

该案由一系列专利相关的诉讼及非诉讼法律事务组成。

1. 纷争之起

浙江美佳机电科技有限公司（以下简称"美佳公司"）与白桦林（临安）休闲用品有限公司（以下简称"白桦林公司"）均为生产遮阳篷的企业，二者在市场上处于竞争关系。2009年5月，白桦林公司向美佳公司的外国客户发函，称美佳公司正在生产的"遮阳篷的调节器"产品侵犯刘某国（白桦林公司法定代表人）专利号为：200620108937.1（以下简称"涉案专利"）的实用新型专利权，要求客户立即停止下单。客户因担心侵权，随即停止了向美佳公司下单。美佳公司委托律师向外国客户出具了律师意见书，说明涉案专利在申请日前已被美国专利号为：US005273095A的材料所公开，系现有技术，美佳公司的产品并不侵权。故外国客户在得到律师的法律意见后，又恢复了下单，缓解了美佳公司的燃眉之急。

2. 提起无效宣告请求

2009年11月9日，美佳公司以第三方"伍晓明"的名义，向国家知识产权局专利复审委员会（以下简称"专利复审委员会"）提出了专利无效宣告请求，理由为涉案专利与一项专利号为200320114963.1的国内专利相比，不具备创造性、新颖性。2010年4月15日，专利复审委员会作出了第14739号决定，维持专利权全部有效。❶ 随后，美佳公司因不服专利复审委员会的决定，又向北京市第一中级人民法院（以下简称"北京市一中院"）、北京市高级人民法院（以下简称"北京市高院"）提起行政诉讼，均维持专利权有效。

3. 再次提起无效宣告请求

2010年7月20日，因检索到新的专利无效的证据，美佳公司以第三方"范小

---

❶ 中华人民共和国国家知识产权局专利复审委员会无效宣告审查决定书（第14739号）。

虎"的名义，再次向专利复审委员会提起了专利无效宣告请求，理由为专利不具备创造性、新颖性，并提供了对比文件公开号为 US5273095A 的一项美国专利。随后，白桦林公司提交了意见陈述书，认为：与美国专利相比，涉案专利的"孔或槽"为一"长孔"，且能起到支承螺母和为螺母提供水平位移的导向空间两个作用，具有新颖性与创造性。2011 年 1 月 19 日，专利复审委员会作出了第 15972 号决定，认为：虽然专利权利要求没有对"孔或槽"的形状进行限定，但是对于专利中的"孔或槽"来说，并不是任意形状的孔或槽均能实现权利要求（支承螺母、提供水平位移空间）的技术方案并达到其目的，因此权利要求中不能实现的部分应当被排除出该权利要求实际的保护范围，故维持专利全部有效。❶ 随后，美佳公司因不服专利复审委员会的决定，又向北京市一中院、北京市高院提起行政诉讼，均维持专利全部有效。

4. 产品改型

因白桦林公司在专利无效宣告程序中对专利权利要求中的"孔或槽"作了限制性解释，即"孔或槽"为一"长孔"，且能起到支承螺母和为螺母提供水平位移的导向空间两个作用，将不能提供水平位移空间作用的"孔或槽"及其他任意形状的"孔或槽"明确排除在涉案专利权保护范围之外，故美佳公司据此对产品进行了改型，将产品改进为"孔或槽"是紧密结合的，仅起到支承螺母的作用，没有为螺母提供水平位移空间。同时将该改型后的产品申请了实用新型专利。

5. 专利侵权一审、二审

2011 年 11 月 28 日，宁波海关根据白桦林公司的申请，将美佳公司申报出关的含有涉嫌侵害白桦林公司涉案专利权的遮阳篷（以下简称"涉案产品"）共 205 件予以扣留。白桦林公司遂于同年 12 月 8 日向宁波中院提起诉讼，请求判令美佳公司停止制造、销售侵权产品，并赔偿其损失 100 万元。2012 年 5 月 4 日，宁波中院判决驳回白桦林公司的诉讼请求。一审宣判后，白桦林公司不服，向浙江省高级人民法院（以下简称"浙江高院"）提起上诉，2012 年 9 月 5 日，浙江高院判决驳回上诉，维持原判。

---

❶ 中华人民共和国国家知识产权局专利复审委员会无效宣告审查决定书（第 15972 号）。

6. 诉前保全损害赔偿一审

2013年7月3日，美佳公司向北仑法院起诉，要求白桦林公司赔偿因申请宁波海关查扣美佳公司货物造成的巨大经济损失。2014年3月30日，北仑法院判决，白桦林公司错误申请海关扣留出口货物，致使美佳公司受损，应予赔偿滞箱费及堆存费6 973元与担保金的利息损失17 756.02元。

7. 诉前保全损害赔偿二审

白桦林公司不服，向宁波市中级人民法院（以下简称"宁波中院"）提起上诉，认为不属于"错误扣留"的侵权行为。宁波中院认为，依据海关条例的规定，法院判定不侵权的，应依法承担赔偿责任。白桦林公司在申请时向海关交纳担保金的行为就应视为其已明知具有申请不当赔偿损失的风险。申请不当的实质是申请错误，而是否错误关键在于申请人的专利侵权之诉的诉讼请求能否得到生效裁判的支持。申请人在享受保全强制措施利益的同时，也要承担相应的风险。而申请错误的损害赔偿可能，已包含在申请人申请当时的风险之中，也为申请人申请当时所主观明知，这种申请人明知风险而为之的主观状态，受当时侵权结果未定的客观情况所限往往不能预先作出是否具有过错的判定，但当最终判定侵权不成立时，即可确认当时的申请人具有主观过错。故宁波中院于2014年6月22日判决驳回上诉，维持原判。❶

8. 强制执行

判决生效后，白桦林公司未按判决书内容履行义务，故美佳公司于2014年8月22日向北仑法院请求强制执行滞箱费及堆存费6 973元与担保金的利息损失17 756.02元。2014年12月9日，强制执行完毕，美佳公司收到执行款。该案顺利完结。

二、诉辩意见

该案在专利侵权一审阶段及二审阶段中，原告白桦林公司主张被告美佳公司

---

❶ 浙江省宁波市中级人民法院（2014）浙甬知终字第42号民事判决书。

生产的遮阳篷涉嫌侵犯其专利权,遂要求宁波海关将涉案产品予以扣留,并向宁波中院诉讼要求被告美佳公司停止制造、销售侵权产品,并赔偿损失 100 万元。

被告美佳公司答辩称:美佳公司的产品与涉案专利权利所要求的有三处不同,其中一处即为涉案产品的"孔或槽"是紧密结合的,且不存在水平位移空间,而这两项技术特征是白桦林公司在专利无效申请口审及北京市一中院和北京市高院审理过程中均明确表述排除的技术特征,遂以"禁止反悔"原则进行抗辩。宁波中院认同了美佳公司主张的适用禁止反悔原则,认为因白桦林公司在专利无效宣告程序中所作的限制性解释,故权利要求的技术特征中"孔或槽"应限定为能起到支承螺母和为螺母提供水平位移的导向空间两个作用,且孔为一长孔,其限制性解释一是放弃了孔或槽是紧密结合,不能提供位移的情况,二是放弃了孔或槽是除了长孔外其他任意形状,且提供非水平位移空间的情况。涉案产品的孔或槽是紧密结合的,这一技术特征与涉案专利相应技术特征不相同。因此,涉案产品与涉案专利独立权利要求的全部技术特征相比,有一个技术特征不相同也不等同,未落入涉案专利权保护范围。

一审宣判后,白桦林公司不服,向浙江高院提起上诉,称:原判对禁止反悔原则的适用错误,该案不适用禁止反悔原则,且涉案产品与涉案专利的技术特征构成等同。美佳公司予以应诉,答辩称:其一,相同侵权判定可适用禁止反悔原则。禁止反悔原则的宗旨是确保专利权人在专利授权或者维持程序中对权利要求的解释应当一致,其是一项独立的权利要求解释规则,专利权利人在专利授权或者无效宣告程序中,只要曾经作出了影响专利保护范围的修改或意见陈述,在侵权判定中,都可以适用禁止反悔原则,不必以等同原则被提出之后,才考虑禁止反悔原则的适用。其二,禁止反悔原则适用优先于等同原则,在优先适用了禁止反悔原则后,就不能再通过等同原则的适用将放弃的权利再纳入权利保护的范围内。根据禁止反悔原则,白桦林公司放弃了如下的技术特征:一是孔或槽是紧密结合的,二是非长孔状的孔或槽。因此,涉案产品至少有一项技术特征未纳入涉案专利保护范围,不构成侵权。浙江高院认同美佳的答辩意见,判决驳回上诉,维持原判。

三、争议焦点

该案最大的争议焦点在于：相同侵权判定阶段，能否适用禁止反悔原则？

原告主张按照侵权判定一般步骤，从涉案专利权利要求字面上看被告已构成相同侵权，应认定被控侵权产品落入涉案专利权保护范围。

被告主张涉案专利权人曾在无效宣告程序过程中，向国家专利复审委提交了意见陈述书，将涉案专利的"孔或槽"限定为能起到支承螺母和为螺母提供水平位移的导向空间两个作用，而被控侵权产品的"孔或槽"仅起到轴承作用。根据专利权人所作的限制性解释，被控侵权产品的技术特征与涉案专利既不相同，也不等同，故没有落入涉案专利的保护范围，不构成侵权。

四、裁判意见

浙江省宁波市中级人民法院经审理认为，因原告刘某国在涉案专利无效宣告程序过程中对权利要求1第（6）项技术特征中的"孔或槽"限定为能起到支承螺母和为螺母提供水平位移的导向空间两个作用，即将仅能实现支承螺母作用的"孔或槽"明确排除在涉案专利权保护之外。被控侵权产品的"孔或槽"与螺母是紧密结合的，仅起到支承螺母的作用，没有为螺母提供水平位移空间，故被控侵权产品的该项技术特征与涉案专利对应的技术特征不相同。同时，该案侵权诉讼中也不能通过等同原则的适用将其纳入涉案专利权保护范围。综上，被控侵权产品与涉案专利既不相同也不等同，并未落入涉案专利权保护范围，不构成侵权。❶

《最高人民法院关于审理侵犯专利权纠纷案件应用法律若干问题的解释》第6条规定："专利申请人、专利权人在专利授权或者无效宣告程序中，通过对权利要求、说明书的修改或者意见陈述而放弃的技术方案，权利人在侵犯专利权纠纷案件中又将其纳入专利权保护范围的，人民法院不予支持。"宁波市中级人民法院法

---

❶ 宁波市中级人民法院（2011）浙甬知初字第565号民事判决书。

官曾撰文认为：根据《最高人民法院关于审理侵犯专利权纠纷案件应用法律若干问题的解释》第6条的规定并没有把等同侵权原则作为禁止反悔原则的适用前提。只要专利权人将已被限制的内容重新纳入专利权保护范围的，法院在侵权判定时均不应予以支持。至于等同侵权的主张只是专利权人将已被限制的内容重新纳入专利权保护范围的一种手段，并不排除专利权人用其他手段将已被限制的内容重新纳入专利权保护范围。如该案中，原告根据案件的具体情况，主张被告构成相同侵权，实质上即是将其专利权保护范围恢复到其无效审查之前原专利权的保护范围，也是有违诉讼诚实信用原则的行为，应当允许适用禁止反悔原则。即对原告关于被告构成相同侵权的主张，人民法院通过审查无效宣告程序过程中原告对其专利所作的限制性陈述，禁止原告在专利侵权诉讼中反悔，重新把放弃的技术方案纳入专利保护范围。也就是说，只要在审查或者无效阶段，专利权人曾经作出了影响专利保护范围的修改或意见陈述，在专利侵权判定中，都不必以等同原则被提出之后，才考虑禁止反悔原则的适用。❶

据此，法院判决驳回原告刘某国、白桦林公司的诉讼请求。一审宣判后，两原告不服，提起上诉。2012年9月5日，浙江省高级人民法院二审判决：驳回上诉，维持原判。❷

五、法理分析

1. 禁止反悔原则的适用的参考价值

禁止反悔原则是一项独立的权利要求解释规则。长期以来，禁止反悔原则被视为限制等同原则适用的工具，在相同侵权判定时不考虑适用禁止反悔原则。在这种理解前提下，必须先考虑有原告的等同侵权主张，才有禁止反悔原则的适用问题。但这样的理解并不符合禁止反悔原则发展的历史，也没有现实的法律依据。司法实践中，只要专利权人将已被限制的内容重新纳入专利权保护范围的，法院

---

❶ 魏金汉. 相同侵权判定可适用禁止反悔原则——浙江高院判决白桦林公司等诉美佳公司侵害实用新型专利权纠纷案 [N]. 人民法院报，2013-04-01.
❷ 浙江省高级人民法院（2012）浙知终字第189号民事判决书。

在侵权判定时均不应予以支持。即专利权利人在专利授权或者无效宣告程序中，只要曾经作出了影响专利保护范围的修改或意见陈述，在侵权判定中，都可以适用禁止反悔原则，不必以等同原则被提出之后，才考虑禁止反悔原则的适用。

在该案中，通过代理律师的论证与法官的解释，重新考察并探究了禁止反悔原则的发展历史。从禁止反悔原则的立法宗旨的角度，明确了该原则应是一项独立的解释规则，不必以等同原则提出为前提，在相同侵权判定阶段也可适用。该案将具体的案件与抽象的法律原则相结合，对法律原则进行了主观的解释，对之后的法院裁判有了参考的价值。之后，该案入选了《人民法院报》2013 年 4 月 4 日期的"案例指导"板块，进一步扩大了该案的社会影响，一方面对社会群众以及企业单位进行了知识产权的宣传，另一方面也使更多的法官同人、律师同人能够更好的理解并在实践中运用禁止反悔原则。

2. 商业竞争中知识产权武器的启示作用

现代社会，商业竞争愈加激烈，商场犹如战场，而知识产权就是企业手中最好的武器，合理运用知识产权，利用专利战略武装自己，通过技术的改进突破对方的专利封锁，从而超越对手。该案中，美佳公司就是合理利用了知识产权武器，对遮阳篷这一产品的技术进行改进，不仅保住了国外客户，更是扩大了生产，在商业竞争中有了优势。因此，对企业的发展与竞争来说，并不只依赖人力与资金，更重要的是要重视知识产权，不断的技术革新，保持创新力，打破对方的专利壁垒，从而击垮对方。企业要牢固树立知识产权战略意识，并贯彻到创造、运用、管理、保护的所有环节，这样才能在激烈的商业竞争中处于不败的地位。

第十四章 权利人申请相似专利对于侵权判定的影响
——金丰公司诉梅西公司侵害外观设计专利权纠纷案评析

严宁荣[*]

摘　要：权利人在取得涉案外观设计专利后又申请了相似专利的，在进行侵权判定时应当对于上述专利的区别部分进行重点关注，涉案专利与被诉侵权专利产品在整体观察、综合判断时应当根据该类产品的使用特点，权衡各部分对产品外观设计整体视觉效果产生的影响。

关键词：外观设计　相似专利　侵权判定

一、案例简介

原告（被上诉人）：余姚市金丰电器有限公司（以下简称"金丰公司"）。

被告（上诉人）：宁波市梅西照明电器有限公司（以下简称"梅西公司"）。

2014年9月1日，金丰公司一纸诉状，将梅西公司告到了宁波市中级人民法院。其诉称：张某锋系专利号为ZL201030185844.0的工作灯外观设计专利权人，2013年5月，张某锋与金丰公司签订合同授权原告独占实施该专利。2014年，金丰公司发现梅西公司实施侵权行为，于是要求法院责令其停止侵权、赔偿损失230 700元。宁波市中级人民法院经审理后查明：张某锋于2010年6月1日向国家知识产权局申请名称为"工作灯（JF701）"的外观设计专利，专利号为

---

[*] 严宁荣，国浩律师（宁波）事务所合伙人，宁波市律协知识产权专业委员会副主任。

ZL201030185844.0，该专利至今有效。

宁波市中级人民法院于2014年10月24日判决：梅西公司立即停止侵害金丰公司公司独占实施许可享有的专利号为ZL201030185844.0的工作灯外观设计专利权，即立即停止制造、销售、许诺销售侵害该外观设计专利权的产品，并于判决生效后10日内销毁库存侵害该外观设计专利权的产品；梅西公司赔偿金丰公司损失100 000元。

宣判后，梅西公司不服并向浙江省高级人民法院上诉称：被诉侵权产品与涉案专利在上部照明部分、灯头、背面及底部均有不同，不构成侵权。且金丰公司曾于2013年5月21日申请"工作灯（JF706）"外观设计专利，该专利与涉案专利的最大区别是灯头及灯体上半部的照明区域是否有灯珠，可见被上诉人也自认照明区域的设计差异对于工作灯的整体视觉效果会产生重大影响。

浙江省高级人民法院于2015年1月12日作出终审判决：撤销浙江省宁波市中级人民法院（2014）浙甬知初字第217号民事判决；驳回金丰公司的全部诉讼请求。

二、诉辩意见

梅西公司向浙江省高级人民法院上诉称：被诉侵权产品与涉案专利在上部照明部分、灯头、背面及底部均有不同，不构成侵权。且金丰公司曾于2013年5月21日申请"工作灯（JF706）"外观设计专利，该专利与涉案专利的最大区别是灯头及灯体上半部的照明区域是否有灯珠，可见被上诉人也自认照明区域的设计差异对于工作灯的整体视觉效果会产生重大影响；浙江省宁波市中级人民法院认定梅西公司有制造、销售、许诺销售被诉产品的行为没有事实依据；浙江省宁波市中级人民法院判赔额过高。请求二审法院依法改判驳回金丰公司一审的各项诉讼请求。

涉案专利与被诉侵权专利产品均是工作灯类产品，在整体观察、综合判断时应当根据该类产品的使用特点，权衡各部分对产品外观设计整体视觉效果产生的影响。将被诉侵权产品与涉案专利比较，二者的相同点为：均是由上部照明部分和下部握手部分组成的外形呈长方体的工作灯，顶部均是椭圆形顶灯设计，底部均有椭圆形可旋转式支撑底座，背部均有挂钩和电池安置盒，正面中间均有八边形开关按钮，上部照明灯罩的形状均为矩形。二者的区别点为：①被诉侵权产品的顶部由五颗灯珠组成，而涉案专利的顶部则是由一整片发光体构成；②被诉侵权产品上部照明部位的矩形照明灯罩内有 4×9 呈等距离分布的 36 颗灯珠排列，而涉案专利的照明部位则显示为一矩形灯罩的斜面产生的两条平行折线；③被诉侵权产品的底部有两个圆形装饰片，而涉案专利的底部则是两个圆形充电孔。

通常，工作灯类产品外观整体系由上部照明和下部握手两部分构成，照明灯罩的形状为矩形，背部设有折叠挂钩。由于上述设计系此类工作灯产品的惯常设计方式，因此，在进行是否相同或近似判断时，对于上述设计特征应当不予考虑或较少考虑。此外，虽然工作灯类产品的照明区域的设计特征在其开启照明的使用状态下难以辨识，但是由于照明区域在产品外观整体中占据了 1/2 的比例且使用了透明罩体，因此，一般消费者在购买或使用时必然会透过透明罩体对照明区域施以特别注意。涉案专利的照明区域是一整片发光体，而被诉侵权产品相应部位的照明区域则是由若干颗灯珠有序排列组成，二者之间这种明显的区别足以导致产品在整体视觉效果上产生显著影响。再者，将权利人为余姚公司，设计人为张某锋的"工作灯（JF706）"外观设计专利与涉案专利相对比，两者的主要区别亦在于照明区域是否体现出灯珠排列的设计，可见对于宁波公司关于灯具产品在照明区域是否有灯珠排列的设计特征会对产品的整体视觉效果产生显著影响的主张，余姚公司亦通过其申请"工作灯（JF706）"外观设计专利的行为体现了同样的意思表示。于此同时，涉案专利与被诉侵权产品在底部存在的明显区别也对二者的整体视觉效果产生了一定的影响。

金丰公司答辩称：被诉侵权产品和涉案专利构成近似。落入涉案专利权的保护范围；梅西公司是专门制造、加工灯具的企业，且其在原审时已经自认有 1 000 个库存产品，同时也没有提供合法来源，所以其存在生产被诉侵权产品的行为；从侵权行为的性质等因素考虑，原审判决法定赔偿 10 万元合理，请求二审法院驳回上诉，维持原判。

三、争议焦点

被诉侵权产品是否落入涉案专利的保护范围。

四、裁判意见

浙江省宁波市中级人民法院认为：被诉侵权设计与涉案专利的外观设计均为照明用的工作灯，两者均主要由上部照明部分和下部握手部分组成，并在上部照明部分的顶端有椭圆形顶灯，两侧中间各有一个圆形构件，可支撑上下两部分旋转成一定角度，两者存在的差异主要为：被诉侵权设计的上部照明部分的长方形灯体为36个小LED灯呈4×9等距分布，而涉案专利此处呈现有两条折线的长方形灯罩；被诉侵权设计的椭圆形顶灯灯头由5个呈2-1-2排列的小LED灯，专利此处则为显示内部发光灯头；涉案专利背面上部中心位置有一个圆形小孔，而被诉侵权产品无此设计。因涉案专利设计要点主要体现在形状、图案及其结合，而经整体观察，上述区别特征在被诉侵权设计与涉案专利外观设计比对中所占的视觉比重不足以对整体的视觉效果上造成实质性的差异影响，而且两者上部照明部分和下部握手部分的形状、图案及结合均大体相同，以一般消费者的知识水平和认知能力进行观察，两者均构成相近似，故被诉侵权设计落入涉案专利的保护范围。

浙江省高级人民法院认为：被诉侵权产品与涉案专利既不相同也不近似，未落入涉案外观设计专利权的保护范围。上诉人宁波某照明电器有限公司的上诉理由和请求部分成立，依法予以支持。原判认定事实不清，适用法律错误，实体处理不当，应予纠正。

五、法理分析

所谓"专利不侵权抗辩"，就是说涉案产品没有落入原告专利的保护范围，看似只有短短的几个字，实际操作起来却有很大的工作难度。侵权判定的基本原则是全面覆盖原则，被告抗辩不侵权的，应证明侵权产品缺少了权利要求中的必要的技术特征或侵权产品的技术特征与专利权利要求的必要技术特征实质上不同也不构成等同。要完成此项证明任务，被告只需根据原告提供的专利权利要求与侵权产品进行比较，就可得出结论，因此此种抗辩情形被告无须提供证据。第二种情形是被告以禁止反悔原则主张不侵权。为了证明原告反悔，被告应举证原告在专利申请或无效过程中，向国家知识产权局或专利复审委员会作出的意见陈述书或其他专利相关的文件中对其专利权利要求书或说明书作出了某种限缩性的解释。但在专利侵权诉讼中，原告却主张适用等同原则对被告的侵权行为作出认定，试图扩大了专利权的保护范围。而这样作对被告不利，对社会公众也不利，且不符合诚实信用的原则，因此是为专利司法所不准的。为此被告应详细的了解专利所有文档。跟前述专利登记薄副本一样，任何人都可以向国家知识产权局提出申请，请求复制专利文档。因此专利侵权诉讼案，被告在收到原告的诉状后，首先要做的就是向国家知识产权局申请复制涉案专利文档。

在该案中，金丰公司曾于2013年5月21日申请"工作灯（JF706）"外观专利设计，该专利与涉案专利最大的区别是灯头及灯体上半部照明区域是否有灯珠，可见金丰公司也自认为照明区域的设计差异对于工作灯的整体视觉效果会产生重大影响。二审中，梅西公司的代理律师提交了以下证据：①专利号为ZL201330193680.X的"工作灯（JF706）"外观设计专利文献一份，该专利权利人为金丰公司，申请日期为2013年5月21日；②专利号为ZL201230550972.X的"工作灯（HX-8810）"外观设计专利文献一份，该专利权人为案外人李某，申请日期为2012年11月14日。上述证据共同证明工作灯照明区域的不同设计，对其整体视觉效果具有显著影响。经质证，被上诉人金丰公司对于上述证据①、②的真实性、合法性均无异议，但认为该两外观设计专利的授权时间晚于涉案专利，与该案无关联性。二审法院另查明，2013年10月13日，国家知识产权局就涉案专利出具的外观设计专利权评价报告作出认定："根据检索到的现有设计状况来看，工作灯类产品整体由上部照明部分和下部手握部分构成，照明灯罩的形状为矩形，背部设有折叠挂钩的设计较为常见，对于工作灯类产品的一般消费者而言，会更关注工作灯整体形状、正面、背面、侧面以及底部的具体形状和图案设计变化。"从而二审法院认为，由于被诉侵权产品与涉案专利在灯头和灯体上半部照明区域存在的显著差别，应认定被诉侵权产品与涉案专利之间存在实质性差异，未落入涉案专利的保护范围。由此可见，权利人在取得涉案外观设计专利后又申请了相似专利的，在进行侵权判定时应当对于上述专利的区别部分进行重点关注，涉案专利与被诉侵权专利产品在整体观察、综合判断时应当根据该类产品的使用特点，权衡各部分对产品外观设计整体视觉效果产生的影响，从而作出正确的评价。

第十五章　外观设计专利侵权取证问题浅谈

袁　芳*

摘　要：在外观设计专利侵权案件中，取证是关键，证据及证据链的完整严密对于案件的胜诉概率影响巨大。本文就外观设计专利侵权取证中所需注意点进行浅显地分析及论述。相比较权利人而言，代理律师的办案经验、专业性、技巧性与阅历，对于取证的方向与范围的把握往往更为精准。权利人为了让取证所得的证据效力更高，委托公证机关进行公证证据保全的方式显得尤为重要。同时在取证中，我们还要做好前期基础调研工作，比如营业场所所在地、取证地区的经营模式、侵权比对等。最后，就是关于主体资格审查的问题，我们需要严格把控，否则会因被告主体不适格而败诉。

关键词：取证　证据保全　外观专利　侵权

随着人类物质文化生活水平的不断提高，人们在购买商品时除了注重其质量和性能外，越来越多地把注意力转移到商品外形的设计美观方面。由于外观设计

---

* 袁芳，女，1971年7月出生，中共党员，籍贯江西省丰城县。1994年7月毕业于西北工业大学飞行器制造工程（模具设计与制造）专业，2005年6月毕业于宁波大学法学专业，2006年9月取得律师执业资格，从事专职律师工作已经十多年，现为三级律师、北京盈科（宁波）律师事务所合伙人律师，宁波仲裁委员会仲裁员。袁芳律师承办了大量的各类诉讼案件，诉讼经验丰富，她从自己的实际出发，综合自身优势（理工科和法学的教育背景以及10年的企业工作经历），发挥自身长处，致力于研究与企业相关的知识产权法律，并顺利获得专利代理人资格，曾为中国（宁波）知识产权维权援助中心专家，现为宁波市知识产权纠纷人民调解委员会人民调解员。她长期坚持为弱势群体服务做好法律援助案件，因办案认真负责曾被评为宁波市法律援助工作先进个人和浙江省法律援助工作先进个人等行业荣誉称号。

能为工业产品生产者带来显著的经济效益,因此,近年来我国外观设计专利的申请量呈飞速增长态势。与此同时,各民事主体之间发生的外观设计专利侵权纠纷不断增多。由于对被告往往很难确定具有法律意义上的诉讼主体资格,而且被告为了避免法律制裁,流动性较大,警惕性较高,给外观设计专利侵权纠纷案件的取证带来较大的困难。因此,结合民事诉讼的需要,就外观设计专利侵权纠纷案件中有关取证中存在的问题进行简要的论述。

一、案例简介

原告宁波市江北凯豪装饰玻璃厂(以下简称"凯豪玻璃厂")在国内装饰玻璃行业中享有盛誉。凯豪玻璃厂由厂长费某府牵头组建了一支研发团队设计装饰玻璃图案,并以凯豪玻璃厂名义申请了装饰玻璃(旧梦)等多项外观设计专利。原告凯豪玻璃厂的专利产品外观新颖,图案独特,风格突出,所以推向市场后不仅深受广大用户的欢迎,而且不断有企业仿冒。

原告凯豪玻璃厂在经营过程中发现被告赵某峰(系苏州市相城区黄埭镇东桥苏乐美玻璃店店主)未经原告许可,销售仿冒原告外观设计专利产品的装饰玻璃,足以使消费者产生误认和混淆,严重影响了原告品牌的声誉和经营活动,致使原告销售量呈直线下降趋势,给原告造成了较大的经济损失。原告为了制止被告的侵权行为,委托代理人至被告处购买侵权产品,取得了购物详单及名片,当地公证处对上述购买行为进行公证,出具了公证书。

原告经公证证据保全固定证据,于2012年12月24日将被告诉至法院。原告诉称:2011年6月22日,原告向国家知识产权局申请装饰玻璃(旧梦)的外观设计专利,于2012年1月4日获得授权,专利号为ZL201130186539.8。被告未经原告许可,销售仿冒原告外观设计专利产品的装饰玻璃,给原告造成较大经济损失。故请求法院判令被告:①立即停止侵害原告专利权,即停止销售侵权产品;②赔偿原告经济损失30 000元(包括原告为制止被告侵权行为所支付的合理开支)。被告未答辩,亦未到庭参加诉讼。

二、争议焦点

（1）被告赵某峰销售的产品是否落入涉案专利的保护范围，侵害了涉案外观专利专利权？

（2）若被告赵某峰实施了侵害涉案外观专利权的行为，需要承担何种民事责任？

三、裁判意见

经法院调查核实相关事实及证据，法院认为原告作为涉案专利的专利权人，该专利现行有效，其合法权利应受到法律的保护，涉案外观设计专利产品为装饰玻璃，被诉侵权产品也为装饰玻璃，两者属于相同种类产品且设计在视觉效果上无明显差异，属相同的外观设计，被诉侵权产品已落入涉案专利权的保护范围，侵害了涉案外观设计专利权，同时，被告赵某峰未经专利权人许可，擅自销售、许诺销售涉案外观设计专利的玻璃产品，且无合法来源证明，其依法应承担相应的民事责任，被告经法院合法传唤未到庭，视为放弃抗辩的权利，应依法承担停止侵权、赔偿损失的民事责任，遂判决被告立即停止销售侵害专利权的装饰玻璃，支付原告10 000元的经济损失。❶

四、法理分析之在取证中应注意的问题

（一）委托专业律师取证

由于知识产权案件专业性较强，由权利人自行取证，对取证的方向和范围的把握准确度会有一定的难度。故该类案件应聘请专业律师来进行合法维权。律师是专门从事法律工作，以向社会提供法律服务为职业。律师不仅具有丰富的法律

---

❶ 江苏省苏州市中级人民法院（2013）苏中知民初字第0008号民事判决书。

知识,且具有丰富的办案经验和熟练的诉讼技巧,能在不同的诉讼阶段为当事人作出合法、合理、适当的选择和维权。在该案中,律师调查取证要比当事人调查取证方便得多,收集证据的范围也更加广泛、精确。在取证过程中,原告代理人对时间、地点安排清楚,购买侵权产品时要求对方出具购货清单及签名或盖章,获取了对方的名片,抓住了证据的重点,在后面诉讼时能够做到事半功倍。在司法实践中,法官往往也会对律师合法途径取得的证据予以充分认可,更有利于权利人的利益维护。

(二) 委托公证机关进行证据保全

公证机关的法定业务之一便是"保全证据"。公证证据公信力较高,具有推定为真的效果。《民事诉讼法》第69条规定:"经过法定程序公证证明的法律事实和文书,人民法院应当作为认定事实的根据,但有相反证据足以推翻公证证明的除外。"公证机关对证据进行保全,其效果与法院依职权所进行的保全,是完全相同的法律效果。在民事诉讼前,当事人能够委托公证机关收集、保全证据,是一个做好诉前准备的有效措施。

(三) 主体资格审查

1. 大部分涉嫌侵权生产商或销售商不具有法律上的主体资格,没有领取工商营业执照

取证的前期准备过程中,最主要的工作为调查涉嫌侵权的生产商或销售商是否办理了工商营业执照,企业性质为个体工商户或者是公司。如果其没有办理营业执照,在不能准确确认其自然人的身份信息时,直接将其诉至法院,若对方对全部事实都予以否认,我们会面临败诉的风险。这种情况下,因其没有办理营业执照,属于违法经营行为,可以先到涉嫌侵权的生产商或销售商所在地工商行政管理部门举报其非法经营的行为,从而确定其自然身份信息或者利用其补办的工商登记信息确定其侵权主体身份。另外也可以到管理专利工作的部门投诉,确定其自然人身份信息。对专利侵权行为,管理专利工作的部门有权责令侵权行为人停止侵权行为、责令改正等,管理专利工作的部门应当事人的请求,还可以就侵犯专利权的赔偿数额进行调解。

2. 实际经营地与工商注册地不符

在实践中，还存在一种情形，即虽然侵权生产商或销售商办理了工商执照，但其实际经营地与工商注册地不符，侵权生产商或销售商的经营场所通常为较偏远闲置的仓库，而其工商注册地点可能是建材市场或商业街区，且经营处没有招牌或广告，如在这种情况下代理律师盲目的取证，会增加诉讼风险，即无法证明被取证单位系被告，保全的证据存在瑕疵，同时证明力不足，也同样会增加败诉的风险。

（四）做好前期调查准备工作

1. 客观方面

侵权生产商或销售商的生产经营方式较灵活，对经营场所的要求不高，只要场地宽敞、封闭性好即可，且搬迁较容易，造成了店面流动性较大，前期调查困难重重。所以，代理律师虽然前期完成了调查工作，但是在与公证人员正式一起去做证据保全时，还应当对其营业场所进行确认，做到万无一失。

2. 主观方面

侵权生产商或销售商在装饰玻璃行业中已形成固定的商业模式，交易主体大部分为老客户或老客户介绍，极少数单独客户到店采购。在取证实践中，侵权生产商或销售商警惕性较高，均不销售产品给散客，这就要求代理律师在取证之前做好充分的准备工作，了解清楚欲取证地区的经销模式，找到介绍人，取得侵权生产商或销售商的充分信任，否则在证据保全时易遭到拒绝，一方面，会打草惊蛇，让侵权生产商或销售商有了应对准备，想要再次取证可以说是难上加难；另一方面，前期调查及公证的费用，即前期投入的人力、财力、物力也会付诸东流。

3. 侵权比对工作

"侵权比对工作"是外观设计专利侵权纠纷案件中的重中之重，是"是否启动证据保全"的前提条件。该案中，原告代理人在证据保全前，已事先通过第三方拿到被告的宣传画册。原告代理人将被告涉嫌侵权的玻璃图案与原告的专利外观设计进行书面比对，发现二者均包括中间由若干椭圆形组成的类似花朵的图案，部分椭圆形内镶嵌有实心或空心的椭圆形，在该中间区域的外侧具有由直线条组成的三个区域，在三个区域的中间区域里有带状体，在带状体上分布有椭圆，椭圆形内镶嵌有实心或空心的椭圆形。两者椭圆及带状体相对应部位的形状、位置、走势等设计均一致，整体视觉效果无差异。原告代理人通过以上比对，初步判断二者系相同的设计，被告涉嫌侵害原告的外观设计专利权。原告代理人在得出上述结论后，开始正式启动证据保全工作。

综上所述，无论是当事人自己或者律师在取证过程中都应制定好详细周全的取证方案，做好前期的调查准备工作，在诉讼中才能占领优势地位，为案件的胜诉提供坚实的基础，从而实现调查取得的证据形成严谨完整的证据链，确保在被告缺席庭审时，法院仅依原告的举证而判决原告胜诉。

第三编

互联网领域反不正当竞争问题研究

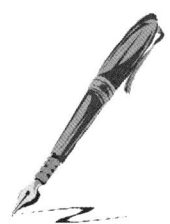

第十六章 畅想公司与中源公司、中晟公司商业诋毁、虚假宣传、关键词竞价排名案

吕甲木[*]

摘 要： 最高人民法院在畅想公司与中源公司、中晟公司不正当竞争纠纷案中认为以不正当竞争获取商业机会、挤垮竞争对手为目的，通过中晟公司的员工向畅想公司的潜在客户发送电子邮件，捏造、散布虚伪事实，损害了畅想公司的商业信誉、商品声誉，构成了对畅想公司的商业诋毁。判断畅想公司是否具有原告主体资格，需结合该案具体案情并根据《民事诉讼法》第119条和《反不正当竞争法》第2条第2款的规定综合考虑。中源公司、中晟公司将具有直接竞争关系的具有一定知名度的畅想公司的企业名称和字号设置为后台关键词没有任何正当理由，另外在搜索结果中首位出现"富通天下"广告推送，极有可能吸引相关公众的注意力，诱导相关公众去点击中源公司、中晟公司的网站，增加该网站的点击量，从而给该两公司带来潜在的商业交易机会，也使畅想公司失去了潜在的商业交易机会，损害畅想公司的利益。

关键词： 商业诋毁 虚假宣传 关键词竞价排名 商业机会

---

[*] 吕甲木，浙江海泰律师事务所合伙人、知识产权部主任，兼任最高人民法院知识产权案例指导研究（北京）基地专家咨询委员会专家、宁波市律师协会知识产权委员会主任、宁波市法学会知识产权法学研究会副会长、中华全国律师协会知识产权专业委员会委员、宁波市知识产权纠纷人民调解委员会调解员。曾获"浙江省知识产权宣讲活动先进个人""宁波市十佳律师"等荣誉。承办的案件多次入选全国法院50大知识产权典型案例，以及浙江法院、宁波法院十大知识产权保护案件。撰写的论文曾分别被评为2011年、2013年、2015年、2016年全国知识产权律师年会十佳论文。

一、案例简介

中源公司于 2003 年成立，中晟公司于 2011 年成立，两公司为关联企业，登记的经营范围均包括软件的研发、销售、维护，主要从事"富通天下"系列外贸管理软件的研发、销售与服务。2005 年，经国家工商行政管理总局商标局核准，中源公司注册了第 3736662 号"富通天下"商标，核定使用商品为第 9 类计算机程序等。

畅想公司于 2001 年 11 月成立，经营范围包括电脑软件开发、批发、零售，电脑、网络设备批发、零售、安装、维护、网页设计、计算机技术咨询、技术服务、企业管理咨询、市场营销策划，主要从事外贸管理软件的研发、销售、服务等，其产品和服务为"畅想"系列外贸管理软件。

2014 年 5 月，中晟公司发现畅想公司员工在一个影响较大的 QQ 群发表《畅想与富通（公司和软件）对比》等 PPT 文件，同时将这些文章发送给其公司客户，并通过新浪微博推荐阅读。在这些文章中，出现了"富通（X 通）估计应是同行中口碑最差，无所不用其极，攻击性很强，缺乏底蕴"等语句。中源公司和中晟公司发现这些文章后，认为畅想公司使用虚构、捏造、污蔑的语句，诋毁其产品与服务。2014 年 6 月 26 日，中源公司、中晟公司以畅想公司进行商业诋毁为由，向宁波市中级人民法院（以下简称"宁波中级法院"）提起诉讼，要求法院判令对方停止诋毁行为，在媒体上赔礼道歉，赔偿损失 300 万元。

当中源公司、中晟公司以畅想公司存在商业诋毁为由提起诉讼后，畅想公司于 2014 年 8 月 13 日也向宁波中级法院提起了诉讼，起诉中源公司和中晟公司涉嫌不正当竞争行为，要求两公司停止侵权，赔礼道歉，赔偿损失 100 万元、其他合理费用 61 100 元。主要涉案事实为：①汉造公司林某向畅想公司员工的邮箱转发了中晟公司员工施某发给其的邮件，邮件主题为"关于畅想软件"，邮件内容的上方有"富通天下"的标识，邮件内容包括"后台前置型积木化平台，畅想要加字段报表怎么办？交钱，不交钱没有，报表多少一张？700！这是绑架客户"；"这几年全国各地畅想用得不好的，换成富通的不是几家而是上百家了"等措辞。②中晟公司在 QQ 群里发布《受理案件通知书》《民事起诉状》。在《民事起诉状》中，中源公司、中晟公司称畅想公司在互联网上上传双方优劣对比的文章，认为该行为对其构成商业诋毁，向其提起诉讼，要求其赔偿 300 万元经济损失并登报致歉、消除影响。③中源公司和中晟公司的官方网站宣称"富通天下作为中国最大的外贸管理软件服务品牌、国家科技部唯一基金立项的外贸管理软件"；"富通天下成为目前市场上最成熟、易用性最好的外贸管理系统"；"中源公司是中国最大的外贸管理软件服务提供商"等最高级形容词宣传自己的公司和产品。④在百度网站搜索栏中输入"宁波畅想软件开发有限公司"，点击"百度一下"，搜索结果左侧第一条标题为"富通天下外贸管理软件"，旁边标注"推广链接"，标题下方为"富通天下"的商标，同时载明："中国外贸管理软件领导者！12 年历史沉淀，全国百万外贸人的专业选择！软件—外贸软件—外贸 cm—外贸 erp-外贸客户管理系统，www.joinf.com"。该搜索结果左侧第 3 条（自然搜索结果第一条）显示为"宁波畅想软件有限公司，外贸软件，外贸管理软件，外贸 ERP"。百度公司向法院复函称：中源公司自 2013 年 1 月 1 日至 2014 年 8 月 31 日提交的以"畅想软件""宁波畅想软件开发有限公司"作为关键词的推广结果点击量为 452 次，消费价格为 1 706.74 元。

二、诉辩意见

（一）关于中源公司、中晟公司指控畅想公司商业诋毁案

中源公司、中晟公司认为：①畅想公司员工系在表明自身员工身份的情况下进行发送、上传、推荐涉案文章，文章内容本身即为畅想公司的官方营销宣传稿，而行为目的即为了在与其直接竞争中获取竞争优势，畅想公司系最终的获益者，故应认定畅想公司员工的涉案行为系职务行为。②涉案文章的内容大量涉及对其产品进行负面评价，严重贬损其商业信誉和商品声誉，构成商业诋毁。畅想公司辩称：①其从未授权任何员工通过 QQ 上传、发送或通过新浪微博推荐涉案文章，其对员工的涉案行为并不知情，其作为用工单位无力控制员工的个人行为，原判将之认定为职务行为不当。②涉案文章中个别用词虽有不当之处，但描述的内容基本属实，且有据可循，其不存在捏造、散布虚伪事实，亦未对中源公司、中晟

公司的商业信誉和商品声誉构成损害,不构成商业诋毁。③中源公司、中晟公司因索赔金额高致维权成本过高;其在收到原审法院应诉材料当日即删除所有涉案文章,涉案行为持续时间较短,影响较小;中源公司、中晟公司在提起该案诉讼后即在各QQ群、论坛上大范围上传起诉状和原审法院受理通知书,虽自认系为消除影响,但实以诉讼为手段达成商业营销、宣传之目的,以抢占其客户,谋取不正当利益。

(二)关于畅想公司起诉中源公司、中晟公司不正当竞争纠纷案

畅想公司认为:①中晟公司员工在发给其客户的邮件中声称"畅想的报表是要钱买的,这是绑架客户"等语句属于捏造事实,涉嫌商业诋毁。②中源公司、中晟公司在QQ群发布其起诉畅想公司的起诉状和法院受理案件通知书,属损害竞争对手的商业诋毁行为。③中源公司、中晟公司在其官方网站称"富通天下作为中国最大的外贸管理软件服务品牌、国家科技部唯一基金立项的外贸管理软件"等用最高级形容词进行宣传构成虚假宣传。④中源公司、中晟公司在百度搜索推广后台将"畅想软件""宁波畅想软件有限公司"作为搜索关键词侵害了其企业名称权,目的在于以不正当手段获取市场交易机会,构成不正当竞争。

中源公司、中晟公司辩称:①两被告的相应宣传内容均有事实依据,原告没有证据证明被告的所谓"虚假宣传内容"足以造成相关公众误解以及对其造成了直接损害,故其不具有主张被告虚假宣传民事责任的原告主体资格;②两被告上传《民事起诉状》和《受理案件通知书》是作为受害人为了减少损失而采取的止损措施,不是对被告产品和服务的宣传,不属于反不正当竞争意义上的虚假宣传行为和商业诋毁行为;③两被告对汉造公司员工转发的邮件真实性不予认可;④百度搜索输入"宁波畅想软件有限公司""畅想软件"后的搜索结果中出现被告"富通天下"软件推广结果是百度网站基于关键词的质量度、匹配方式和出价等综合权重因素予以排名推广的结果;关键词是为了在储存大量的信息的数据库中方便搜索、检索信息之用的索引词,其本质是技术性的公众资源,任何人均无权垄断,使用他人商标或字号等文字作关键词的行为本身并不违法,且被告在后台秘密状态下使用涉案关键词属于商业秘密,"畅想"不是原告的注册商标,也非知名字号,在向公众公开的搜索结果中,被告的创意标题、描述内容和链接网址

均无原告权利内容，不会造成相关公众的误认，也未对原告造成直接损害，不构成不正当竞争。

三、争议焦点

①互联网背景下的商业诋毁的认定是否需要具备向不特定的人散布的要件；②虚假宣传民事侵权中原告主体是否适格的认定；③作为受害人正当自力救济及止损措施的范围和界限；④搜索推广竞价排名中在后台使用他人企业名称，但搜索结果未造成混淆的情形是否构成不正当竞争。

四、法院裁判

（一）关于中源公司、中晟公司起诉畅想公司商业诋毁案

一审法院认为：在QQ群和新浪微博发表涉案文章的四人均为被告员工，且在互联网上表明了其身份，其上传或推荐的文章内容均涉及畅想软件和同类软件的对比分析，其目的是为了推广被告的软件产品和服务，涉及畅想公司的利益，涉案文章是通过畅想公司网站上的客服QQ传递或发表在企业参与的QQ群中，故应当认定其行为体现畅想公司的意志，系代表畅想公司的职务行为，应由畅想公司对上述行为承担相应的责任。二审判决维持一审判决。❶

（二）关于畅想公司起诉中源公司、中晟公司不正当竞争纠纷案

1. 关于中晟公司员工施某发给潜在客户的邮件的行为是否构成商业诋毁的认定

一审法院认为中晟公司员工施某的邮件内容仅凭主观猜测，系捏造、散布虚伪事实；通过将畅想公司与中晟公司、中源公司进行优劣对比，以贬损畅想公司的方式来强化中源公司、中晟公司的产品和服务优势，其目的是削弱畅想公司的

---

❶ 参见：宁波市中级人民法院（2014）浙甬知初字第144号民事判决书。

竞争力，提升自己在市场上的占有率，该行为对中源公司、中晟公司的商业声誉和商品声誉造成损害，构成商业诋毁。该邮件从内容来看，是为了推广"富通天下"软件的商业目的和两被告的商业利益，施某发送该邮件的行为应视为职务行为，而非单纯的私人通信。❶

二审法院认为，《反不正当竞争法》第 14 条规定，经营者不得捏造、散布虚伪事实，损害竞争对手的商业信誉、商品声誉。据此规定，商业诋毁的构成要求行为主体应限定为经营者，且行为对象系其竞争对手，行为人应具有损害竞争对手商誉的故意，客观上行为人系通过编造虚假信息，或是对真实状况加以歪曲，构成虚伪事实，进而将所捏造的虚伪事实以各种方式向不特定的多数人或者特定的共同客户或同行业的其他竞争者进行传播，对竞争对手的商业信誉和商品声誉造成损害。中晟公司员工施某在将涉案邮件发送给汉造公司员工林某后，后者转发给畅想公司，施某发送邮件的行为实为代表公司的商业营销行为，并非纯粹的私人间通邮，畅想公司亦未以非法途径获取该邮件。就该邮件内容而言，包含有富通天下相对于畅想软件的六大优势，畅想公司绑架客户、上百家企业将畅想软件替换为富通天下软件等表述，而中源公司、中晟公司均未能提供证据对该邮件内容予以证实，相关内容均系主观臆断，属捏造虚假事实，且通过发送邮件的方式向客户进行传播，易造成相关客户对畅想公司及其产品的评价降低。该两公司通过贬低竞争对手的方式提升自身美誉度，以期获取不正当竞争利益，对畅想公司的商业信誉和商品声誉造成损害，其本节所涉被诉行为构成商业诋毁。❷

最高人民法院认为：首先，中源公司、中晟公司和畅想公司均系研发与销售外贸管理软件的同行业经营者，且各方的住所地均位于浙江省宁波市，它们之间具有直接的竞争关系。其次，从施某发送的电子邮件的对象看，虽然其仅是一对一的发送至林某，但林某系汉造公司的员工，而汉造公司系畅想公司的潜在客户，也系中源公司、中晟公司的潜在客户；从施某发送电子邮件的目的看，其通过对"富通天下软件"和"畅想软件"的优劣对比，以贬损畅想公司的产品及服务的方式，推销自己公司的产品及服务，以达到挤占市场、挤垮竞争对手的目的；从

---

❶ 参见：宁波市中级人民法院（2014）浙甬知初第 196 号民事判决书。
❷ 参见：浙江省高级人民法院（2015）浙知终字第 71 号民事判决书。

施某发送电子邮件的内容看,在该电子邮件中,施某将中源公司、中晟公司开发的"富通天下软件"和畅想公司开发的"畅想软件"进行了对比。最后,施某系中晟公司的员工,其发送电子邮件的目的是推广"富通天下软件",是为了中源公司、中晟公司的商业利益,而非单纯的私人通信,该行为应视为中源公司、中晟公司的行为,应由中源公司、中晟公司承担法律责任。综上,中源公司、中晟公司以不正当地获取商业机会、挤垮竞争对手为目的,通过中晟公司的员工向畅想公司的潜在客户发送电子邮件,捏造、散布虚伪事实,损害了畅想公司的商业信誉、商品声誉,构成了对畅想公司的商业诋毁。

中源公司、中晟公司再审主张通信人享有通信自由和通信秘密,邮件内容并未扩散,不构成商业诋毁。本院认为,公民的通信自由和通信秘密依法受到保护,但其享有权利的同时也不得损害国家利益、社会公共利益和他人的合法权益。该案中,如前所述,从施某发送电子邮件的目的和对象及该电子邮件的内容看,施某并不是客观地向客户介绍自己公司的产品及服务,或者客观地评价有关产品及服务,而是采用将竞争对手的产品及服务与自己公司的产品及服务进行优劣对比的方式,且该优劣事实并无相关证据佐证,贬损竞争对手的产品及服务,推销自己公司的产品及服务,不正当地获取竞争优势,达到挤占市场、挤垮竞争对手的目的。因此,该行为具有不正当性。且该电子邮件系发送至潜在客户的员工,并不仅仅是私人间的通信,构成了一定程度的扩散。❶

2. 关于中源公司、中晟公司在上述 QQ 群中上传《民事起诉状》和《受理案件通知书》和在其官方网站使用最高级形容词宣传的行为是否承担虚假宣传的民事责任的认定

一审法院认为,因畅想公司先行在上述 QQ 群中上传了针对双方的优劣对比文章,中源公司、中晟公司认为畅想的上述行为对其商业声誉、商品声誉造成损害,一方面向本院提起了诉讼,另一方面为了消除影响、减少损失,将《民事起诉状》和《受理案件通知书》在同样范围内予以上传,该行为不存在捏造事实,只是客观表明了事件发展的具体进程,及中源公司、中晟公司对该事件的看法及采取的措施,这样的方式未对双方的商品及服务进行引人误解的虚假宣传,畅想

---

❶ 参见:最高人民法院(2015)民申字第 3340 号民事裁定书。

公司也未举证证明中源公司、中晟公司的该项行为对其造成损害,故不构成反不正当竞争法意义上的虚假宣传行为。关于中源公司、中晟公司在其官方网站使用最高级形容词进行宣传的认定。一审法院为,其一,中源公司、中晟公司使用最高级别的形容词进行宣传的行为系势必对同行业内他人的商品与服务产生贬低的后果;其二,畅想公司、中源公司、中晟公司的外贸管理软件行业内具有一定规模的企业,两者的住所地均位于宁波地区,其主要竞争客户具有高度同一性,虽然中源公司、中晟公司的行为系针对不特定的公众,但给畅想公司造成的不利后果远高于行业内其他企业;其三,畅想公司、中源公司、中晟公司均通过百度推广的方式宣传其商品和服务,但通过百度推广链接至中源公司、中晟公司的官方网站,其在网站上宣称是"中国最大的外贸管理软件服务提供商""富通天下成为目前市场上最成熟、易用性最好的外贸管理系统",会减损畅想公司在百度推广平台进行推广的效果,且损害后果与中源公司、中晟公司的上述虚假宣传行为具有因果关系。❶

二审法院认为,就虚假宣传行为本身而言,其有悖于公认的商业道德,势必造成对市场正常竞争秩序的侵扰,损害公共利益,直接或间接侵害了同业经营者的合法权益,故从维护和净化市场竞争秩序、促进公平竞争的角度出发,本院认为,符合以下要件即可在民事诉讼中对虚假宣传行为作出认定:一是诉讼双方应为同业经营者,具有直接的市场竞争关系;二是宣传内容与实际情况不符,存在引人误解的虚假内容,或者虽陈述的内容真实,但使人产生模糊判断和误解的。该案中,关于中源公司、中晟公司在 QQ 群中上传第 144 号《民事起诉状》和《案件受理通知书》的行为。二审法院认为,在相关 QQ 群的上传可以视为中源公司、中晟公司对畅想公司在第 144 号案中的被诉商业诋毁行为的合理回应,表明该两公司对畅想公司的商业诋毁行为采取了相应的法律措施加以应对,并不存在引人误解的内容,故该两公司的本节行为不能认定为虚假宣传。关于中源公司、中晟公司在其官网宣传过程中使用最高级、最佳形容词的问题。中源公司、中晟公司在其官网的宣传内容缺乏事实依据,夸大自身的竞争优势,易引人误解,继而以此获取不正当竞争利益,应认定属于虚假宣传。而畅想公司作为中源公司、

---

❶ 参见:宁波市中级人民法院(2014)浙甬知初第 196 号民事判决书。

中晟公司的主要竞争对手，该两公司的上述宣传内容存在对畅想公司的间接贬损，易使畅想公司的营销效果受到直接损害，故畅想公司系提出涉案虚假宣传主张的适格主体。❶

最高人民法院认为，《中华人民共和国民事诉讼法》第119条规定，原告应当是与该案有直接利害关系的公民、法人和其他组织。《反不正当竞争法》第2条第2款规定，不正当竞争是指经营者违反本法规定，损害其他经营者的合法权益，扰乱社会经济秩序的行为。《反不正当竞争法》第9条第1款规定，经营者不得利用广告或者其他方法，对商品的质量、制作成分、性能、用途、生产者、有效期限、产地等作引人误解的虚假宣传。该案中，判断畅想公司是否具有原告主体资格，需结合该案具体案情并根据上述法律的有关规定综合考虑。首先，中源公司、中晟公司在其官网上传的文章中，宣称自身系中国最大的外贸管理软件服务品牌、行业中唯一享誉业界的驰名商标、唯一得到国家商务部的认可、目前市场上最成熟、易用性最好的外贸管理系统等，但根据原审查明的事实，"富通天下"商标未曾被认定为中国驰名商标，其他文章中所宣称的"最大的外贸管理软件服务品牌""最成熟、易用性最好的外贸管理系统"等内容也缺乏事实依据。中源公司、中晟公司所进行的上述宣传行为，足以使相关公众对其所宣传的产品及服务的性能等方面产生误解，构成虚假宣传。其次，如前所述，畅想公司与中源公司、中晟公司为同行业经营者，它们之间具有直接的竞争关系，中源公司、中晟公司所进行的上述虚假宣传行为会使畅想公司的产品及服务的推广受到一定程度的影响，从而使畅想公司在市场竞争中处于不利地位，并使其合法权益遭受损害。此外，结合该案中源公司、中晟公司还通过其员工发送电子邮件及在相关网站上发表文章并附《民事起诉状》和《案件受理通知书》的方式对畅想公司进行商业诋毁等事实，畅想公司具有主张中源公司、中晟公司构成虚假宣传的原告主体资格。❷

3. 关于中源公司、中晟公司在百度搜索推广使用"畅想软件"作为关键词的行为是否构成不正当竞争的认定

一审法院认为反不正当竞争法意义上对企业名称、字号的使用，是指在中国

---

❶ 参见：浙江省高级人民法院（2015）浙知终字第71号民事判决书。
❷ 参见：最高人民法院（2015）民申字第3340号民事裁定书。

境内进行商业使用,包括将企业名称、字号用于商品、商品包装及商品交易文书上,或者用于广告宣传、展览以及其他商业活动中。中源公司、中晟公司在百度推广中将畅想公司企业名称及字号设置为关键词的行为,是在后台使用了畅想公司的企业名称及字号,该种使用方式并非用于对外的宣传及商业活动,而在搜索结果中被告的创意标题、描述内容和链接网址均明确标注了其提供的商品及服务为"富通天下"软件,上述内容未提及畅想公司的企业名称及字号,中源公司、中晟公司系借助百度推广的平台宣传自己的商品及服务,主观上不具有利用畅想公司的商誉使相关公众产生混淆和误认的故意。客观上,搜索结果显示中源公司、中晟公司信息的标题旁边标注了"推广链接"字样,使得百度推广的搜索结果和自然搜索结果区分开来,相关公众对于百度推广的竞价排名与自然搜索结果具备基本的区分能力,在中源公司、中晟公司的对外宣传的创意标题、描述内容和链接网址中清晰描述了商品和服务的品牌及来源,并未使用畅想公司的企业名称和字号,且在自然搜索结果的第一条展示了畅想公司的相关信息,并未使其处于不可识别的位置,故不会使相关公众对商品和服务的来源及经营者产生混淆和误认,中源公司、中晟公司的行为不构成对畅想公司企业名称权的侵犯。在反不正当竞争法范畴内,一种利益应受保护并不构成该利益的受损方获得民事救济的充分条件。商业机会虽然作为一种可以受到反不正当竞争法所保护的权益,但本身并非一种法定权利,交易的达成是双方合意的结果,经营者可以在一定的规则中自由参与竞争来争夺交易机会。竞争对手之间彼此进行商业机会的争夺是竞争的常态,也是市场竞争所鼓励的。在市场竞争中,商业机会受损者要获得民事救济,还必须证明竞争对手的行为具有不正当性,通过不正当的手段攫取他人可以合理预期获得的商业机会,才为反不正当竞争法所禁止。当网络用户用某一企业名称或字号作为搜索词进行搜索时,其目的既有可能是寻找与该企业相关的信息,也有可能是寻找该企业竞争对手的信息。搜索服务提供商同时提供自然搜索和关键词广告服务是该行业通常的商业模式,他人以某企业名称或字号设置推广链接关键词的行为并不影响该企业的网页或广告同时出现在自然搜索结果,只要设置的推广链接对其商品来源及相关信息做了清楚而不引人误解的描述,在面对自然搜索结果和推广链接中出现的多种商品时,相关公众具备一定的识别能力,通过综合衡量商品价格、质量、功能等因素的基础上选择进行交易的对象。该案中,中源公司、中晟公司设置的推广链接的描述及其公司网站的内容足以表明其提供的商品和服务的来源，并未故意造成与畅想公司的商品及服务混淆误认，中源公司、中晟公司设置推广链接的行为亦未导致畅想公司的网络链接不能出现在搜索结果中或导致其处于不易被网络用户识别的位置。虽然中源公司、中晟公司以畅想公司的企业名称或字号作为推广链接的关键词有借此增加其网站及商品广告出现在搜索结果中的机会的意图，但综合考虑其设置的推广链接的具体情形、关键词广告市场的特性以及网络用户的认知水平等因素，其行为尚未达到不正当竞争的程度。中源公司、中晟公司所设推广链接及其公司网站并未借用畅想公司的名义，其行为不属于利用了畅想公司的商誉，畅想公司也无证据证明中源公司、中晟公司设置推广链接的行为对其合法权益造成了实际损害，故此项行为不构成不正当竞争。❶

二审法院认为，首先，畅想公司经多年经营，在业内积累了一定的商誉和知名度，其外贸软件产品的受众亦较为广泛，其合法取得的企业名称和字号应依法受到妥善而全面的保护。其次，使用畅想公司的企业名称和字号等实施百度搜索的行为人很可能是畅想公司的目标客户或潜在客户，亦是中源公司、中晟公司所要争取的对象。中源公司、中晟公司作为与畅想公司相互熟知的同地域的同业竞争者，在无任何正当使用畅想公司企业名称和字号的合法事由的情况下，却将畅想公司的企业名称、字号等作为搜索关键词通过百度进行推广链接，显然具有不当利用畅想公司商誉，攫取其客户资源，以获取不正当竞争利益的主观故意。而当客户搜索"畅想软件"或"宁波畅想软件开发有限公司"时，位列搜索结果首行的"富通天下"广告推送极可能吸引客户一定的注意力，客观上会增加该两公司网站的点击量，亦极可能影响到客户的选择，给该两公司带来潜在的商业交易机会。最后，虽然百度推广在将"富通天下"作为首条推送的同时，标注有"推广链接"的字样以示区别，但即使百度搜索行为人最终未对产品的来源产生混淆误认，但该两公司利用此类后台设置的关键词搜索模式，进行广告推送，显属不当使用他人的企业名称或字号，有悖于诚实信用原则和公认的商业道德，具有可

---

❶ 参见：宁波市中级人民法院（2014）浙甬知初第196号民事判决书。

责性，应给予明确的否定性评价。❶

最高人民法院认为，《反不正当竞争法》第 2 条规定，经营者在市场交易中，应当遵循自愿、平等、诚实信用的原则，遵守公认的商业道德。该案中，根据原审查明的事实，畅想公司经过多年经营，在外贸管理软件行业已经具有一定的知名度、影响力和竞争优势。中源公司、中晟公司在百度竞价排名搜索推广中将"畅想软件""宁波畅想软件开发有限公司"设置为关键词，当相关公众搜索"畅想软件""宁波畅想软件开发有限公司"时，在位列搜索结果首位出现"富通天下"广告推送，而不是在搜索结果首位出现畅想公司的相关产品及服务，虽然中源公司、中晟公司主张其是在后台使用了畅想公司的企业名称及字号，在搜索结果中中源公司、中晟公司的创意标题、描述内容和链接网址均标注了其提供的产品及服务为"富通天下"软件，并在标题旁边标注了"推广链接"，使得百度推广的结果与自然搜索的结果区分开来，但是该行为仍具有不正当性，一方面，中源公司、中晟公司将畅想公司的企业名称和字号设置为关键词没有任何正当理由，且它们之间存在直接的竞争关系，在畅想公司在外贸管理软件行业具有一定知名度的前提下，中源公司、中晟公司显然具有利用畅想公司商誉，不正当获取竞争利益的主观故意，中源公司、中晟公司主张关键词属于公有领域，任何人均可使用，其使用他人商标及字号作为关键词本身并不违法的理由不成立。另一方面，在搜索结果中首位出现"富通天下"广告推送，极有可能吸引相关公众的注意力，诱导相关公众去点击中源公司、中晟公司的网站，增加该网站的点击量，从而给该两公司带来潜在的商业交易机会，也使畅想公司失去了潜在的商业交易机会，损害畅想公司的利益。故二审判决认定中源公司、中晟公司该行为显属不当使用他人的企业名称或字号，有悖于诚实信用原则和公认的商业道德，具有可责性，应给予明确的否定性评价，未有不当。❷

---

❶ 参见：浙江省高级人民法院（2015）浙知终字第 71 号民事判决书。
❷ 参见：最高人民法院（2015）民申字第 3340 号民事裁定书。

第十七章　互联网领域商业诋毁的认定

吕甲木*

摘　要：在互联网领域对特定人传播构成商业诋毁应该从双方的竞争关系、被传播的对象、传播的内容、传播的目的等方面去把握。如果经营者出于谋取自身竞争优势或贬低、减损竞争对手的竞争优势的目的，将捏造的有关竞争对手虚伪的事实，传播给自己或竞争对手的商业伙伴的，则构成商业诋毁。

关键词：商业诋毁　散布　虚伪事实　评论界限

一、商业诋毁的构成要件

《民法通则》第 120 条规定，公民的姓名权、肖像权、名誉权、荣誉权受到侵害的，有权要求停止侵害，恢复名誉，消除影响，赔礼道歉，并可以要求赔偿损失。法人的名称权、名誉权、荣誉权受到侵害的，适用前款规定。《反不正当竞争法》第 14 条规定："经营者不得捏造、散布虚伪事实，损害竞争对手的商业信誉、商品声誉。"因此，商业诋毁是经营者通过捏造、散布虚伪事实损害竞争对手名誉

---

* 吕甲木，浙江海泰律师事务所合伙人、知识产权部主任，兼任最高人民法院知识产权案例指导研究（北京）基地专家咨询委员会专家、宁波市律师协会知识产权委员会主任、宁波市法学会知识产权法学研究会副会长、中华全国律师协会知识产权专业委员会委员、宁波市知识产权纠纷人民调解委员会调解员。曾获"浙江省知识产权宣讲活动先进个人""宁波市十佳律师"等荣誉。承办的案例多次入选全国法院 50 大知识产权典型案例，以及浙江法院、宁波法院十大知识产权保护案件。撰写的论文分别被评为 2011 年、2013 年、2015 年、2016 年全国知识产权律师年会十佳论文。

权，造成竞争对手的商业信誉、商品声誉社会评价降低的行为。其构成要件为：①行为人与受害人之间存在竞争关系；②行为人通过捏造、散布虚伪事实损害竞争对手的名誉权；③造成竞争对手商业信誉、商品信誉的社会评价降低的损害结果。损害竞争对手名誉权的事实是捏造的，是虚伪的事实，行为人并对该虚伪的事实予以散布。

二、散布的认定

在商业诋毁中，如果捏造了虚伪的事实，没有进行散布，则不会对竞争对手的名誉权造成损害；如果散布的是真实的、客观的事实，而非捏造的、虚伪的事实，则也不构成诋毁。中源公司、中晟公司与畅想公司的案件的关键在于对"散布"的认定。向不特定的第三人传播该事实的，构成散布当无异议。如果只是一对一的告知以及在特定范围内的告知，是否构成散布则存有争议。对特定人传播构成商业诋毁应该从双方的竞争关系、被传播的对象、传播的内容、传播的目的等方面去把握。如果经营者出于谋取自身竞争优势或贬低、减损竞争对手的竞争优势的目的，将捏造的有关竞争对手虚伪的事实，传播给自己或竞争对手的商业伙伴的，则构成商业诋毁。

三、虚伪事实的认定

最高人民法院在腾讯公司与奇智公司的扣扣保镖案认为，认定是否构成商业诋毁，其根本要件是相关经营者之行为是否以误导方式对竞争对手的商业信誉或者商品声誉造成损害。就片面陈述真实的事实而贬损他人商誉的情形而言，如该案中上诉人宣称"在QQ的运行过程中，会扫描您电脑里的文件（腾讯称为安全扫描），为避免您的隐私泄露，您可以禁止QQ扫描您的文件"，该宣称由于其片面性和不准确性，同虚假宣传一样容易引人误解，足以导致相关消费者对相关商品产生错误认识，进而影响消费者的决定，并对竞争对手的商品声誉或者商业信誉产生负面影响，损害竞争者的利益。换言之，即使某一事实是真实的，但由于对其进行了片面的引人误解的宣传，也会对竞争者的商业信誉或者商品声誉造成损害，因此亦属于《反不正当竞争法》第 14 条予以规范的应有之义。❶ 因此，虚假事实包括捏造的事实，也包括以引人误解的方式陈述的有损竞争对手商业信誉和商品信誉的真实事实。但是，在司法实践中，对于散布的事实是否属于捏造的虚伪事实的把握上坚持适度原则，并非要求行为人一定要对其散布的事实提供相应的证据证明为真实而非捏造而免责。法官有权对有关证据和事实结合日常生活经验法则进行综合判断，并进而认定捏造与否。

四、评论界限的认定

在前述扣扣保镖案中，最高人民法院认为，经营者对于他人的产品、服务或者其他经营活动并非不能评论或者批评，但评论或者批评必须有正当目的，必须客观、真实、公允和中立，不能误导公众和损人商誉。经营者为竞争目的对他人进行商业评论或者批评，尤其要善尽谨慎注意义务。上诉人无事实依据地宣称 QQ 软件会对用户电脑硬盘隐私文件强制性查看，并且以自己的标准对 QQ 软件进行评判并宣传 QQ 存在严重的健康问题，造成用户对 QQ 软件及其服务的恐慌及负面评价，使相关消费者对 QQ 软件的安全性产生怀疑，影响消费者的判断，并容易导致相关用户弃用 QQ 软件及其服务或者选用扣扣保镖保护其 QQ 软件。这种评论已超出正当商业评价、评论的范畴，突破了法律界限。❷ 在市场竞争中，对竞争对手以及竞争对手的产品并非不能评论。但在评论中必须处于正当的目的，要尽到善良管理人的谨慎注意义务，而且评论的内容应当客观、公允、中立，不歧视，所谓"己所不欲、勿施于人"。但是，对于有关事实的评价有适当夸大或者措辞上有些刻薄、刺耳而非恶意损害对方信誉的，也应该在市场主体的容忍范围之内，不应认定为商业诋毁。

---

❶ 参见：最高人民法院（2013）民三终字第 5 号民事判决书。
❷ 参见：最高人民法院（2013）民三终字第 5 号民事判决书。

第十八章　互联网领域虚假宣传的认定

吕甲木[*]

摘　要：当事人可以主张民事权利的虚假宣传行为，应当符合经营者之间具有竞争关系、有关宣传内容足以造成相关公众误解、对经营者造成直接损害这三个基本条件，而直接损害的要件在近来的案件中逐渐松动。但是，原告的适格性必须根据民事诉讼法规定的是否对争议法律事实、法律关系具有直接利害关系进行认定。

关键词：虚假宣传　原告适格　引人误解　损害结果

一、主张虚假宣传民事责任的资格

《反不正当竞争法》第9条第1款规定："经营者不得利用广告或者其他方法，对商品的质量、制作成分、性能、用途、生产者、有效期限、产地等作引人误解的虚假宣传。"《反不正当竞争法》第9条第1款和《最高人民法院关于审理不正当竞争民事案件应用法律若干问题的解释》第8条规定的经营者虚假宣传行为是经营者对其产品作虚假宣传，引人误解的行为。最高人民法院在2009年的知识产权年度报告中指出：《反不正当竞争法》第9条第1款规定的引人误解的虚假宣传行为，并非都是经营者可以主张民事权利的行为。当事人可以主张民事权利的虚假宣传行为，

---

[*] 吕甲木，浙江海泰律师事务所合伙人、知识产权部主任，兼任最高人民法院知识产权案例指导研究（北京）基地专家咨询委员会专家、宁波市律师协会知识产权委员会主任、宁波市法学会知识产权法学研究会副会长、中华全国律师协会知识产权专业委员会委员、宁波知识产权纠纷人民调解委员会调解员。曾获"浙江省知识产权宣讲活动先进个人""宁波市十佳律师"等荣誉。承办的案件多次入选全国法院50大知识产权典型案例，以及浙江法院、宁波法院十大知识产权保护案件。撰写的论文曾分别被评为2011年、2013年、2015年、2016年全国知识产权律师年会十佳论文。

应当符合经营者之间具有竞争关系、有关宣传内容足以造成相关公众误解、对经营者造成直接损害这三个基本条件；其中对于引人误解和直接损害的后果问题，不能简单地以相关公众可能产生的误导性后果来替代原告对自身受到损害的证明责任。该裁判原则来源于最高人民法院二审审理的上诉人北京黄金假日旅行社有限公司与被上诉人携程计算机技术（上海）有限公司、上海携程商务有限公司、河北康辉国际航空服务有限公司、北京携程国际旅行社有限公司虚假宣传纠纷判决上诉案。❶ 北京高级人民法院在加多宝与王老吉的案件中认为，虽然在市场经济活动中经营者之间存在竞争关系，但就市场中不特定的一般经营者而言，由于竞争的地域范围、行业范围以及在竞争的方式方法等方面存在竞争广度与深度的差异，经营者之间的竞争关系通常是抽象存在的。如果经营者之间没有因具体法律行为和法律关系的存在而建立特定化的联系，特定的经营者未因其他经营者的竞争行为而遭受合法权益的损害，则难以认定上述经营者之间具有直接的利害关系。在缺乏直接利害关系、不符合民事诉讼法规定的情况下，市场经营者之间并不必然具有作为原告对其他经营者提起民事诉讼的主体资格。而且，《反不正当竞争法》第 1 条即已明确规定了其立法目的和立法宗旨："为保障社会主义市场经济健康发展，鼓励和保护公平竞争，制止不正当竞争行为，保护经营者和消费者的合法权益，制定本法。"因此，反不正当竞争法不仅要制止不正当竞争行为，也鼓励和保护公平的市场竞争。如果在无法律明确规定的情况下将市场经济活动中一般意义上的竞争关系等同于民事诉讼法中的直接利害关系，则既有可能使经营者面临不可预测的诉讼风险，难以激发经营者参与市场竞争的积极性和主动性；也将架空《民事诉讼法》的明文规定，使既有的民事诉讼法理论和诉讼实践受到严重冲击。因此，对于包括虚假宣传纠纷在内的不正当竞争纠纷，仍然应当严格按照民事诉讼法的规定，审查原告的诉讼主体资格。原审判决仅以广药集团、王老吉大健康公司与加多宝（中国）公司、广东加多宝公司均为凉茶经营者，彼此之间存在同业竞争关系，就认为其构成利害关系人进而有权提起诉讼并不准确，本院对此予以纠正。❷ 但是最高人民法院在加多宝与王老吉的案件中又认为：从反不正当竞争法规制虚假宣传的目的看，反不正当竞争法是通过制

---

❶ 参见：最高人民法院（2007）民三终字第 2 号民事判决书。
❷ 参见：北京市高级人民法院（2015）高民（知）终字第 879 号民事判决书。

止对商品或者服务的虚假宣传行为，来维护公平的市场竞争秩序。一方面，从不正当竞争行为人的角度分析，侵权人通过对产品或者服务的虚假宣传，如对产地、性能、用途、生产期限、生产者等进行不真实或者片面的宣传，获取市场竞争优势和市场机会，损害其他经营者的合法利益；另一方面，从消费者角度分析，正是由于侵权人对商品或者服务的虚假宣传，易使消费者发生误认误购，损害其他经营者的合法利益。因此，从反不正当竞争法规制虚假宣传的目的看，其并不以被侵权人的直接损害为要件判断虚假宣传行为是否成立。❶ 随着时代的变化，虚假宣传的形态也呈现多样化、隐蔽化，似是而非的形象越来越多。所以，最高人民法院的司法政策也并非一成不变。但是，作为主张虚假宣传民事责任的原告是否适格，是根据民事诉讼法的规定来认定其是否对争议的法律事实、法律关系具有直接的利害关系，如果没有直接的利害关系，则其不具有原告的主体资格。当然，判断原告是否对争议法律事实、法律关系具有直接利害关系主要依据就在于是否受到直接损害。如果受到直接损害，则当然具有直接利害关系；如果没有受到直接损害，则必须举证其对争议法律事实、争议法律关系具有其他直接利害关系。

二、引人误解的认定

《最高人民法院关于审理不正当竞争民事案件应用法律若干问题的解释》第 8 条规定，经营者具有对商品作片面的宣传或者对比的；将科学上未定论的观点、现象等当作定论的事实用于商品宣传的；以歧义性语言或者其他引人误解的方式进行商品宣传的情形之一，足以造成相关公众误解的，可以认定为《反不正当竞争法》第 9 条第 1 款规定的引人误解的虚假宣传行为。在前述加多宝与王老吉案件中，北京市高级人民法院认为：在具体案件中对相关行为是否构成虚假宣传，不应过分纠结于宣传内容是否真实、表达方式是否准确，而应当根据法律和司法解释的具体规定和认定原则，以是否引人误解为标准加以具体认定。商品经营者为了推销商品而向市场提供的关于该商品的宣传性信息，如果内容真实，但由于不准确或者不全面的原因，足以导致该商品的销售者或者消费者对商品产生错误认识，误解该商品具有本

---

❶ 参见：最高人民法院（2015）民申字第 2802 号民事裁定书。

不存在的特点，经营者由此得到利益或者竞争优势，也应认定违反了诚实信用的原则，同样构成引人误解的虚假宣传的不正当竞争行为。引人误解不等于会发生混淆，混淆是将甲乙两个事物误认为彼此，是引人误解的一种形式。引人误解的外延要更广，不仅包括混淆，还包括将一事物原本不具有的特点理解为其固有的特点或将其固有的特点理解为不是其特点等多个方面。❶ 江苏省高级人民法院在江苏建华管桩有限公司与上海中技桩业股份有限公司虚假宣传纠纷案认为：涉及建筑施工桩基等专业性商品或服务，应根据专业人士的普通注意力进行判断。内容片面、不实的招股说明书不会引起桩基等专业性商品相关公众的误解，不属于虚假宣传行为。❷ 上海知识产权法院在开德阜国际贸易（上海）有限公司与阔盛管道系统（上海）有限公司、上海欧苏贸易有限公司侵害商标权及虚假宣传纠纷案中认为：只有宣传内容产生引人误解的效果，损害公平竞争的市场秩序和消费者的合法权益，才构成"引人误解"的虚假宣传。"引人误解"的虚假宣传行为的认定，应当根据日常生活经验、相关公众的一般注意力、发生误解的事实和被宣传对象的实际情况等因素进行综合判断。❸ 在市场经济条件下，所有的经营者均已经假定为一个追名逐利的经济人，并以经济人标准制定相应的市场竞争规则。在市场竞争中，通过广告宣传的手段以取得竞争优势业已成为市场主体经营的常态。对自己产品、服务正面的宣传基本上均遵循扬长避短的宣传规律。正因为是广告宣传，所以有些夸大在所难免。只要该宣传内容没有引人误解，就不应予以干预，消费者自然会作出理性判断。所以，在虚假宣传的案件中，并非要求行为人对其宣传的内容必须提供相应的证据予以证实才能免责。法官有权根据现有的证据、相关事实及结合日常生活经验法则对没有证据证实的宣传内容是否属于引人误解的虚假宣传作出判断。此外，只有引人误解的虚假宣传在程度上达到足以造成相关公众误解的，才能认定为反不正当竞争法意义上的虚假宣传不正当竞争行为。如果引人误解的虚假宣传程度较轻，相关公众通过阅读宣传内容，凭借自身的社会经验能够作出相应判断，不会导致误解的，则不应认定构成虚假宣传的不正当竞争行为。

---

❶ 参见：北京市高级人民法院（2015）高民（知）终字第 879 号民事判决书。
❷ 参见：江苏省高级人民法院（2012）苏知民终字第 0219 号民事判决书。
❸ 参见：上海知识产权法院（2015）沪知民终字第 161 号民事判决书。

第十九章 使用竞争对手的商业标识作为搜索推广关键词行为的定性

吕甲木[*]

摘　要：关键词竞价排名搜索推广中，应以混淆性和实质损害作为是否构成商标侵权或不正当竞争的判断标准。经营者公开使用竞争对手的商标、字号、企业名称等商业标识的行为，以混淆性标准判断是否构成商标侵权或不正当竞争；经营者隐蔽使用竞争对手商标、字号、企业名称等商业标识的行为，应以实质损害标准而非无正当理由标准判断是否构成不正当竞争。

关键词：关键词竞价排名　商业机会　混淆性　实质损害

搜索引擎是进入 21 世纪以来，伴随着互联网技术发展而蓬勃兴起的一种互联网技术和与此相关的商业模式。关键词源于英文 keywords，特指单个媒体在制作使用索引时所用到的词汇。关键词搜索是网络搜索索引主要方法之一，就是希望访问者了解的产品、服务和公司等的具体名称用语，用途在于可获得更精确更丰富的搜索结果。因此，关键词作为检索、搜索之用的索引词语，本身完全是技术性的，是一种公众资源。关于将他人的商标、企业名称作为竞价排名搜索的关键

---

[*] 吕甲木，浙江海泰律师事务所合伙人、知识产权部主任，兼任最高人民法院知识产权案例指导研究（北京）基地专家咨询委员会专家、宁波市律师协会知识产权委员会主任、宁波市法学会知识产权法学研究会副会长、中华全国律师协会知识产权专业委员会委员、宁波市知识产权纠纷人民调解委员会调解员。曾获"浙江省知识产权宣讲活动先进个人""宁波市十佳律师"等荣誉。承办的案件多次入选全国法院 50 大知识产权典型案例，以及浙江法院、宁波法院十大知识产权保护案件。撰写的论文曾分别被评为 2011 年、2013 年、2015 年、2016 年全国知识产权律师年会十佳论文。

词的行为是否构成不正当竞争，实践中存在两种截然不同的观点。

一、搜索引擎网络服务提供者的责任

搜索引擎提供的关键词竞价排名搜索推广服务的性质是信息提供服务还是网络广告服务在以前的司法实践中存在很大的争议，由此也决定了搜索引擎网络服务提供者的注意义务的大小，是否要承担连带侵权责任。

（一）搜索引擎网络服务提供者不需要承担侵权责任的典型案例

北京市海淀区人民法院在陈茂篷诉百度在线网络技术（北京）有限公司侵犯著作权及虚假广告纠纷案中认为，广告法规定，广告是指商品经营者或者服务提供者承担费用，通过一定媒介和形式直接或者间接地介绍自己所推销的商品或者所提供的服务的商业广告，故广告应具有介绍商品或服务的功能，且应与商品或服务的提供者相联系。该案中，网站所有者选定的关键词"早泄"一词，本身未涉及任何商品或服务，亦无法与网站所有者联系在一起，无法起到广而告之的作用。网站所有者支付一定的费用，目的是保证自身的信息在选定的关键词搜索结果显示页面中处于特定的位置，前提是该网站本身取得了相应的资质，且其制作的网页上的信息在技术上能够被搜集、被链接，其网站上的信息由所有者自行发布，并不需要百度公司提供支持。竞价排名模式系百度公司在其搜索引擎服务下提供的一种服务模式，其本质仍是实现网上快捷传递、获取信息的一种技术手段，即向网络用户提供信息检索服务，告知用户找到相关信息的途径，并不直接提供任何信息。其与传统的搜索引擎主要区别在于：网站的所有者通过支付一定的费用，确保其选定的关键词在被用户搜索时，优先出现在显示的结果中，如果用户需要了解信息的详细情况，仍需链接到相关网站才能获得，故百度公司提供的竞价排名服务，仍是一种搜索引擎服务。百度公司向公众提供搜索引擎服务，仅是网络服务的提供者，其对网络信息不具备编辑控制能力，对网络信息的合法性没有监控义务，对被搜索到的信息内容是否侵权无法承担审查责任。作为面向公众设立和运营的网站，理应允许任何人进入和使用，涉案网站已在国家有关管理部门进行备案并取得了相应的注册号码，百度公司对其进行链接并无不妥。百度公司在得知陈茂篷主张涉案网站侵犯其权利后,已断开了相关网站的链接,陈茂篷亦予以认可,且不再主张相关诉讼请求,本院不持异议。百度公司已尽到网络服务提供者的义务,故对陈茂篷要求其承担赔偿责任的主张,本院不予支持。❶

北京市海淀区人民法院在北京沃力森信息技术有限公司诉八百客(北京)软件技术有限公司、第三人北京百度网讯科技有限公司侵犯注册商标专用权纠纷案中认为,作为搜索引擎网站的百度网站为满足为数众多的市场经营者提升自己的网站、商品、服务曝光率以及吸引网络用户注意力的需要,向市场经营者提供有偿的竞价排名服务。竞价排名服务系百度公司基于搜索引擎技术推出的一种网络推广服务方式,市场经营者在百度网站的竞价排名栏目注册账号后,通过自行选定关联到其网站的竞价排名关键词、自行撰写简要概括其网站网页内容的推广信息作为链接标题以及自行设定点击价格,来达到影响搜索关键词与该网站网页的技术相关度之目的,从而使得该网站网页在搜索结果中排序优先。竞价排名服务已成为为数众多的市场经营者宣传推广自己的网站、商品、服务以获得更多商业机会的重要途径,但该服务在本质上仍属于信息检索技术服务,并非广告法所规范的广告服务。对于百度公司对客户选定的竞价排名关键词进行主动审核的程度一节,法院认为,百度公司应以一个合理谨慎的理性人的标准,主动过滤和删除涉及反动、淫秽等违反国家强制性法律规定的关键词,主动注意和审核与具有极高知名度的驰名商标存在冲突的关键词;而就该案中八百客公司选定的竞价排名关键词"XTOOLS"而言,虽沃力森公司享有专用权的"XTOOLS"注册商标在CRM软件服务领域具有较高的市场知名度,但"XTOOLS"注册商标在特定行业领域的现有市场知名度并不足以导致竞价排名服务提供者百度公司在合理谨慎的情况下对该注册商标能够有所知晓和注意,故法院认为百度公司客观上并不能对八百客公司选定的竞价排名关键词"XTOOLS"是否侵犯沃力森公司的第4372228号"XTOOLS"注册商标专用权做出准确的识别和判断。且法院考虑到百度公司已在与所有竞价排名服务客户签订的推广服务合同中强调和要求竞价排名服务客户提交的推广信息不得含有侵犯他人知识产权的内容,并通过设置多种投诉渠道

---

❶ 参见:北京市海淀区人民法院(2006)海民初字第18071号民事判决书。

以供发现涉嫌侵权行为的权利人能够得到及时的事后救济等事实，法院认为作为竞价排名服务提供者的百度公司在该案中已尽其合理的注意和审核义务。二审判决对此予以维持。❶

北京市朝阳区人民法院在海泰斯（北京）科技有限公司等诉普若泰克科技发展（北京）有限公司等不正当竞争纠纷案中认为，从普若泰克公司自己提供的公证行为过程来看，没有证据证明百度时代网络公司为其推荐了"海泰斯"关键词，且百度时代网络公司也并未直接使用"海泰斯"关键词，而只是为普若泰克公司提供了推广其网站的技术服务。所以，对普若泰克公司提出的百度时代网络公司为其推荐了"海泰斯"关键词的答辩意见，本院不予支持。另外，"海泰斯"三字只是海泰斯科技公司和海泰斯工程设备公司的字号，尽管该字号在液压紧固设备行业具有一定的知名度，但还不足以导致从事互联网搜索服务的百度时代网络公司知道或者应当知道普若泰克公司设置了该侵权关键词。海泰斯科技公司和海泰斯工程设备公司也没有证据证明百度时代网络公司对此是明知或者应当知道的。为了最大限度地避免客户设置关键词侵犯他人权利，百度时代网络公司在与普若泰克公司签订的合同中要求普若泰克公司保证设置的关键词不能侵犯他人权利，并与推广的网站具有相关性，且在推广设置的步骤中多次提示普若泰克公司注意关键词、创意描述不得侵犯他人权利。而且，百度时代网络公司在百度网站上也公示了投诉渠道，为权利受到侵犯的权利人提供了方便的救济途径。在海泰斯科技公司和海泰斯工程设备公司未事先通知百度时代网络公司的情况下，百度时代网络公司接到该案诉状后及时将"海泰斯"关键词做了下线处理。综上，本院认为百度时代网络公司在涉案经营中主观上没有过错，不构成侵权，不应当承担法律责任。❷

北京市海淀区人民法院在美丽漂漂（北京）电子商务有限公司诉百度时代网络技术（北京）有限公司、北京薄荷时尚电子商务有限公司侵犯商标权及不正当竞争纠纷案中认为，关于百度公司的行为，从其应负的注意义务来看，除对明显违反国家法律法规以及具有较高知名度的商标等关键词应予主动排除之外，一般

---

❶ 参见：北京市第一中级人民法院（2010）一中民终字第2779号民事判决书。
❷ 参见：北京市朝阳区人民法院（2011）朝民初字第2299号民事判决书。

情况下，竞价排名服务商对于用于所选择使用的关键词并不负有全面、主动、事前审查的义务。就"美丽漂漂"和"向尚看齐"两个关键词而言，没有证据显示百度公司有义务事先禁止用户将其作为竞价排名关键词使用。同时，该案中也没有证据显示百度公司在明知薄荷公司存在侵权行为的情况下，仍然继续为其提供竞价排名服务。由此可见百度公司在该案中为薄荷公司提供竞价排名服务，不存在过错，不应当与薄荷公司承担共同侵权责任。❶

杭州市滨江区人民法院在杭州盘古自动化系统有限公司与杭州盟控仪表技术有限公司、北京百度网讯科技有限公司侵害商标权纠纷案中认为，从百度推广服务的操作模式看，创意标题、关键词的选择均由客户即盟控公司实施；且商标的知名度还不足以导致百度公司在合理谨慎的情况下知道或应当知道盟控公司设置的关键词因与盘古公司的商标近似而涉嫌侵权；而百度公司与客户签定的协议中明确要求对方设置的关键词不能侵犯他人相关权利，而且在起诉前百度公司也未收到盘古公司的通知或投诉。因此，法院认为，百度公司在主观上没有过错，不构成侵权，不应当承担法律责任。❷

北京市高级人民法院在费希尔厂有限责任两合公司等诉北京百度网讯科技有限公司等侵犯商标权及不正当竞争纠纷上诉案认为，百度公司提供百度推广服务以及向推广用户提供关键词推荐工具的行为系向用户提供一种网络技术服务，本身不涉及对其推荐的或推广用户设置的关键词进行商标性的使用，也不存在违反诚实信用原则和公认的商业道德的问题，百度公司仅提供百度推广服务本身未侵犯费希尔厂的商标权，也未构成不正当竞争行为。提供关键词广告服务的网络服务提供者通过网络参与、教唆、帮助他人实施侵权行为并有过错的，应承担共同侵权的责任，但其构成侵权应当以他人实施了直接侵权行为为前提条件，即他人利用关键词广告服务的行为侵犯了他人权利或构成不正当竞争。❸

北京市第一中级人民法院在上海映脉文化传播有限公司与华盖创意（北京）图像技术有限公司等不正当竞争纠纷上诉案中认为，对于百度在线公司而言，首

---

❶ 参见：北京市海淀区人民法院（2011）海民初字第 10473 号民事判决书。
❷ 参见：杭州市滨江区人民法院（2011）杭滨知初字第 11 号民事判决书。
❸ 参见：北京市高级人民法院（2013）高民终字第 1620 号民事判决书。

先，其虽然是百度竞价排名服务的实际经营者，但搜索关键词的选择仍是作为百度竞价排名服务接受者的映脉公司的主动行为，映脉公司并无证据证明搜索关键词是由百度在线公司向其推荐使用的，故对其自行选择的搜索关键词所可能产生的法律纠纷，映脉公司应自行承担相应的法律责任。其次，百度推广服务系统虽然存在对搜索关键词的审核程序，但这种审核在一般情况下所针对的是明显违反公共秩序和公共利益的行为，而对于竞价排名服务接受者自行选择的搜索关键词是否存在潜在的侵权风险，作为网络服务商的百度在线公司难以完成这种全面和深入的审查。而根据百度在线公司所提交的证据显示，在该案纠纷诉诸原审法院之后，涉嫌侵权的搜索结果已不存在，华盖公司亦对此予以认可。由此可见，在映脉公司选择关键词参与百度竞价排名服务进而对华盖公司的合法权益造成损害的过程中，百度在线公司对此并不存在共同的意思联络和主观过错。❶

上海市第二中级人民法院在南京喜郎儿投资管理有限公司与上海迪亿投资管理有限公司商标侵权纠纷案中认为，首先，被告百度公司仅系其推出的上述百度推广服务的关键词搜索服务提供者，上述涉及侵权的关键字、相关内容链接及注释的设置均系被告上海迪亿公司自行完成。同时，涉案"喜郎儿"注册商标的知名度尚不足以导致被告百度公司在合理谨慎的情况下知道或者应当知道被告上海迪亿公司设置的上述涉及侵权的关键字、相关内容链接及注释涉嫌对原告"喜郎儿"注册商标的侵害。其次，两被告所订立合同中，已明确要求使用百度推广服务的单位或个人在设置关键字、相关内容链接及注释需与网站中的相关内容具有实质关联性，且不得侵害他人的知识产权。而在收到该案诉状副本后被告百度公司已经删除了上述侵权的关键字、相关内容链接及注释。因此，被告百度公司主观上没有过错，不构成侵权。❷

南京市中级人民法院在重庆金夫人实业有限公司与北京百度网讯科技有限公司、南京米兰尊荣婚纱摄影有限公司侵害商标权纠纷案认为，百度公司提供百度竞价排名推广服务以及向推广用户提供关键词推荐工具的行为系向用户提供一种网络技术服务，本身不涉及对其推荐的或推广用户设置的关键词进行商标性的使

---

❶ 参见：北京市第一中级人民法院（2011）一中民终字第11137号民事判决书。
❷ 参见：上海市第二中级人民法院（2011）沪二中民五（知）初字第156号民事判决书。

用，也不存在违反诚实信用原则和公认的商业道德的问题，故百度公司仅提供百度推广服务本身未侵犯金夫人公司的商标权，也未构成不正当竞争行为。百度公司推出的推广服务是一种新的网络信息检索服务模式，解决了互联网信息的海量性、网络用户希望快速获取信息的现实性与推广用户在海量信息中希望被关注之间的矛盾。百度推广技术具有实质性非侵权用途，百度公司是否因米兰公司的侵权行为承担法律责任取决于其是否具有过错。该案中，金夫人公司享有涉案注册商标的专用权，但其享有的该合法权利尚不足以导致百度公司对其涉案商标负有更高的注意义务。如果根据关键词的性质来判决搜索引擎服务商是否负有更高审查义务，则颠倒了因果关系，因为关键词的性质是搜索引擎服务商进行合理审查后才能得知的信息。具体而言：第一，其涉案商标为图文组合商标，且指定颜色，而米兰公司在推广服务中设置的关键词为"金夫人"汉字，虽然涉案商标的呼叫包括"金夫人"，但不能将涉案组合商标等同于"金夫人"三个汉字，更不能因为涉案商标曾经被认定为驰名商标而认为"金夫人"三个汉字也至今驰名；第二，涉案商标虽在 2006 年曾被行政机关认定为驰名商标，但至金夫人公司发现米兰公司的被控侵权行为之时，该商标是否仍然驰名，并无证据证明；况且，在金夫人公司的官方网站，其也未使用曾经被认定的驰名商标，而是使用了其他商标；第三，驰名商标保护的本义，是对该注册商标禁用权范围的扩张，加大其他市场主体对该商标合理避让的程度；即使涉案商标仍然驰名，其驰名的事实与百度公司在审查关键词时的注意义务也属于不同的法律关系和逻辑概念，并不因为商标的驰名而使百度公司对其负有更高的法定注意义务。另外，在不同类别的商品或服务上还存在其他主体的"金夫人"文字或组合商标的情况。因此，百度公司在审查米兰公司推广服务关键词过程中不存在过错，也无证据证明百度公司对米兰公司选用"金夫人"作为搜索关键词存在帮助、教唆等情形，故百度公司不应承担金夫人公司指控的侵权责任。❶

（二）搜索引擎网络服务提供者需要承担侵权责任的典型案例

广东省高级人民法院在广东联塑科技实业有限公司与广州联兴塑胶管业有限

---

❶ 参见：南京市中级人民法院（2016）苏 01 民终字第 8584 号民事判决书。

公司、北京搜狗信息服务有限公司侵害商标权纠纷案中认为，北京搜狗公司虽然是搜索引擎服务提供商，但在搜狗搜索推广服务中，其向用户收取服务费用，并根据用户的竞价情况改变网站链接的排名顺序，因此，北京搜狗公司的竞价排名是一种收费服务，其对客户所设置关键词的合法性，应当负有更高的审查注意义务，而不能仅限于其免责声明中的相关条款，或仅适用"通知并删除"的免责方式。在该案中，北京搜狗公司对广州联兴公司设置的涉案"联塑"关键词，没有审核是否构成侵权，也没有审核是否与广东联塑公司有关，无疑没有尽到合理审慎的注意义务，主观上存在过错，客观上为广州联兴公司的侵权行为提供了帮助。因此，原审认定北京搜狗公司应与广州联兴公司承担连带侵权责任，并无不当，本院予以维持。❶

（三）搜索引擎提供的竞价排名搜索推广服务的性质

上海市第一中级人民法院在东莞市国安票务有限公司与上海携程商务有限公司侵害商标权及不正当竞争纠纷案中认为，根据《百度推广服务合同》，百度推广即在百度网站等的相关页面的特定位置展示被推广方的网站信息。具体分析被诉侵权内容"国安票务，订机票，就上携程网 www.ctrip.com 国安票务：携程官网查询及预订机票，使用超方便，买就送积分，可免费兑换机票及丰富礼品"，上述内容实际上是被告利用百度推广对其网站上提供的机票查询、预订等相关服务进行的宣传和推广，其内容具有明显的商业广告性质。二审对此予以维持。❷ 但该案未将百度公司列为当事人，也未明确百度公司的角色。

1995 年 2 月 1 日施行的《广告法》第 2 条第 2 款规定的广告是指"商品经营或公司供者承担费用，通过一定媒介和形式直接或间接地介绍自己所推销的商品或者所提供的服务的商业广告。"2015 年 4 月 24 日修订的《广告法》（2015 年 9 月 1 日实施）第 2 条第 1 款规定"商品经营者或者服务提供者通过一定媒介和形式直接或者间接地介绍自己所推销的商品或者服务的商业广告活动，适用本法。"

---

❶ 参见：广东省高级人民法院（2016）粤 73 民终字第 335 号民事判决书。
❷ 参见：上海市高级人民法院（2013）沪高民三（知）终字第 59 号民事判决书。

因此，广告法并未将竞价排名服务列入广告发布行为。但自魏则西事件发生以后，❶ 国家工商行政管理总局于 2016 年 7 月 4 日发布互联网广告管理暂行办法，规定推销商品或者服务的付费搜索广告属于互联网广告。无论是 1995 年施行的《广告法》第 13 条，还是 2015 年修订的《广告法》第 14 条均规定，广告应当具有可识别性，能够使消费者辨明其为广告。也就是对于广告的判断，消费者的主观认知也是必须考虑的因素之一。因此，我国广告法意义上的广告的界定既要从行为本身进行判断，同时也要结合广告主、广告经营者和广告发布者之间的主观意图，并结合消费者的感知进行综合认定。从参与竞价排名经营者的主观意图而言，基于互联网经济为"注意力经济、眼球经济"的特性，为了能在网络用户利用特定的关键词的搜索时，将自身的排名尽量靠前，通过支付一定费用的方式，在搜索引擎服务商通过特定算法的自然搜索结果之外，利用特殊规则，将自己网站的排名靠前，从而使参与竞价排名的经营者获得网络用户的注意。通俗而言，就是通过支付费用的方式，在搜索引擎网站上发布推广自身网站的广告。从搜索引擎服务商的角度而言，搜索引擎服务商对竞价排名商业模式的运营，是基于免费搜索、自然搜索而衍生出的运营模式。其通过互联网经济的特性，在吸引、积累、黏合、锁定庞大网络用户的同时，利用自然搜索的庞大资源，通过此种增值收费的服务，提高自身的盈利数额。但是，搜索结果的触发，都是以网络用户输入关键词与参与竞价排名经营者设定关键词的一致性为前提。作为搜索引擎服务商而言，仅是在其提供的搜索引擎服务平台上，为此种关键词的触发提供技术的支持。我国现行的搜索引擎服务商所提供的"竞价排名"服务中，多是系参与竞价排名的主体自行设置的关键词或者相关的标题、网页内容介绍等，而服务商仅是对违反国家法律、法规等强制性内容进行预先设定程序的审查，并不实质进行人工干预，因此就搜索引擎服务商自身而言，其也不存在与参与竞价排名经营者对特定内容的合意。从网络用户角度而言，其利用某一词语作为搜索词进行搜索

---

❶ 魏则西事件是指 2016 年 4 月至 5 月初在互联网引发网民关注的一起医疗相关事件。2016 年 4 月 12 日，西安电子科技大学 21 岁学生魏则西因滑膜肉瘤病逝。他去世前在知乎网站撰写治疗经过时称，在百度上搜索出武警北京第二医院的生物免疫疗法，随后在该医院治疗后致病情耽误，此后了解到，该技术在美国已被淘汰。2016 年 5 月 2 日，国家网信办会同国家工商总局、国家卫生计生委成立联合调查组进驻百度公司，对此事件及互联网企业依法经营事项进行调查并依法处理。

时，其目的是想了解与该词语相关且符合自己需求的信息，其需求的信息可能是正面的，也可能是负面的；有可能是寻找与该搜索词相关的信息，也有可能是寻找竞争对手的信息，并非要进入竞价排名的网站。但是对于经营者的注册商标、字号、企业名称、知名商品等商业标识含义的关键词而言，网络用户输入该关键词的目的主要还是寻求与该关键词相关的商业信息。因此，从参与竞价排名的经营者以及网络用户的角度而言，关键词竞价排名的搜索推广服务的性质应该是互联网广告。

二、关键词竞价排名构成商标侵权或不正当竞争的判断标准

司法实践中，对于使用竞争对手的商标、企业名称作为搜索推广关键词的行为是否构成商标侵权或不正当竞争存在巨大的争议，核心问题在于认定标准的不统一。目前，司法实践中主要存在混淆性判断标准和无正当理由标准这两种观点。当然，这两种判断标准并非互相排斥，而是存在递进关系。混淆性判断标准认为行为人使用竞争对手的商标、企业名称作为竞价排名搜索推广的关键词，如果搜索的结果导致互联网的参与者产生混淆，误认为行为人与关键词对应商标、企业名称等商业标识的权利人存在关联关系，则该行为构成商标侵权或不正当竞争；如果不会产生混淆，则不构成商标侵权或不正当竞争。无正当理由判断标准认为，即使根据混淆性标准不会产生混淆，但是行为人无正当理由使用竞争对手的商标或企业名称等商业标识作为关键词的行为违反了公认的商业道德，直接或间接地为自己增加了市场关注度和交易机会，构成不正当竞争。使用了竞争对手的商标、企业名称等识别性标识作为竞价排名搜索引擎关键词行为的形态可以分为两种。一种是不仅将竞争对手的商标、企业名称等识别性标识设置为其搜索推广账户后台搜索的关键词，而且呈现给网络参与者的搜索结果中的标题、创意描述、链接网址等位置也出现了与该关键词相关的等竞争对手的商业标识。这种关键词使用行为，姑且称为关键词公开使用行为。另一种是只将竞争对手的商标、企业名称等识别性标识设置为其搜索推广账户后台搜索的关键词，但是呈现给网络参与者的搜索结果中的标题、创意描述、链接网址等位置没有出现与该关键词相关的等竞争对手的商业标识。这种关键词使用行为，姑且称为关键词的隐蔽使用行为。

司法实践中，对于关键词的公开使用行为，法院一般坚持混淆性判断标准认为构成侵权或不正当竞争；对于关键词的隐蔽使用行为，坚持混淆性判断标准的法院认为不构成侵权或不正当竞争，而坚持无正当理由标准观点的法院还是会认定构成不正当竞争。

（一）关键词公开使用行为的典型案例

北京市第一中级人民法院在上诉人八百客（北京）软件技术有限公司与被上诉人北京沃力森信息技术有限公司侵犯注册商标专用权纠纷上诉案认为，被控侵权行为系上诉人在百度网站上实施的竞价排名推广行为。由公证书的记载可知，该行为的具体表现形式为：输入"XTOOLS"关键词进行搜索，在搜索结果第一位可得"八百客国内最专业的 XTOOLS"的链接标题，该链接标题下方的推广信息为"www.800app.com 八百客国内最 crm 服务提供商标准版免费5 000起成功案例提供一对一免费视频培训"。鉴于被控侵权行为中使用了与涉案商标相近似的标识"XTOOLS"，且被控侵权行为中"XTOOLS"所使用的服务与涉案商标所核定使用的服务类别相类似，故进行这一关键词搜索的网络用户在看到被控侵权页面时，可能认为被控侵权行为的实施者（上诉人）即为涉案商标的所有人。据此，被控侵权行为中"XTOOLS"的使用具有使相关公众对于商品或服务的提供者产生混淆误认的可能性。虽然被控侵权内容中明确标有上诉人的字号"八百客"，但鉴于该标示不能当然使网络用户认为其所标注的即为被控侵权行为人的字号，且即便网络用户会产生此种认知，因对于混淆误认可能性的判断并不要求相关公众对于涉案商标的真正提供者具有认知（不需要相关公众明确知晓涉案商标的注册人为被上诉人沃尔森公司），而仅需相关公众客观上认为涉案商标所有人与被控侵权行为人为同一主体或具有特定联系的主体即可，故即便网络用户会认为该网页中的"八百客"字样系指代上诉人，亦不影响对于混淆误认可能性的判定。❶

北京市海淀区人民法院在美丽漂漂（北京）电子商务有限公司诉百度时代网络技术（北京）有限公司、北京薄荷时尚电子商务有限公司侵犯商标权及不正当竞争纠纷案中认为，薄荷公司主动选择"美丽漂漂"和"向尚看齐"关键词参加

---

❶ 参见：北京市第一中级人民法院（2010）一中民终字第2779号民事判决书。

竞价排名为薄荷时尚网进行网络推广，且在网站名称和网页描述中使用"美丽漂漂"和"向尚看齐"，导致在百度网以"美丽漂漂"和"向尚看齐"为关键词进行搜索所得排名首位的搜索结果系薄荷时尚网，足以造成相关公众在看到搜索结果后，误以为薄荷公司经营的薄荷时尚网与美丽漂漂公司存在特定联系，对两个企业的经营活动产生混淆和误解，致使本该属于美丽漂漂公司的市场关注和交易机会被薄荷公司攫取。薄荷公司有意选择"美丽漂漂"为关键词参加竞价排名推广其经营的薄荷时尚网，属于未经美丽漂漂公司许可，在核定使用商品为第35类上使用与美丽漂漂商标近似的商标的行为，侵犯了美丽漂漂公司享有的注册商标专用权。薄荷公司在明知"向尚看齐"与美丽漂漂公司的经营活动有一定的指向性联系的情况下，未经许可有意选择与其网站无关的"向尚看齐"为关键词参加竞价排名推广其经营的薄荷时尚网的行为，构成不正当竞争。❶

北京市朝阳区人民法院在海泰斯（北京）科技有限公司等诉普若泰克科技发展（北京）有限公司等不正当竞争纠纷案中认为，普若泰克公司与"海泰斯"三字无任何关系，也理应知道"海泰斯"是海泰斯科技公司、海泰斯工程设备公司的字号，且百度时代网络公司又多次提示注意避免设置侵犯他人合法权利的关键词，但普若泰克公司仍然将该三字作为关键词参加百度推广服务，并撰写带有"特固兰海泰斯"字样的链接标题和带有"美国顶尖海泰斯"等字样的创意描述，导致欲了解海泰斯科技公司和海泰斯工程设备公司有关信息的相关公众在百度搜索引擎中搜索"海泰斯"三字时，却首先找到了普若泰克公司网站的链接，并看到带有"特固兰海泰斯"字样的链接标题及带有"美国顶尖海泰斯"等字样的创意描述，进而使相关公众对"海泰斯"与"特固兰"是否具有一定的关联关系产生混淆，并引导相关公众进入普若泰克公司的网站。普若泰克公司的这种行为势必降低相关公众对海泰斯科技公司和海泰斯工程设备公司网站的访问量，反而提高了相关公众对普若泰克公司网站的访问概率。普若泰克公司也自认其选择"海泰斯"作为关键词的目的就是在搜索"海泰斯"时，同时显示出普若泰克公司的网站，增加其网站的曝光率。普若泰克公司此举显然抢占了海泰斯科技公司和海泰斯工程设备公司在互联网上被相关公众发现的机会，从而挤占了海泰斯科技公

---

❶ 参见：北京市海淀区人民法院（2011）海民初字第10473号民事判决书。

司和海泰斯工程设备公司利用互联网进行交易的市场空间，也会使海泰斯科技公司和海泰斯工程设备公司在市场中投放的广告效应降低，从而使海泰斯科技公司和海泰斯工程设备公司在市场竞争中处于不利地位。普若泰克公司主观恶意极其明显，严重违反了市场竞争中的诚实信用原则和公认的商业道德，破坏了公平有序的竞争环境，构成不正当竞争行为，应当承担相应的法律责任。❶

北京市海淀区人民法院在上海映脉文化传播有限公司与华盖创意（北京）图像技术有限公司等不正当竞争纠纷案中认为，映脉公司在百度网上对其经营的东方IC网进行推广的过程中，使用了"华盖创意""华盖""华盖网""华盖图片价格""华盖图片库"等关键词进行竞价排名，并将网页标题设定为"华盖·东方IC才实惠，高端创意中国制造"。由此导致在百度网上搜索"华盖""华盖创意""北京华盖创意""华盖创意图像""华盖创意图片""华盖创意图片库""华盖创意图片社"时，所列搜索结果第一页的第一项和最后一项均为东方IC网的链接，且显示有上述网页标题内容。映脉公司作为同业竞争者，为推广自身业务和网站而使用华盖公司的企业字号和简称，既无法说明"华盖""华盖创意"等词语与该公司有何关联，更未能对其使用上述词语进行竞价排名的目的作出合理解释。华盖公司的上述行为已显然不是对"华盖"等词语原有含义的使用，而是利用其指代特定的市场经营者，即华盖公司。鉴于"华盖创意""华盖"与华盖公司存在明确的对应性和指代关系，故映脉公司的竞价排名行为，足以造成相关公众在看到搜索结果后，误以为映脉公司所经营东方IC网与华盖公司存在特定联系，产生对两个企业及其产品、服务的混淆和误解，致使本应属于华盖公司的市场关注和交易机会被映脉公司所获取。综上，映脉公司的上述行为违反了市场竞争中所应遵守的诚实信用原则，损害了华盖公司的合法权益，扰乱了正常的市场秩序，构成不正当竞争。二审判决对此予以确认。❷

杭州市滨江区人民法院在杭州盘古自动化系统有限公司与杭州盟控仪表技术有限公司、北京百度网讯科技有限公司侵害商标权纠纷案中认为，盟控公司作为与盘古公司的同行竞争者，故意将与注册商标近似的"盘古记录仪"选定为百度

---

❶ 参见：北京市朝阳区人民法院（2011）朝民初字第2299号民事判决书。
❷ 参见：北京市第一中级人民法院（2011）一中民终字第11137号民事判决书。

网站的竞价排名关键词，导致在百度网站上以"盘古记录仪""盘古无纸记录仪""杭州盘古生产的记录仪""杭州盘古生产的无纸记录仪""盘古商标记录仪""盘古商标无纸记录仪""杭州盘古公司无纸记录仪""盘古牌记录仪"等为关键词进行搜索所得排名首位的搜索结果"盘古记录仪专业生产厂家杭州盟控仪表www.mkong.com.cn"指向盟控公司网站的连接，使用户误入盟控公司网站，从而吸引网络用户对其公司网站的注意力，误导公众对盘古记录仪与盟控仪表是否具有一定关联性产生混淆。盟控公司的上述行为已构成对盘古公司的注册商标造成其他损害的行为，侵犯了盘古公司的注册商标专用权。❶

前述东莞市国安票务有限公司与上海携程商务有限公司侵害商标权及不正当竞争纠纷案，一审法院上海市第一中级人民法院认为，被诉侵权内容"国安票务，订机票，就上携程网 www.ctrip.com 国安票务：携程官网查询及预订机票，使用超方便，买就送积分，可免费兑换机票及丰富礼品"，上述内容易使相关网络用户将被告网站上的机票查询、预订等服务与"国安票务"建立特定的联系，认为被告网站上的机票查询、预订等服务就是国安票务，或与国安票务存在某种关联。从以上"国安"的实际使用方式和使用效果来看，其已经起到了标识服务来源的功能。❷

上海市第二中级人民法院在南京喜郎儿投资管理有限公司与上海迪亿投资管理有限公司商标侵权纠纷案中认为，被告上海迪亿公司作为涉案商标核定使用范围同类商品的经营者，未经原告的许可，亦无合理的理由，在百度推广服务中将"喜郎儿"设置为关键词，并设置了含有"喜郎儿"的相关内容链接及注释。上述行为突出使用了"喜郎儿"，并将"喜郎儿"作为企业字号在涉案商标的相同商品上使用，使涉案商标与被告上海迪亿公司所经营的商品相关联，足以使相关消费者产生其喜郎儿休闲食品店系"喜郎儿"商标注册人开设，以及该休闲食品店经营的商品与涉案商标有关联的混淆和误认。因此，被告上海迪亿公司上述行为已经构成商标侵权，应当就此承担民事责任。二审对此予以维持。❸

广东省高级人民法院在广东联塑科技实业有限公司与广州联兴塑胶管业有限公司、北京搜狗信息服务有限公司侵害商标权纠纷案中认为，广州联兴公司通过

---

❶ 参见：杭州市滨江区人民法院（2011）杭滨知初字第11号民事判决书。
❷ 参见：上海市高级人民法院（2013）沪高民三（知）终字第59号民事判决书。
❸ 参见：上海市高级人民法院（2013）沪高民三（知）终字第97号民事判决书。

搜索推广服务，使其设置有"联塑"关键词的网页链接，在搜索结果中排名靠前或在特定的区域展示，从而达到被链接的网站获取更多点击、浏览的宣传和推广目的，故其设置关键词的行为属于商业使用。广州联兴公司在网页标题和网页信息中均设置有"联塑"字样，该行为会导致使用搜索功能的网络用户误认为该网页链接的企业与广东联塑公司具有某种关联，进而点击、浏览被链接网站。广州联兴公司的上述行为，主观上具有"搭便车"的故意，客观上实施了擅自使用广东联塑公司的企业名称以及虚假宣传，其结果是广州联兴公司的网站获取更多的点击和浏览量，从而达到借助广东联塑公司的知名度和美誉度，为广州联兴公司的商品进行宣传和推广，增加其交易机会的目的，显然违反了诚实信用原则，构成不正当竞争行为。❶

（二）关键词隐蔽使用的典型案例

北京市第一中级人民法院在费希尔厂有限责任两合公司等诉北京百度网讯科技有限公司等侵犯商标权及不正当竞争纠纷案中认为，根据以"慧鱼"为搜索词后搜索结果页面的显示，美坚利公司设置的推广链接位于页面右侧，未处于页面中的自然搜索结果当中，且页面右侧上方标明了"推广链接"；该推广链接的描述部分使用了"美坚利"文字，并未出现与"慧鱼"相关的文字，网址注明了"www.meijianli.com"；点击该链接进入美坚利公司的网站，亦未显示有与"慧鱼"商标或费希尔厂有关联的内容。因此，美坚利公司设置该推广链接的行为不会导致相关公众对商品来源的混淆误认或者认为其提供的商品与费希尔厂有特定的联系，未损害涉案商标的识别功能。至于费希尔厂、慧鱼公司所称的商业机会虽然可以作为一种受到反不正当竞争法保护的利益，但其本身并非一种法定权利，而且交易的达成并非完全取决于单方的意愿而需要交易双方的合意，因此他人可以自由参与竞争来争夺交易机会。竞争对手之间对商业机会的争夺是竞争的常态，亦为市场竞争所鼓励和提倡。只有竞争对手在争夺商业机会时不遵循诚实信用原则，违反公认的商业道德，通过不正当的手段获取他人可以合理预期获得的商业机会，才为反不正当竞争法所禁止。当网络用户用某一商标作为搜索词进行搜索

---

❶ 参见：广东省高级人民法院（2016）粤73民终字第335号民事判决书。

时，其目的既有可能是寻找与该商标相关的信息，也有可能是寻找该商标所有人竞争对手的信息。因搜索服务提供商同时提供自然搜索和关键词广告服务，以该商标设置推广链接关键词的行为并不影响商标权人的网页或广告同时出现在自然搜索结果（且通常位于第一位）。只要设置的推广链接对其商品来源及相关信息作了清楚而不引人误解的描述，在面对自然搜索结果和推广链接中出现的多种商品时，相关公众仍会从综合衡量各方提供商品的价格、质量、功能等因素的基础上选择进行交易的对象，这也符合市场交易的常态。该案中，美坚利公司设置的推广链接的描述及其公司网站的内容足以表明其提供的商品的来源，并未故意造成与费希尔厂、慧鱼公司的商品的混淆误认或使人认为二者有特定的联系。美坚利公司设置推广链接的行为亦未导致费希尔厂及其关联公司的网络链接不能出现在搜索结果中或导致其排序处于不易被网络用户识别的位置。故美坚利公司的行为未导致搜索"慧鱼"信息的网络用户因在搜索结果中不能发现或难以发现费希尔厂和慧鱼公司的网站链接或者因对美坚利公司的产品的混淆误认而错误地购买美坚利公司的产品。虽然美坚利公司以与他人商标"慧鱼"相关的文字作为推广链接的关键词有借此增加其网站及产品广告出现在搜索结果中的机会的意图，但综合考虑其设置的推广链接的具体情形、关键词广告市场特性以及网络用户的认知水平等因素，其行为尚未达到违反诚实信用原则和公认的商业道德的程度。美坚利公司所设推广链接及其公司网站并未借用费希尔厂、慧鱼公司的名义，也未导致相关公众对商品来源的混淆误认，其行为亦不属于利用费希尔厂、慧鱼公司的商誉。因此，美坚利公司设置推广链接的行为并未对费希尔厂、慧鱼公司的合法权益造成实际损害，其行为不构成不正当竞争。二审法院对此予以认同。❶

前述畅想公司与中晟公司、中源公司案中，最高人民法院认为：一方面，中源公司、中晟公司将畅想公司的企业名称和字号设置为关键词没有任何正当理由，且它们之间存在直接的竞争关系，在畅想公司在外贸管理软件行业具有一定知名度的前提下，中源公司、中晟公司显然具有利用畅想公司商誉，不正当获取竞争利益的主观故意，中源公司、中晟公司主张关键词属于公有领域，任何人均可使用，其使用他人商标及字号作为关键词本身并不违法的理由不成立。另一方面，

---

❶ 参见：北京市高级人民法院（2013）高民终字第1620号民事判决书。

在搜索结果中首位出现"富通天下"广告推送，极有可能吸引相关公众的注意力，诱导相关公众去点击中源公司、中晟公司的网站，增加该网站的点击量，从而给该两公司带来潜在的商业交易机会，也使畅想公司失去了潜在的商业交易机会，损害畅想公司的利益。故二审判决认定中源公司、中晟公司该行为显属不当使用他人的企业名称或字号，有悖于诚实信用原则和公认的商业道德，具有可责性，应给予明确的否定性评价，未有不当。❶

南京市中级人民法院在重庆金夫人实业有限公司与北京百度网讯科技有限公司、南京米兰尊荣婚纱摄影有限公司侵害商标权纠纷案中认为，米兰公司将"金夫人"文字设置为推广链接的关键词系在计算机系统内部操作，并未直接将该词作为商业标识在其推广链接的标题、描述或其网站页面中向公众展示，不会使公众将其识别为区分商品来源的商标，不属于商标性的使用。该案中，以"金夫人"为关键词搜索后的结果页面，前六行显示的是金夫人公司的官网及其各地分站链接，下方是"上海婚纱摄影"的链接，且该标题右侧标明了"推广链接"字样，米兰公司的网址链接位于推广链接的第二位，未出现在页面中的自然搜索结果当中；该推广链接的标题、描述部分使用了"米兰"文字，并未出现与"金夫人"相关的文字，网址链接为"www.milanvip.com"；点击该链接进入米兰公司的网站，亦未显示有与"金夫人"商标或金夫人公司有关联的内容。因此，米兰公司设置该推广链接的行为不会导致相关公众对服务来源的混淆误认或者认为其提供的服务与金夫人公司有特定的联系，未损害涉案商标的识别功能。其次，网络用户以关键词进行搜索的目的，既可能是查找关键词直接指向的商品或服务，也可能是查找与关键词相似的商品或服务，以进行充分的比较、选择。网络用户具有一定的识别、区别相似商品或服务的能力。再次，关于在识别功能基础上产生的广告宣传功能。在提供关键词推广的网站，推广链接与自然搜索结果列表分处不同位置，其中推广链接部分结果的排序与引擎自身的算法规则、网站本身的权威度、网站内容的建设、维护、更新及推广选择、点击率、相关性、网页标题、关键字、描述、主页内容、点击价格等因素相关，而自然搜索结果的排序则是根据结果与网络用户输入的搜索词的相关性所决定，搜索服务提供商并不对自然搜索

---

❶ 参见：最高人民法院（2015）民申字第3340号民事裁定书。

结果的排序顺序收取费用。当网络用户使用商标作为搜索词进行搜索时，商标权人的页面和相关信息会因其相关度高而出现在自然搜索结果的列表中，而且往往出现在列表中靠前位置。无论商标权人是否设置了推广链接并能处于推广链接中排序靠前的位置，搜索服务提供商提供的自然搜索的结果均能保证其网站和广告能够被网络用户获得。如该案中，搜索"金夫人"后首先出现的即为金夫人公司的官网，其后才是推广链接。因此，米兰公司设置该推广链接的行为未损害涉案商标的广告宣传功能，米兰公司的行为未侵犯金夫人公司对涉案商标享有的注册商标专用权。至于金夫人公司所称的商业机会，虽然可以作为一种受到反不正当竞争法保护的利益，但其本身并非一种法定权利，而且交易的达成并非完全取决于单方的意愿而需要交易双方的合意，因此他人可以自由参与竞争来争夺交易机会。竞争对手之间对商业机会的争夺是竞争的常态，亦为市场竞争所鼓励和提倡。只有竞争对手在争夺商业机会时不遵循诚实信用原则，违反公认的商业道德，通过不正当的手段获取他人可以合理预期获得的商业机会，才为反不正当竞争法所禁止。网络用户用某一商标作为搜索词进行搜索的目的具有多重性。因搜索服务提供商同时提供自然搜索和关键词推广服务，以该商标设置推广链接关键词的行为并不影响商标权人的网页或广告同时出现在自然搜索结果（且通常位于第一位）中。只要设置的推广链接对其商品来源及相关信息作了清楚而不引人误解的描述，在面对自然搜索结果和推广链接中出现的多种商品或服务时，相关公众仍会从综合衡量各方提供商品或服务的价格、质量、功能等因素的基础上选择进行交易的对象，这也符合市场交易的常态。该案中，米兰公司设置的推广链接的标题、描述及其公司网站的内容足以表明其提供的服务的来源，并未故意造成与金夫人公司的服务的混淆误认或使人认为二者有特定的联系。米兰公司设置推广链接的行为亦未导致金夫人公司的网络链接不能出现在搜索结果中或导致其排序处于不易被网络用户识别的位置。故米兰公司的行为未导致搜索"金夫人"信息的网络用户因在搜索结果中不能发现或难以发现金夫人公司的网站链接或者因对米兰公司的服务的混淆误认而错误地选择米兰公司的服务。虽然米兰公司以金夫人公司涉案商标中的"金夫人"文字作为推广链接的关键词有借此增加其网站及服务广告出现在搜索结果中的机会的意图，但综合考虑其设置的推广链接的具体情形、关键词广告市场特性以及网络用户的认知水平等因素，其行为尚未达到违反诚实信用原则和公认的商业道德的程度。米兰公司所设推广链接及其公司网站并未借用金夫人公司的名义，也未导致相关公众对服务来源产生混淆误认，其行为亦不属于利用金夫人公司的商誉。因此，米兰公司设置关键词推广链接的行为并未对金夫人公司的合法权益造成实际损害，其行为不构成不正当竞争。❶

（三）关键词隐蔽使用行为构成不正当竞争的要件

最高人民法院在知识产权年度报告（2010年）中指出：适用《反不正当竞争法》第2条的原则规定认定构成不正当竞争应当同时具备以下条件：一是法律对该种竞争行为未作出特别规定；二是其他经营者的合法权益确因该竞争行为而受到了实际损害；三是该种竞争行为因确属违反诚实信用原则和公认的商业道德而具有不正当性或者说可责性。最高人民法院《关于充分发挥知识产权审判职能作用推动社会主义文化大发展大繁荣和促进经济自主协调发展若干问题的意见》（法发〔2011〕18号）规定："妥善处理好反不正当竞争法的原则规定与特别规定之间的关系，既要充分利用原则规定的灵活性和适应性，有效制止各种花样翻新、层出不穷的不正当竞争行为，又要防止原则规定适用的随意性，避免妨碍市场自由公平竞争。严格把握反不正当竞争法原则规定的适用条件，凡属反不正当竞争法特别规定已作明文禁止的行为领域，只能依照特别规定规制同类不正当竞争行为，原则上不宜再适用原则规定扩张适用范围。反不正当竞争法未作特别规定予以禁止的行为，如果给其他经营者的合法权益造成损害，确属违反诚实信用原则和公认的商业道德而具有不正当性，不制止不足以维护公平竞争秩序的，可以适用原则规定予以规制。正确把握诚实信用原则和公认的商业道德的评判标准，以特定商业领域普遍认同和接受的经济人伦理标准为尺度，避免把诚实信用原则和公认的商业道德简单等同于个人道德或者社会公德。"因此，构成《反不正当竞争法》第2条原则规定的不正当竞争民事侵权行为属于一般不正当竞争行为，如果反不正当竞争法其他条款有特别规定的，就适用其他条款的特别规定，而不再适用第2条的原则规定。《反不正当竞争法》第2条原则规定的不正当竞争民事侵权行为作为一般不正当竞争行为须符合一般侵权责任的构成要件：①行为人实施的

---

❶ 参见：南京市中级人民法院（2016）苏01民终字第8584号民事判决书。

竞争行为具有过错，违背了诚实信用原则和公认的商业道德，不具有正当性；②其他经营者的合法权益遭受了实际损害；③行为人的具有主观过错的竞争行为与其他经营者遭受的实际损害之间存在因果关系。

关于经营者过错的认定。反不正当竞争法意义上的诚实信用原则更多的是以公认的商业道德的形式体现出来的。商业道德要按照特定商业领域中市场交易参与者即经济人的伦理标准来加以评判，它既不同于个人品德，也不能等同于一般的社会公德，所体现的是一种商业伦理。经济人追名逐利符合商业道德的基本要求，但不一定合于个人品德的高尚标准；企业勤于慈善和公益合于社会公德，但怠于公益事业也并不违反商业道德。特别是，反不正当竞争法所要求的商业道德必须是公认的商业道德，是指特定商业领域普遍认知和接受的行为标准，具有公认性和一般性。即使在同一商业领域，由于是市场交易活动中的道德准则，公认的商业道德也应当是交易参与者共同和普遍认可的行为标准，不能仅从买方或者卖方、企业或者职工的单方立场来判断是否属于公认的商业道德。具体到个案中的公认的商业道德，需要根据特定商业领域和个案情形具体确定，特定行业的一般实践、行为后果、交易双方的主观状态和交易相对人的自愿选择等都可能成为考虑因素。

搜索引擎公司以其拥有的庞大海量的信息数据库作为其商业资源。因此，其在提供免费的自然搜索结果的情况下，利用该自然搜索结果的商业资源开发了搜索推广的竞价排名服务。商家可以与搜索引擎建立商业合作关系，通过搜索推广的竞价排名服务使自己的信息更方便地为网络用户搜索到。经营者在秘密状态下采取有利于自己的技术措施，将竞争对手的商标、字号、企业名称等识别性标识作为后台搜索关键词，是符合经济人追名逐利的商业道德要求的，同时该技术措施也是一家公司的商业秘密，受到法律的保护。因此，秘密状态下的行为不属于商业道德需要责难的内容。

关于经营者受到实际损害的认定。最高人民法院在知识产权年度报告（2010年）中指出：在正常情况下能够合理预期获得的商业机会，可以成为法律特别是反不正当竞争法所保护的法益；但基于商业机会的开放性和不确定性，只有当竞争对手不遵循诚实信用原则和违反公认的商业道德，通过不正当手段攫取他人可以合理预期获得的商业机会时，才为反不正当竞争法所禁止。商业机会虽然作为一种可以受到反不正当竞争法所保护的法益，但本身并非一种法定权利，而且交易的达成并非完全取决于单方意愿而需要交易双方的合意,因此他人可以自由参与竞争来争夺交易机会。竞争对手之间彼此进行商业机会的争夺是竞争的常态,也是市场竞争所鼓励和提倡的。对于同一交易机会而言,竞争对手间一方有所得另一方即有所失。利益受损方要获得民事救济,还必须证明竞争对手的行为具有不正当性。只有竞争对手在争夺商业机会时不遵循诚实信用的原则,违反公认的商业道德,通过不正当的手段攫取他人可以合理预期获得的商业机会,才为反不正当竞争法所禁止。

网络用户在利用某一词语作为搜索词进行搜索时,其目的是想了解与该词语相关且符合自己需求的信息,其需求的信息可能是正面的,也可能是负面的;有可能是寻找该搜索词相关的信息,也有可能是寻找竞争对手的信息。在搜索引擎服务提供商同时提供自然搜索结果和关键词竞价排名服务时,在后台以该"商业标识"设置为推广链接关键词的行为并不影响该商业标识权利人的网页或广告同时出现在自然搜索结果中。只要竞价排名搜索结果中的标题、内容、链接网址对其提供的商品或服务作了清楚而不引人误解的描述,网络用户在面对自然搜索结果和竞价排名推广链接中出现的多种商品或服务时,相关公众仍会以"货比三家"的态度,综合衡量各方提供的商品或服务的价格、质量、功能等因素的基础上选择进行交易的对象。如果搜索引擎服务商在搜索结果中只提供商业标识权利人的信息,而没有其他与该"商业标识"相关的信息,反而使网络用户丧失了辨识与选择的机会,损害了竞争秩序和消费者的权益。经营者虽然在隐蔽状态下使用竞争对手的商业标识作为关键词,但是因为在公开的搜索推广结果中没有出现竞争对手商业标识,不会导致相关公众的混淆和误认。又因为相关公众对百度的推广链接与自然搜索结果有基本的区分能力,推广行为没有损害竞争秩序。但是,如果竞争对手一方有证据证明因推广一方该推广行为使其潜在客户流入推广一方,导致其遭受实际损失;或者有证据证明原本已经与其有过接触达成意向的客户因为该推广行为,而与推广一方建立了合作关系,而导致其可合理预期的商业机会被攫取,客户资源流失;或者推广一方使用的竞争对手的该关键词已经有了较大的点击量,为自己带来了较大的市场关注度。于此情形下的关键词隐蔽使用的行为构成不正当竞争。因此,关键词隐蔽使用行为是否构成不正当竞争应该坚持实质损害判断标准。

第四编

知识产权保护对策研究

第二十章　金融商业方法专利设置与保护问题研究

胡维朗[*]

摘　要：金融商业方法常被作"智力活动的规则和方法"而排除在专利法保护客体之外，通过将金融商业方法与计算机及网络技术的结合能够克服这一缺陷，因而金融商业方法的发明专利申请与涉及计算机程序的发明专利申请存在竞合。金融商业方法的专利申请关键在于，克服"智力活动的规则和方法"、符合"技术方案"的要求，具备实用性、新颖性和创造性。金融商业方法在技术开发过程中，需要约定专利权归属。金融商业方法专利的权利要求保护范围应当符合中国的实际，即该"技术方案"符合中国法律规定，并且在专利侵权诉讼中能够进行明确的技术比对，当被告提出并举证计算机程序为自行开发时，对该金融商业方法专利的侵权认定应当慎重。随着电子商务的发展，电子商务互联网公司将成为金融商业方法的一大主体。跨境贸易的多样性、电子商务超地域性等都预示着金融商业方法寻求国际保护的趋势，作为金融商业方法专利的主体通过《巴黎公约》或PCT条约申请国际专利也将成为专利保护的重要途径。

关键词：金融商业方法　可专利性　权利要求　专利保护

金融业是指经营金融商品的特殊行业，包括银行业、保险业、信托业、证券业和租赁业，因而金融业的经营主体包括银行、保险公司、信托公司、证券公司

---

[*] 胡维朗，浙江三港律师事务所合伙人、主任，兼任宁波市知识产权保护协会法律维权中心主任，曾任宁波市律师协会知识产权专业委员会首届主任。

等。然而，作为从事金融方法技术研发并试图寻求金融方法专利保护的主体远远超出上述范围。从技术研发上来说，这并不是银行等金融公司的强项，而为银行等金融公司做技术配套服务的公司更着眼于技术的开发和保护，因而这些公司往往也会寻求专利保护。对于金融方法，银行等金融公司则具有其他主体所难以比拟的天然优势，即金融业务的专业性，以及垄断专利利益诱惑下所带来的金融方法改进之强大动力。由此可见，金融类技术开发公司和金融公司是金融方法专利申请和维权的两大主体，除此之外，国内大型的互联网公司已经具备成熟的电子商务支付结算的技术，例如，阿里巴巴所开发的支付宝业务、腾讯公司所开发的财付通业务、网易公司所开发的网易宝业务。以上这些互联网支付业务和手段中不乏对金融方法的改进，所以大型互联网公司正在逐步成为新兴金融方法专利的一大主体。

一、金融商业方法的可专利性

金融商业方法属于商业方法，由于商业方法发明专利的特殊性，国家知识产权局专门编撰了《商业方法相关发明专利申请的审查》的审查教程。商业模式常常被认定为"智力活动的规则和方法"，即被作《专利法》第25条中不授予专利权的情形之一，从而被排除在专利保护之外。因此，以单纯的商业方法为主题的发明专利申请不属于专利保护的客体。商业方法相关发明专利申请是指以计算机及网络技术实施商业方法为主题的发明专利申请。❶ 可见，商业方法若要成为我国专利法的保护客体，势必需要以计算机及网络技术实施商业方法为主题，其技术方案中应当包含计算机及网络技术。

计算机程序（软件）属于计算机及网络技术，涉及计算机程序的发明专利申请具有一定的特殊性。众所周知，计算机程序本身是不能申请专利保护的，所谓的计算机程序本身是指为了能够得到某种结果而可以由计算机等具有信息处理能力的装置执行的代码化指令序列，或者可被自动转换成代码化指令序列的符号化

---

❶ 电学发明审查部商业方法相关发明审查教材编写小组. 商业方法相关发明专利申请的审查 [M]. 北京：知识产权出版社，2010：2.

指令序列或者符号化语句序列。❶ 计算机程序本身包括源程序和目标程序。计算机程序本身属于我国著作权法的保护客体，但是计算机程序所运用和承载方法蕴含了技术问题的解决方案，则可能成为发明专利的保护客体。涉及计算机程序的解决方案并不必须包括对计算机硬件的改进，但要避免落入"智力活动的规则和方法"。

金融商业方法的可专利性在于，该商业方法是一个或多个技术系统，本身蕴含了客观存在的技术方案，商业方法是该技术方案的表现形式，并且该商业方法符合发明专利的三性。

综上所述，金融商业方法的发明专利申请与涉及计算机程序的发明专利申请存在竞合，即一项金融商业方法的发明专利申请可能涉及计算机程序，将计算机程序所承载的方法作为技术方案来解决金融商业中的技术问题。

二、金融商业方法专利的条件

由于单纯的商业方法落入了"智力活动的规则和方法"，而商业方法蕴含并可能释放出巨大的商业价值，从而求助于专利法的保护，将"以计算机及网络技术实施的商业方法"视为专利法的保护客体实为对此作出的折中。这并不意味着"以计算机及网络技术实施的商业方法"就当然地成为专利法的保护客体，因此很有必要审慎地研究何为"以计算机及网络技术实施的商业方法"。除此之外，《专利法》第2条第2款关于技术方案的规定，《专利法》第22条关于新颖性和创造性的规定，都是金融商业方法获得专利保护的巨大障碍。下面笔者将分别从《专利法》第25条、第2条和第22条详细分析金融商业方法授权条件，详述金融商业方法要获得发明专利授权必须依次克服上述几个法条所设置的障碍。

1. 排除"智力活动的规则和方法"

申请金融方法发明专利要克服的第一道障碍便是《专利法》第25条的"智力活动的规则和方法"。一项金融商业方法专利申请要跟"智力活动的规则和方法"撇清关系，势必要引入计算机及网络技术，即所要实施的金融商业方法依赖于计

---

❶ 国家知识产权局. 专利审查指南（2010）[M]. 北京：知识产权出版社，2010：259.

算机及网络技术才能实现。也就是说,简单地加入一些软硬件的计算机技术难以规避《专利法》第 25 条的"智力活动的规则和方法",也很难获得专利审查部门的支持。例如,一种拍卖方法,涉及计算机技术的仅仅是将拍卖公告等信息通过计算机发布于互联网,那么则不应当认为是"以计算机及网络技术实施的商业方法",这样的商业方法专利申请很明显仍然属于"智力活动的规则和方法"。当然,针对以上这个例子,如果整个拍卖过程通过计算机和互联网实现,设置组织者客户端和竞买人客户端,同时通过计算机设置不同于传统拍卖的流程安排,可见,这样的技术方案离开计算机和互联网便无法实施,应当被认为是"以计算机及网络技术实施的商业方法",因而被排除在"智力活动的规则和方法"之外,从而成为专利法的保护客体。

综上,一项金融商业方法所包含的计算机及网络技术若在该商业方法实施过程中是非必要的,或对商业方法实施来说无法起到实质性的作用,则可认为是一项单纯的商业模式,不符合《专利法》第 25 条中的规定。因此,要排除被"智力活动的规则和方法"的可能,就需要加入金融商业方法所赖以实施的计算机及网络技术。

2. 符合"技术方案"的要求

如果已经判断出当前的申请所请求的方案不属于智力活动的规则和方法,则需要进一步判断商业方法相关发明专利申请所请求的方案是否构成《专利法》第 2 条第 2 款所规定的技术方案。也就是说判断该方案是否解决了技术问题、采用技术手段并同时获得技术效果。鉴于判断商业方法专利申请是否解决了技术问题相对于判断是否存在技术手段更为容易;并且,如果所请求的方案解决了技术问题,则该方案必然能够获得与所解决技术问题相应的技术效果,一般也同时存在为解决该技术问题起主导作用的技术特征,即存在技术手段。因此,审查员往往通过判断所涉及的商业方法是否解决了技术问题,来判断该方法是否构成《专利法》第 2 条第 2 款所规定的技术方案。

金融商业方法相关发明专利申请所请求的方案通常不仅包含一些涉及金融、商业的非技术特征,还含有一些涉及计算机、网络等的技术特征,属于技术特征和非技术特征的混合体,这种混合形式所构成的技术方案具有双重特点。在这种混合形式的权利要求中往往很难从中确定哪些是技术内容部分,哪些是非技术内容部分。若商业方法专利申请说明书中所提出的"技术问题"是完全或大部分靠非技术内容部分解决,则可认为所谓的"技术问题"并非技术问题,那么权利要求中的"技术方案"则不构成《专利法》第2条第2款所规定的技术方案。

3. 具备新颖性和创造性

一般而言,对于传统技术领域,通常先进行客体审查,主要是因为对于不属于专利法保护客体的申请,就没有必要投入精力来审查实质性的问题。所以,在商业方法专利申请的审查中,需要注意的是,在对新颖性和创造性作出评价时,并不意味着已经确定要求保护的发明属于专利法的保护客体。属于专利法保护客体和具备新颖性、创造性是需要同时满足,但又是独立的审查过程。国家知识产权局作出这样的审查安排是由于某一项申请判断是否为专利法的保护客体存在困难,通过检索发现缺乏新颖性和创造性的,此时便可通过新颖性和创造性的评价来作出审查意见或驳回决定。

商业方法的技术方案与最接近现有技术相比的区别技术特征中既包含技术特征部分,也包括非技术特征部分,对于创造性的评价,应当从整体上分析非技术特征是否有助于技术问题的解决,从而判断非技术特征部分是否存在对现有技术的贡献。

三、金融商业方法专利的权利主体

之所以要特别强调金融商业方法专利的权利归属,是由于金融商业方法专利在开发和技术挖掘中的特殊性。由于金融机构一般都不具备计算机及网络开发应用的专业技术,因此涉及计算机相关技术的开发一般都是由专业的计算机技术开发公司完成。由此可见,金融机构与计算机技术开发公司之间的法律关系便是决定金融商业方法专利权利归属的关键。

我国《合同法》第339条和第340条分别对委托开发和合作开发所产生的专利申请权和专利权的归属作出规定;我国《专利法》第8条对此也作出相应的规定。金融机构与计算机技术开发公司存在委托开发的情况,若未约定专利权的规定,则最终的专利权归属为计算机技术开发公司,对金融机构显然是不利的,也容易产生商业方法专利权归属的纠纷。在委托开发中,通过双方意思自治约定专利权的归属，能够平衡金融机构与计算机技术开发公司的利益，减少双方分歧。

需要引起注意的是，金融机构与计算机技术开发公司都要制定相关的知识产权规章制度及保密协议等，对在职人员申请专利及离职人员一年内申请专利的情况予以检索和分析，及时发现职务发明被员工窃取的情况。

四、金融商业方法专利的权利要求保护范围

金融商业方法专利的权利要求保护范围应当符合中国的实际，即该"技术方案"的认定应当符合中国法律及相关规定，相关部门可以对金融商业方法专利的权利要求保护范围的认定原则作出进一步规定。

2006年《审查指南》对《专利法实施细则》（2002）第2条第1款进行了具体的解释，即"专利法所称的发明是对产品、方法或其改进所提出的新的技术方案……技术方案是对要解决的技术问题所采取的利用了自然规律的技术手段的集合"。2010年8月出版的《商业方法相关发明专利申请的审查》指出：其方案利用了计算机及网络技术来实现商业活动，可以判断申请属于商业方法相关发明专利申请。在确定申请是否属于专利法保护的客体时，则需要判断商业方法相关发明申请所请求的方案，也就是说判断当前所请求的方案是否解决了技术问题，采用了技术手段，并同时获得了技术效果，同时具备技术三要素的解决方案才能构成技术方案，缺少上述技术三要素的任意一个要素都不构成技术方案。

由此可见，2006年《审查指南》及《商业方法相关发明专利申请的审查》只是对商业方法发明专利申请中的技术要素作出规定，但未涉及权利保护范围的认定原则。

商业方法发明尤其是金融商业方法发明涉及技术要素、地域范围与权利要求保护范围的冲突问题。例如，一种用于网络客户终端之间执行电子货币金额交易的方法，包括在参与交易的支付用户终端和交易服务器之间建立通信连接，接收数据以确定支付用户终端，接收用户端及在交易服务器将划拨的货币额，利用交易服务器的媒介作用，从支付用户终端的货币存储器中借记规定的货币金额，在参与交易的接收用户终端和交易服务器之间建立通信连接，并将借记的所述金额贷记入接收终端的货币存储器。上述权利要求中的用户终端、支付用户终端、交

易服务器等涉及跨地区或跨国家设置，涉及国际管辖问题，而权利要求中的"用户终端和交易服务器之间的通信连接"都对权利要求的技术保护范围有限定。在没有得到说明书明确清楚解释的情况下，将这里的"通信"扩大解释为"包括互联网通信"显然不利于保护公众利益。

最高人民法院在《关于审理侵犯专利权纠纷案件应用法律若干问题的解释》（法释〔2009〕21号）中对权利要求内容的解释采用"折中原则"，即人民法院依据《专利法》第56条第1款的规定对专利权利要求进行解释时，既不能将专利保护范围解释为仅由权利要求的严格字面含义所限定，而说明书及附图仅用于解释权利要求中的含糊不清之处，也不能解释为权利要求只是确定了一个总的发明核心，仅具有指导作用，保护范围扩展到所属的技术人员通过阅读说明书及附图而理解的专利权人所期望的保护范围。人民法院应当从上述两种解释的中间立场出发，使对权利要求的解释既能为专利权人提供公平的保护，又能确保给予公众合理的法律稳定性。

然而，以"折中原则"确定金融商业方法发明专利的保护范围显然不符合中国的实际。其一，我国金融商业方法品种少，技术落后，并没有建立与计算机软件或金融方法相关的专利文献的数据库，尤其对国外公知金融商业方法缺乏收集、归档。如果专利说明书指出了某个商业方法的适用范围，那么无形中扩大了该项专利的保护范围。其二，对金融商业方法现有技术的确认也缺乏研究和认识。这一问题得不到有效解决而对金融商业方法的专利保护采用"中心限定原则"或"折中原则"将很有可能引起权利的泛滥，继而冲击我国的金融业。其三，金融商业方法专利所引起的管辖权问题，目前在国际范围内也尚无定论。因此，对金融商业方法这样一个市场敏感的发明专利，在其权利要求保护范围的划分和认定上应当更加慎重。

在金融商业方法的专利性问题上还存在现有技术的确定和管辖权的确定等问题，为防止国外企业滥用专利权所带来的一系列问题，有必要提高金融商业方法专利的"入门台阶"。在专利权利保护范围的确定中，应当更加倾向于"周边限定原则"，社会公众可以通过权利要求书清楚地了解专利权的保护范围，而不必作随意性的推断和解释。

五、金融商业方法专利侵权认定

如前所述，金融商业方法专利实质上是通过计算机及网络技术实施金融商业服务的方法。而计算机程序本身并不属于专利保护客体，当某项金融商业方法专利的计算机硬件为公知技术时，该方法专利实质上是由计算机软件所带来的金融商业服务效果的技术方案。在专利侵权认定时，应当有区别地对待。

1. 全面覆盖原则的应用

《最高人民法院关于审理侵犯专利权纠纷案件应用法律若干问题的解释》指出：对于仅在说明书或附图中描述而在权利要求中未记载的技术方案，权利人在侵犯专利权纠纷案件中将其纳入专利保护范围的，人民法院不予支持。被诉侵权技术方案是否落入专利权的保护范围，应当审查权利人主张的权利要求所记载的全部技术特征。

金融商业方法专利应当通过利用和控制相关硬件系统来取得商业价值，同时金融商业方法专利更多地会在权利要求中以功能或效果表达其技术特征，这些功能或效果特征对权利要求具有限定作用。如果被诉侵权技术方案与权利要求记载的商业功能或效果相比，缺少权利要求记载的一个以上功能或效果，或有一个以上不相同，则应当认定没有落入该金融商业方法专利权的保护范围。

全面覆盖原则在适用金融商业方法专利的侵权认定中，应当将与商业方法有关的并已写入权利要求书中的商业功能或效果作为权利限定，与侵权技术方案进行比对，这样更有利于司法实践的具体操作，更有利于专利权与公众利益的平衡。

2. 排除著作权司法救济和等同

《计算机软件保护条例》及《最高人民法院关于审理涉及计算机网络著作权纠纷案件适用法律若干问题的解释》等规定给金融商业方法的网络技术提供司法救济渠道。如果某项金融商业方法专利的硬件系统为公知技术，而其区别特征仅为计算机程序的解决方案，则该专利不应列入专利保护范围，当事人应当依据我国著作权法的规定，寻求著作权司法救济。例如，某项金融商业方法专利所描述的商业技艺或诀窍已经被他人使用或所知道，专利权人只是将数据化管理系统整合于公知计算机硬件中,虽然带来了效果上的成功,但该成功主要依赖于软件的创新,是"智力活动规则"的计算机化,因此,该技术方案属于著作权保护的范畴。

等同原则是指与记载的技术特征以基本相同的手段,实现基本相同的功能,达到基本相同的效果,并且本领域的普通技术人员无须通过创造性劳动就能够联想到的特征。然而在金融商业方法专利的侵权认定中,等同原则似乎很难适用。金融商业方法的侵权人一般并不会完全抄袭使用,往往采用部分修改再加以使用的方式实施行为,而对于修改后再加以使用的情形,往往涉及一个新商业方法专利的认定,并且在"三个基本相同"和"本领域的普通技术人员"的判断上形成巨大争议。因此,笔者主张在现阶段不宜适用等同原则对金融商业方法专利的侵权进行认定,当然,如果侵权人完全利用了原发明的技术,且属于同一商业领域,即使有所改进也应构成侵权。

六、传统金融与电子商务融合的机遇与展望

随着电子商务的发展,互联网支付异军突起,每天都有大量的订单通B2B、B2C等网站进行支付。电子商务公司不仅仅满足于购物支付领域,以支付宝为例,如今支付宝已经开通银行转账业务,即可以通过支付宝实现不同银行之间的转账,淘宝更是与司法机关展开合作,将业务延伸至司法拍卖等金融领域。

从事电子商务的互联网公司有着传统金融公司所不可比拟的优势,从事电子商务的互联网公司同时具备电子商务等金融类和计算机等技术类的专业知识,能够独立地进行金融商业方法技术方案的研究和开发。像支付宝这样的第三方支付平台正是因为与银行业展开了一系列的合作,才解决了长期困扰第三方支付平台的安全性和便捷性的问题,同样,第三方支付平台与银行业等金融行业存在激烈的竞争。这里的竞争来自于业务的竞争、资金的竞争等多个方面。[1] 在今后的金融商业方法技术的开发中,电子商务公司将扮演着越来越重要的作用,对于商业方

---

[1] 颜白鹭. 支付宝等第三方支付平台与银行的竞争与合作 [J]. 宁波广播电视大学学报, 2009 (3): 34-37.

法技术专利的"圈地"运动也将愈演愈烈。

从 1996 年开始美国花旗银行便向中国申请了多项金融商业方法类的发明专利，❶ 可见金融商业方法专利申请在 20 世纪 90 年代已经悄无声息地展开。跨境贸易的多样性、电子商务超地域性等都预示着金融商业方法寻求国际保护的趋势，对于金融商业方法专利的主体而言，通过《巴黎公约》或 PCT 条约申请国际专利也将成为专利保护的重要途径。

金融商业方法相关的发明专利申请常常被排除在专利法保护客体之外，而巨大的商业价值潜力又迫使金融机构、技术开发公司和电子商务公司等主体强烈地要求专利的垄断保护，同时又谨慎地防止它们获得相关专利的垄断保护。这样的矛盾将会导致专利申请人与国家知识产权局之间的专利复审、行政诉讼案件量的增加，以及第三人向国家知识产权局请求专利无效的案件量的增加。伴随着案件量的增加，律师的参与度也较传统专利行政案件要高。金融机构、技术开发公司和电子商务公司对于金融商业方法技术的开发侧重点有所不同，如何制定合理的专利制度，如何把握技术创新的角度（符合专利法的保护客体），将是知识产权律师所要考虑和服务的重点。

---

❶ 吕静，周亮. 电子商务商业方法专利战略 [J]. 太原理工大学学报：社会科学版，2004（2）：24-26.

第二十一章 知识产权质押融资的风险及防范

杜 晶 胡宋亲[*]

摘 要：从"知本"到"资本"，知识产权质押融资为破解中小企业，尤其是成长期科技型中小企业的融资难题提供了思路。我国从2008年起展开企业知识产权质押业务试点工作，到现在各地基本都出台了相关的知识产权质押融资制度，知识产权融资在法规和政策层面获得了充分肯定。然而知识产权质押融资的问题与风险不仅在于知识产权质押的程序性和实体性法律规定及操作规范的建立，本质上还因为知识产权本身的不稳定性、难以估测性和难以流通性。本文将对知识产权融资中存在的风险进行分析，并提出完善防范机制的几点建议。

关键词：知识产权质押 法律风险 防范措施

一、知识产权质押的风险分析

知识产权质押风险，是指使知识产权在质押过程中发生标的物价值减少、质押受阻或者质押权无法实现等情形的诸多事实。与其他担保方式相比，知识产权质押风险主要成因是知识产权权利的特殊性，知识产权具有无形性、实践性和地域性等，这导致其在法律、评估、变现等方面滋生更多的风险。知识产权质押风

---

[*] 杜晶，浙江和义观达律师事务所高级合伙人，宁波市律师协会知识产权专业委员会秘书。
胡宋亲，宁波大学硕士研究生。

险又可以分为知识产权质押法律风险和知识产权质押市场风险。

(一) 知识产权质押法律风险

知识产权质押法律风险是指因质押前或质押过程中所发生的特定法律事实使知识产权价值出现减少、消失、转移或者质押权无法实现的情况。知识产权质押法律风险可归纳为：知识产权权利的不稳定性、侵犯他人知识产权的可能性、登记问题等方面。❶

(1) 知识产权权利的稳定性风险。知识产权的稳定性，指"该项知识产权在法定保护期限内能够被权利人控制并受法律保护的程度"。❷ 我国专利法和商标法分别规定了专利权的无效宣告程序和商标的"撤销"程序，这就意味着已经处置的专利权和商标权人，很可能会因为他人的申请而"无效"，进而导致出质无效。此外，对于可出质的计算机软件、商业秘密等，也有可能会被他人掌握，丧失市场优势。因而，知识产权作为一种无形财产权，与其他担保标的物相比，具有更大的稳定性风险，也就是知识产权在质押期间面临权利失效的风险。

(2) 知识产权侵权风险，包括现实的和潜在的侵权风险，知识产权容易产生权属争议风险，是指知识产权质押标的物隐含的现存或未来可能有的权属争议并影响质押实现的可能性。比如，实用新型因创新程度较低、有效期较短，其授权只需进行初步审查，倘若存在与其相同或相关的在先权利，不仅可能会使实用新型专利被撤销，甚至还可能构成对他人在先专利权的侵犯。

(3) 登记风险指因我国有关不同类型知识产权质押登记规则相异、登记机构不统一等原因引起的提高质押成本、降低质押效率的问题。实践中不同类型知识产权质押登记规则相异、登记机构不统一，对于同时以多种知识产权质押的当事人来说，需要进行多个登记，无形中拖延了质押时间，浪费了知识产权的有效期，容易使知识产权贬值。

(二) 知识产权质押市场风险

市场风险是指因未来市场价格的不确定性对企业实现其既定经营目标的不利

---

❶ 张伯友. 知识产权质押融资的风险分解与分步控制 [J]. 知识产权, 2009 (3): 32.

❷ 刘春霖. 知识产权资本化研究 [J]. 北京: 法律出版社, 2007: 52.

影响，主要包括利率风险、汇率风险、股票价格风险和商品价格风险。知识产权质押的市场风险主要是指因知识产权质押标的物的价格发生不利波动而给质权人带来损失的风险。这里主要讨论经济风险和交易风险。

（1）知识产权质押标的经济风险，是指知识产权价值稳定性风险，即知识产权能否在质押期间保值增值的风险。知识产权作为一种无形资产，其价值和技术先进性、市场竞争优势、有效期长短等因素密切相关，其可能会因具有广阔市场前景以及独创性高的技术，而价值持续上涨，也可能会因为种种原因导致在贷款期届至时价值暴跌。并非所有的知识产权都能像实物财产或其他权利类型一样在质押期间内保持相对稳定的价值。其中影响经济风险的有两个主要因素：一是时效性造成的经济风险，知识产权也会因为有效期的届满而失效或者价值出现波动。二是可替代技术产生的经济风险。比如一项专利权可能会被更现进的替代技术或替代产品所代替，造成其经济生命期"提前结束"。

（2）知识产权质押变现风险。知识产权质押变现风险，即质押期届满，知识产权质押标的物未能通过折价、拍卖、变卖等方式筹得相应价款，使贷款人蒙受损失。设定担保的目的是通过加强债务人的信用使其获得借款，并且在债务人不能偿还到期债务时保障债权实现。知识产权其变现不像有形资产那样简单，不能直接套用动产质押的规定，这就决定了知识产权的交易对工作人员的专业能力、交易方式、交易场所、交易对象都有特殊的要求，并且需要一个公开完善的交易市场和高效通畅的处置渠道。

知识产权质押与其他担保类型相比，银行等金融机构更愿意接受实物如汽车、厂房、机器设备作为担保物，一方面是因为这些实物价值稳定，容易变现；另一方面即便出现不良贷款也容易变卖或拍卖，也可用所得价款偿还债务。知识产权变现包括很多客观因素，如知识产权变现的程序复杂、成本过高，缺乏变现规则，交易市场不完善等。此外，有些知识产权需要与一定的技术人员、生产线以及机械设备相配套，才能发挥其经济价值，单独的知识产权创造不了任何经济效益，这增加了知识产权标的物的变现风险。

二、我国现行知识产权质押风险防范机制

我国各地政府在知识产权质押融资试点工作过程中都进行了积极的探索与创

新，总结各模式中防范风险的措施具体有如下三种。

（1）政府鼓励、引导、支持知识产权质押业务的开展。在不同模式中，政府担任的角色是不同的，上海模式和江苏模式中政府是"主导型"，政府机构主导知识产权质押运转，参与每个环节；其余模式中政府是"服务型"，政府不直接参与知识产权质押，只是提供审查、评估、管理等辅助性服务。政府在各种模式中，都发挥了法律支撑、积极引导、协调工作的职能，为知识产权质押营造了良好的外部环境，提高了质押效率。

（2）引导中介机构参与知识产权质押，共同分担风险。例如，北京模式就采用多主体共担风险的防范措施，引入了民间的、专业的中介机构（资产评估机构、律师事务所和担保公司）参与知识产权质押，分别承担其相应的评估风险、法律风险和担保风险，大大降低了银行所承担的风险，这一风险分担机制促进了北京知识产权质押业务的较快发展。此外，武汉模式引入专业担保机构，南海模式（广东省佛山市南海区）中由政府、金融机构和中介机构组建的知识产权交易平台，都在一定程度上降低了知识产权质押风险。

（3）设立数据库加强对出质知识产权的审查、评估与管理。重庆设立的科技专家数据库，涉及多个领域的科学技术，满足了知识产权质押对专业性的要求，提高了知识产权质押贷前审查的科学性，降低了银行的审查风险，同时也提高了评估结果的准确性。南海模式的"知识产权质押信息动态数据库"包括企业和知识产权的双重信息，当事人可根据其对企业、知识产权进行贷前审查、评估，而且可根据动态信息，实现对企业经营状况以及出质知识产权的法律状态进行实时监控。

此外，浦东知识产权中心统一进行各种知识产权的评估、质押登记，不仅有利于知识产权的登记管理，而且降低了因评估标准不一带来的误差，较好地解决了评估知识产权时遇到的问题。

三、我国知识产权质押风险防范机制的完善

（一）完善我国知识产权质押立法

（1）统一立法层次，我国目前有关知识产权质押立法主要包括法律法规、行

政法规以及由各地政府部门、特定机构出台或联合出台的部门规章、试行办法和管理意见等。不同法律文件在立法层次和法律位阶的不统一，导致权利效力位阶不一、适用法律冲突。鉴于此，我国应当由单一立法主体制定适用于全国范围内的知识产权质押业务法律层面的统一规范，规范内容主要包括概念界定、主体资格条件、客体标的范围、贷款授信条件等实质性内容，以及其他程序性规定等。

（2）规范知识产权质押合同，美国知识产权质押模式就是通过制定完备的质押合同，控制知识产权以降低知识产权质押风险。知识产权质押合同除具备基本条款外，还应当包括出质知识产权的种类、名称、权利范围、权利保护期、使用状况等。比如，专利权的质押效力是否基于后续权利，这是因为后续权利毕竟还没有完全客观存在，贷款人对其价值难以估计，如果双方当事人协商同意就避免了日后的纠纷。此外，当事人应当考虑到其他一些费用的支付问题，包括纠纷解决费用，知识产权侵权产生的违约金、损害赔偿金，以及相关财产提存时所需的保管费等。

（3）完善登记制度，我国的知识产权质押采取的是"登记生效主义"。登记不仅是知识产权质押成立的生效要件，也是知识产权质押状态的公示手段。完善登记制度包括制定统一的知识产权质押登记规范和设立统一的知识产权质押登记机构。知识产权质押登记规范应当统一登记事项和程序，有利于降低质押当事人的登记成本，提高质押设定效率，促进业务发展。设立统一的知识产权质押登记机构便于质押主体进行质权登记从而降低设质成本，也有利于当事人对出质知识产权的法律状态的查询，方便对知识产权经济化行为的监督和管理，维护知识产权交易安全。可以借鉴上海浦东模式中由知识产权交易中心对区域内出质知识产权进行统一登记和评估，这种模式有利于知识产权质押的监督管理。

（二）健全知识产权质押配套制度

（1）完善知识产权质押评估机制。第一，制定具体可行的知识产权评估准则及办法，可以在无形资产评估准则的框架下，区别知识产权的特性，除针对知识产权评估基本要素具有一般性标准外，还根据知识产权评估的具体情形分类制定评估规则或评估指南，区分评估知识产权类别、特征、评估常用方法、评估目的、知识产权效用发挥的条件以及外部市场环境等。❶ 第二，建立专业的知识产权评估机构，可以在现有资产评估机构内成立专门的知识产权评估小组，吸收或聘用相关领域的专家、学者、律师、预算师等参与完成知识产权价值的评估。可以借鉴重庆的专家数据库，保障评估的科学、准确。

（2）健全知识产权质押标的物交易制度。各地区、城市均制定了地方性的知识产权交易办法，各地法规的内容大相径庭且适用范围局限，使得知识产权交易的或然性较大。统一的知识产权交易法律法规应包括交易主体的资格、交易客体的审核标准、交易程序规则、交易中介服务机构的准入条件、交易方式、交易对象、对知识产权交易的促进和保障措施以及相关主体法律责任等。❷ 此外，还需建立完善的知识产权交易市场，现代网络具有极大的传播优势，我国知识产权交易平台不仅应当包括现实中的交易市场，也应利用网络信息传播的便利，建立知识产权交易网络市场。

（三）建立多方参与的风险分担机制

知识产权质押与传统担保方式，如抵押、动产质押相比存在更为复杂的风险，风险多样性和难控性是阻碍其发展的主要原因。我国理论界和实务界对于防范知识产权质押风险在理论上、实务中都进行了深入研究，有学者认为可以根据知识产权质押运行过程按照阶段将质押风险分解为不同层次，由不同阶段对应的主体针对不同层次的风险集中管理并有效化解；❸ 有的学者认为可以建立国家担保制度，由国家设立政策性的保险机构对知识产权质押的风险予以承保，当知识产权质押标的物的处置价款不足以偿还贷款时，保险机构对金融机构的贷款损失进行适当补偿；❹ 北京模式、武汉模式中都引入中介机构参与知识产权质押并分担分险。

笔者认为可以鼓励多方主体，如国家设立的专门机构、律师事务所、资产评估机构、担保机构或专业科技担保机构与银行参与知识产权质押，共同分担风险。

---

❶ 黎四奇. 知识产权质押融资的障碍及其克服 [J]. 理论与探索，2008（4）：142.
❷ 龚玮敏. 知识产权质押贷款的法律问题及其对策 [D]. 北京：中国政法大学，2011：35.
❸ 张伯友. 知识产权质押融资的风险分解与分布控制 [J]. 知识产权，2009（19）：31.
❹ 宋伟，胡海洋. 知识产权质押贷款风险分散机制研究 [J]. 知识产权，2009（19）：74.

建立多方参与的风险分担机制，可由专门机构主导各主体签订风险分担协议，担保机构对贷款企业提供信用担保，企业将出质知识产权再反担保给担保机构，担保机构承担相应的担保风险；律师事务所负责对知识产权的有效期、权利的归属性、稳定性等法律状态进行调查，并承担相应的法律风险；资产评估机构综合法律审查意见、市场环境、知识产权的潜力价值等因素对知识产权的价值进行合理评估，并承担相应的评估分险；专门机构承担知识产权交易服务，以国家财政专项拨款基金，承担交易没有实现而引发的交易风险；银行设定贷款授予条件，加强对企业经营状况、信用程度的审查监管，承担一定比例的信贷风险。此外，可借鉴美国模式中金融机构的做法，要求企业在知识产权质押期间将运用知识产权所获得所有收益，先转给银行，强化对出质知识产权的控制，并且前期收益对质押贷款也可起到担保作用。在这种风险分担机制中，基于风险与利益相对称的原则，各主体都将承担一定比例的风险，避免了在现有模式中几乎将全部风险置于一方主体上，[1] 因风险与利益不对称，而限制知识产权质押发展的情形。

---

[1] 北京模式中担保公司采用全额连带责任担保方式，承担大部分风险，对企业收取1.5%—3%的担保费；上海模式中浦东生产力促进中心对知识产权质押融资的担保比例为95%—99%，上海银行名义上则仅承担1%—5%的担保缺口，政府只收取1.5%的担保费用。

第二十二章　中小企业知识产权保护问题及对策建议[*]

董　莎[**]

摘　要：中小企业知识产权保护问题存在多方面因素，提高中小企业知识产权自我保护意识和能力，建立灵活多样的维权援助机制，加大对侵权行为的惩戒，完善社会服务体系，对于切实发挥知识产权对经济社会发展的支撑保障作用，增强创新驱动发展新动力具有重要意义。

关键词：企业　知识产权　保护　维权

中小企业是推动创新驱动发展的生力军。据统计，我国65%的专利、75%以上的技术创新、80%以上的新产品开发都是由中小企业完成的。浙江省科技统计数据采集与监测平台显示，截至2014年年底，浙江省科技型中小企业已达15 398家。增强中小企业知识产权保护能力，对于切实发挥知识产权对经济社会发展的支撑保障作用、增强创新驱动发展新动力具有重要意义。

一、中小企业知识产权保护问题及原因

（一）企业自身因素

第一，缺乏知识产权保护意识，保护机制不健全。目前，许多中小企业虽然

---

[*] 本文受国家科技部火炬计划重大项目"宁波研发园两轮驱动复合型科技服务网建设"子项目"知识产权服务基地建设"（项目编号：2012GH721204）和浙江省科技厅重点软科学项目"浙江省创新驱动发展与知识产权保护支撑研究"（课题编号：2014C25028）资助，为项目研究阶段性成果。

[**] 董莎，宁波市科技信息研究院、中国（宁波）知识产权维权援助中心知识产权综合服务中心主任。

研发了新产品和技术，但保护意识的缺乏导致企业没有及时创立自己的品牌，让他人抢先申请了专利和注册商标。同时，对于知识产权受到侵犯，比如技术人员流失后带走公司的技术秘密，被竞争对手获得，但由于自身制度不到位，很难对这些员工或竞争企业提起诉讼。调研数据显示，国内 30% 的中小企业（或专利权人）遭遇过侵权纠纷，其中仅有 10% 采取维权措施。

第二，缺乏知识产权专业人才。专业人才的缺乏尤其体现在涉外维权中，以美国的 337 调查为例，在某阶段涉及我国出口产品的 40 多起 337 调查中，未应诉案件约占全部案件的 1/3。一些 337 调查案的原告方甚至刻意选择不愿应诉的小企业作为列名被告，以侵犯其核心知识产权为由，向 ITC（International Trade Center）寻求普遍排除令的保护，从而直接打击我国整个行业利益。

（二）外在环境因素

1. 缺乏健全的知识产权法律体系

目前我国对于知识产权保护工作的政策法规还并不完善，没有详尽的知识产权保护条例、专利申请审查制度、职务发明创造申报与审查制度、商业秘密保护制度、研究开发项目登记与定期审查制度等，使得中小企业知识产权的保护工作难以规范。

2. 企业维权难，表现为程序烦琐、取证难度大、维权成本高

（1）专利维权程序烦琐。我国法律规定，当专利权人提起侵权诉讼时，一旦被告方向国家知识产权局专利复审委员会提出专利无效之诉，法院就会停止侵权诉讼的审理，先由专利复审委员会审核专利有效性，再审理侵权诉讼。这样的审判程序造成案件审理时间过长，甚至可能出现企业赢了官司却被"拖死"的情况。

（2）取证难度大。在专利侵权诉讼中，关于违法所得等相关证据由侵权行为人持有，权利人难以获取；尤其在涉及制作工艺、中间产品的专利侵权诉讼中，权利人无法直接获取侵权行为相关证据，只能通过派人进入侵权行为人生产场地内部等方式获取证据；各地法院证据保全措施适用标准不统一；电子商务领域专利侵权日益增多，电子证据时效性强、易篡改，取证尤其困难。

（3）维权成本高。一是时间成本高，专利诉讼耗时长于一般的诉讼，有时会造成维权成功的同时，专利也失效或者没有市场价值的局面；二是费用成本高，

企业维权要花费公证费、取证费用和律师费等，所获得赔偿往往低于诉讼支出。

3. 对于侵权行为惩戒力度小，一定程度上纵容了侵权行为的发生率

以专利案件为例，在实际案例中，专利侵权案一般的赔偿金额都是在国家规定的范围之中，并由法院决定具体数额，可是实际上赔偿的数额都很小，原告损失的利益并没有得到合理的补偿。

4. 专利行政执法保护力度不够

针对专利侵权缺乏判赔权，无法及时、有效地制止侵权行为，保障专利权人合法权益；针对群体侵权、反复侵权和链条式侵权制裁力度不够，缺乏必要的主动查处权。

5. 中小企业知识产权管理与保护的社会服务体系有待完善

中小企业规模小，对外部环境和服务体系的依赖性较大。缺乏完善的信息、中介、硬件等服务支持系统，不利于中小企业的技术创新及其价值的实现和提升。

二、对策建议

1. 提高中小企业知识产权自我保护意识和能力

中小企业要树立知识产权开发和保护意识，根据实际情况建立知识产权专门机构，培训专业的人才。建立一套与政府、行业协会、中介组织相协调，成熟有效的纠纷风险评估和处理机制，从而确保在面临知识产权纠纷的积极应对。

2. 不断完善国家政策法律、法规制度

一方面，加快专利法及相关法规规章的修改进程；制定知识产权保护条例、商业秘密保护等一系列政策法规；完善反不正当竞争法，允许权利人之外的市场主体起诉知识产权侵权人，增大侵权人的被诉风险和压力。另一方面，扶持具有较强研发能力的中小企业技术创新中心，扶持具有核心技术但缺乏资金和人才的创新型初创企业，使其在知识产权的争夺战中获取有利的优势。

3. 简化审批程序，建立灵活多样的维权援助机制

宏观层面来看，政府应根据现状和特征进行制度创新，简化审判程序，缩短审理时间，降低专利权人举证责任，提高办案效率。同时，在目前司法审判或行

政救济方式基础上，充分发挥维权中心、行业协会等社会力量，建立区域性、行业性知识产权保护自律机制，开展知识产权维权服务和纠纷调解工作。

4. 加大对侵权行为的惩戒，健全知识产权侵权查处机制

一方面，加大专利侵权损害赔偿力度，明确侵权方承担维权的直接和间接成本，尤其是加大对群体侵权、反复侵权行为的惩戒，并将侵权行为信息纳入社会信用记录。另一方面，适度加强专利行政执法权限，赋予县级管理专利工作的部门执法权，提高专利侵权案件处理效率和处理质量；同时，提高打击专利侵权行为的主动性和预见性，坚持打击与防范相结合、专项整治相结合，扩大部门联合执法和跨地区联合执法的范围，做好专利纠纷调处工作，加强知识产权行政保护和司法保护的力度。

5. 完善中小企业知识产权社会服务体系

一方面，适时启动区域内企业重点产品（或技术）专利预警工作，帮助企业规避风险；采集并公布区域主要出口产品在国际市场可能涉及的知识产权要求，定期发布专利预警。另一方面，提升中介机构服务水平，制定服务规范，优化服务环境。

第五编

知识产权损害赔偿制度研究

第二十三章　论比例原则下的知识产权法定赔偿制度

吕甲木*

摘　要：比例原则作为公法领域的帝王原则，要求行为必须遵循妥当性、必要性和狭义比例性（均衡性）原则。法定赔偿目的的比例性体现在以保护知识产权为目的；法定赔偿手段的比例性体现在法定赔偿不能随意选择，且赔偿是有范围的；具体法定赔偿数额的比例性体现在适用法定赔偿时应该结合知识产权的类型、性质、市场价值根据我国20多年知识产权司法审判的经验法则，通过大数据分析的手段，对比案例库中相类似案件的法定赔偿金额以确定基准数额，再结合侵权行为人的主观目的和过错程度、侵权行为的手段和情节、侵权行为的持续时间、侵权产品的价格等因素予以确定具体的赔偿金额，以使具体的赔偿金额与知识产权创新的贡献度、侵权行为的程度等因果关系比例和过错比例相匹配。

关键词：知识产权　法定赔偿　比例原则

---

* 吕甲木，浙江海泰律师事务所合伙人、知识产权部主任，兼任最高人民法院知识产权案例指导研究（北京）基地专家咨询委员会专家、宁波市律师协会知识产权委员会主任、宁波市法学会知识产权法学研究会副会长、中华全国律师协会知识产权专业委员会委员、宁波知识产权纠纷人民调解委员会调解员。曾获"浙江省知识产权宣讲活动先进个人""宁波市十佳律师"等荣誉。承办的案件多次入选全国法院50大知识产权典型案例，以及浙江法院、宁波法院十大知识产权保护案件。撰写的论文曾分别被评为2011年、2013年、2015年、2016年全国知识产权律师年会十佳论文。本文获中华全国律师协会知识产权专业委员会2016年年会十佳论文。

引　言

我国知识产权司法保护制度在社会公众中的印象就是"取证难、周期长、赔偿低"。2014年6月全国人大常委会专利执法检查报告指出，对"专利权人合法权益的保护还不够有力，需要进一步加强知识产权行政保护和司法保护的力度"，"目前，侵犯知识产权、制假售假的违法行为在某些地方和领域还很严重，专利侵权、冒充专利和假冒他人专利的行为屡屡发生，专利权人的合法权益得不到有效保护，普遍反映打官司费时费力、'维权成本高，侵权成本低'、有的'法律上赢了，经济上输了'"。❶ 全国人大常委会的报告虽然针对的是专利执法领域，但亦大致可以反映出目前对知识产权司法保护力度的整体评价。❷《国务院关于新形势下加快知识产权强国建设的若干意见》要求"提高知识产权侵权法定赔偿上限，针对情节严重的恶意侵权行为实施惩罚性赔偿并由侵权人承担实际发生的合理开支"。法定赔偿作为我国当下法院审理知识产权侵权纠纷案件中确定损害赔偿数额的一种最普遍的方式，有关赔偿数额的过低的评价其实来自于对法定赔偿的体验。法定赔偿的确立，在很大程度上减轻了知识产权权利人在主张赔偿数额方面的举证责任，有利于更多的权利人选择知识产权司法保护的途径来维护其权利，极大地促进了我国知识产权保护进程。然而，立法上的法定赔偿制度存在极大的自由裁量空间。司法中如果没有利用好法定赔偿制度，则权利人、社会公众、侵权人对此均有看法。2015年4月23日，最高人民法院知识产权庭庭长宋晓明在《人民法院报》撰文指出：更加深入贯彻知识产权保护的比例原则，基于知识产权保护激励创新的目的，知识产权的保护范围和强度要与特定知识产权的创新和贡献程度相适应。只有使保护范围强度与创新贡献相适应、相匹配，才能真正激励创新、鼓励创造。如果二者不相匹配，要么会因保护过度形成对后续创新的妨碍，要么

---

❶ 全国人大常委会副委员长陈竺在2014年6月23日在第十二届全国人民代表大会常务委员会第九次会议上所作《全国人民代表大会常务委员会执法检查组关于检查〈中华人民共和国专利法〉实施情况的报告》[EB/OL]. [2016-09-16]. http://www.npc.gov.cn/npc/xinwen/2014-06/23/content_1867906.htm.
❷ 宋健. 知识产权损害赔偿问题探讨——以实证分析为视角[J]. 知识产权，2016 (5)：10.

会因保护不足形成对创新活力的抑制。两种情况均会造成社会创新无法达到最佳水平。❶ 知识产权法定赔偿制度作为知识产权保护的最重要的环节，更要体现比例原则，使赔偿金额与知识产权的创新程度、侵权行为的侵权程度相适应，相匹配。

一、比例原则的一般理论

一般认为，比例原则是宪法、行政法等公法领域中评价公权力运用正当性的重要原则，是衡量基本权利冲突的方法。比例原则如同诚实信用原则在民法中的地位一样，被称为公法领域的帝王原则。比例原则作为一项法律原则，起源于19世纪德国的警察法学，认为警察权力的行使以必要为前提。德国行政法学者奥托·迈尔在1895年出版的《德国行政法》中，主张"警察权力不可违反比例原则"。第二次世界大战以后，比例原则上升为德国的宪法原则。德国联邦宪法法院认为比例原则是渊源于法治国家理念及基本人权的本质的最基本法律原则。每个人权的本质都可包含这个内在的原则，是一个法秩序的最根本原则，是法治国家原则由自身产生的最高规范。❷ 其实，比例原则是一个很广泛的笼统概念，它包含若干子原则。对于子原则，理论界主要有三分法和二分法之说。三分法认为比例原则包括妥当性原则、必要性原则以及狭义的比例原则，或称均衡原则。妥当性原则系指一个法律（或公权力措施）的手段可达到目的之谓也。必要性原则是指在前妥当性原则已获肯定之后，在所有能够达成立法目的之方式中，必须选择予人民之权利最少侵害的方法，也可称为尽可能最小侵害之原则。其渊源于德国著名行政法学者弗莱纳在《德国行政法体系》一书中的一句名言："警察不可用大炮打麻雀"，表明了严厉的手段唯有成为最后手段时，方可行之。均衡原则或是狭义比例性原则，是谓一个措施虽然是达成目的所必要的，但是，不可以予人民过度之负担。所谓过度负担是指法律（或公权力措施）所追求的目的和所使用的方法，在造成人民权利损失方面，是不成比例的。质言之，本原则所强调的方法，是一种利益衡量之方式，衡量目的与人民权利损失两者有无成比例（理智的比例，

---

❶ 宋晓明. 新形势下我国的知识产权司法政策 [N]. 人民法院报，2015-04-23（5）.
❷ 陈新民. 德国公法学基础理论（下册）[M]. 济南：山东人民出版社，1995：375-376.

彼此相平衡也)。二分法理论认为比例原则只有两个构成原则,即必要性原则及比例性原则。必要性原则是在诸多可能手段(适合达成目的手段)中,仅能选择造成最小侵害的手段;比例性原则和三分法中的均衡原则相同。❶ 实际上,二分法与三分法并不存在本质区别,因为二分法实际上是将三分法中的妥当性原则吸收了。为了不引起混淆,本文论及的比例原则均指广义比例原则。

二、知识产权法中的比例原则

(一) 世界贸易组织知识产权规范体系内的比例原则

TRIPS 第 46 条提到"比例性需要",其规定为了有效制止侵权,司法机关有权在不给予任何补偿的情况下,将已被发现侵权的货物及主要用于制造侵权货物的材料和工具清除出商业渠道,或将货物销毁。司法机关在考虑此类请求时,应考虑侵权的严重程度与给予的救济以及第三方利益之间的均衡性。由于 TRIPS 中有关强制许可的条件过于严格,实际上剥夺了发展中国家及不发达国家获得强制许可的可能。在艾滋病泛滥及国际舆论的强大压力下,2001 年年底多哈 WTO 第四届部长会议上达成了《关于 TRIPS 协议与公共健康的多哈宣言》(以下简称《多哈健康宣言》)。经部长会议授权,WTO 理事会在综合考察各种方案、协调各方利益的基础上,于 2003 年 8 月 30 日就《多哈健康宣言》第六段的执行情况作出最终决议(WT/L/540),使那些正在遭受健康危机而本国无"救命药"生产能力或能力不足的发展中国家可以通过实施强制许可以及平行进口等方式获得廉价药品供给。这实际上也体现了比例原则对 WTO 法发展的指导功能。❷

(二) 我国知识产权规范体系内的比例原则

比例原则作为与利益衡量具有一定相同旨趣的法律原则,在我国的知识产权规范体系中也有体现。《专利法》第 65 条第 2 款规定:"权利人的损失、侵权人获得的利益和专利许可使用费均难以确定的,人民法院可以根据专利权的类型、侵

---

❶ 陈新民. 德国公法学基础理论(下册)[M]. 济南:山东人民出版社,1995:369.
❷ 韩秀丽. 寻找 WTO 法中的比例原则[J]. 现代法学,2005 (4):181.

权行为的性质和情节等因素，确定给予一万元以上一百万元以下的赔偿。"《最高人民法院关于审理侵犯专利权纠纷案件应用法律若干问题的解释》第16条规定："人民法院依据《专利法》第65条第1款的规定确定侵权人因侵权所获得的利益，应当限于侵权人因侵犯专利权行为所获得的利益；因其他权利所产生的利益，应当合理扣除。侵犯发明、实用新型专利权的产品系另一产品的零部件的，人民法院应当根据该零部件本身的价值及其在实现成品利润中的作用等因素合理确定赔偿数额。侵犯外观设计专利权的产品为包装物的，人民法院应当按照包装物本身的价值及其在实现被包装产品利润中的作用等因素合理确定赔偿数额。"《最高人民法院关于审理侵犯专利权纠纷案件应用法律若干问题的解释（二）》第26条规定："被告构成对专利权的侵犯，权利人请求判令其停止侵权行为的，人民法院应予支持，但基于国家利益、公共利益的考量，人民法院可以不判令被告停止被诉行为，而判令其支付相应的合理费用。"《商标法》第64条规定："注册商标专用权人请求赔偿，被控侵权人以注册商标专用权人未使用注册商标提出抗辩的，人民法院可以要求注册商标专用权人提供此前3年内实际使用该注册商标的证据。注册商标专用权人不能证明此前3年内实际使用过该注册商标，也不能证明因侵权行为受到其他损失的，被控侵权人不承担赔偿责任。"《最高人民法院关于审理商标民事纠纷案件适用法律若干问题的解释》第16条第2款规定："人民法院在确定赔偿数额时，应当考虑侵权行为的性质、期间、后果，商标的声誉，商标使用许可费的数额，商标使用许可的种类、时间、范围及制止侵权行为的合理开支等因素综合确定。"《最高人民法院关于审理著作权民事纠纷案件适用法律若干问题的解释》第20条第1款规定："出版物侵犯他人著作权的，出版者应当根据其过错、侵权程度及损害后果等承担民事赔偿责任。"该司法解释第25条第2款规定："人民法院在确定赔偿数额时，应当考虑作品类型、合理使用费、侵权行为性质、后果等情节综合确定。"上述专利、商标、著作权法以及司法解释的规定体现了国家利益、公共利益与权利人利益的衡量，侵权赔偿数额与侵权行为的侵权程度相适应的比例原则。

（三）比例原则在知识产权司法实践中的应用

最高人民法院知识产权庭宋晓明庭长认为在知识产权保护贯彻比例原则，对专利权而言，要求根据专利权等科技成果类知识产权的创新程度，合理确定保护范围和保护强度，实现科技成果类知识产权保护范围和强度与其创新高度以及贡献程度相适应。在著作权领域，要根据不同作品类型的特点和我国产业发展需求，合理确定独创性尺度，努力实现作品保护范围和强度与其独创性范围和尺度相适应。在商业标识领域，要妥善运用商标近似、商品类似、混淆、不正当手段等弹性因素，使商标权保护的强度与商标的显著性、知名度等相适应。还应注意根据侵权人的性质、作用和主观恶性程度，区分不同情况，恰如其分地给予保护和确定赔偿。❶

最高人民法院在"卡斯特葡萄酒"案中认为，赔偿数额应当与侵权行为之间具有直接的因果关系，综合该案事实并考虑商标权人使用商标的情况、双方当事人就诉争商标的措施情况、侵权行为的性质、期间、后果等因素，根据《商标法》第56条及《最高人民法院关于审理商标民事纠纷案件适用法律若干问题的解释》第16条的规定，酌情确定该案赔偿数额为50万元，一、二审法院以进口货值成本与案外人利润比值之积确定该案的赔偿数额显属不当。❷ 广东省高级人民法院在"新百伦"案中认为，在计算侵害商标专用权赔偿数额时，应当注重侵权人的产品利润总额与侵权行为之间的直接因果关系。消费者购买新百伦公司商品更多地考虑"N""NB""NEWBALANCE"商标较高的声誉及其所蕴含的良好的商品质量，新百伦公司的经营获利并非全部来源于侵害周乐伦"百伦""新百伦"的商标，周乐伦无权对新百伦公司因其自身商标商誉或者其商品固有的价值而获取的利润进行索赔，周乐伦主张以新百伦公司被诉侵权期间的全部产品利润作为计算损害赔偿数额的依据，理由不成立。最后考虑全案证据，在法定最高限额以上酌定赔偿500万元。❸ 因此，最高人民法院在"卡斯特葡萄酒"案中根据比例原则，认为赔偿数额应该与侵权行为具有直接因果关系，最后适用法定赔偿判赔50万元。广东省高级人民法院在"新百伦"案中也认为侵权产品的利润应该与侵权行为具有直接因果关系，运用比例原则酌定赔偿500万元。

---

❶ 宋晓明. 新形势下我国的知识产权司法政策［J］. 知识产权，2015（5）：5.

❷ 参见：最高人民法院（2014）民提字第25号民事判决书。

❸ 参见：广东省高级人民法院（2015）粤高法民三终字第444号民事判决书。

三、法定赔偿中的比例原则

(一) 法定赔偿制度目的的比例性

比例性原则中的妥当性原则要求法律或行为手段以实现目的为限，不得超越目的而为之。知识产权损害赔偿制度的基本目的在于保护知识产权，鼓励发明创造，推动发明创造的应用，提供创新能力，维护商标信誉，保护消费者、经营者的合法权益，促进科学技术、文学艺术的发展和繁荣，弥补权利人因侵权行为遭受的损失。因此，权利人的损失处于知识产权损害赔偿计算方法中的第一顺位。但是，由于知识产权的无形性特点，权利人的损失受到各种因素的影响，难以计算。法律又以侵权人的利润作为第二顺位的损害赔偿计算方法。但侵权人利润剥夺的实质还是权利人损失的变通，其理论基础在于权利人市场机会的丧失，亦即假使侵权产品未进入市场，则侵权产品的市场应该属于权利人，故侵权利润也应属于权利人。而知识产权的许可费其实也是一种权利人的损失。因为正常情况下，他人要进入市场，就要获得权利人的许可，就要支付许可费。侵权人在未向权利人支付许可费的情形下，进入市场，导致权利人应该可以获得的许可费的损失。而在权利人所受的损失或侵权人的获利难以计算、许可费又无法查清的情形下，为了加强知识产权保护，减轻权利人的举证责任，通过对权利人的利益与社会公众的利益进行衡量，法律预先确定了一个最高限额，然后法院再根据具体知识产权的价值和侵权行为的程度在最高限额内确定具体的赔偿数额。这就是知识产权法定赔偿制度的目的。因此，法定赔偿制度是对全面赔偿原则的补充，是以保护知识产权，实现平衡权利人与社会公众及侵权人的利益，鼓励发明创造，促进科学技术和文化艺术的发展的目的为限。

(二) 选择法定赔偿手段的比例性

比例性原则中的必要性原则要求在所有能够达成立法目的之方式中，必须选择予人民之权利最少侵害的方法，也可称为尽可能最小侵害之原则。知识产权侵权损害赔偿制度属于民事侵权的范畴，其首要的功能也是补偿功能，以填补权利人的实际损失为目的。法定赔偿制度是对全面赔偿原则的补充，对客观上存在实际损失或侵权人具有侵权获利，但当事人因为举证困难而难以确定的案件中，法定赔偿就具有补偿功能。除此之外，法定赔偿尚有预防、惩罚、威慑的功能。专利法规定的法定赔偿最高上限达 100 万元，司法实践中也有适用法定赔偿判决较高金额的案件。这种高额赔偿的可能性，对于社会公众或潜在侵权者来说，使他们产生要尊重知识产权，不实施知识产权侵权行为的心理，因此具有预防和威慑的功能。司法实践中，于同类知识产权侵权案件中，对于多次侵权、恶意侵权的侵权人相对于初次侵权、过失侵权的判决承担高额的法定赔偿金，对侵权人具有惩罚的功能，同时具有威慑性，使侵权人彻底停止侵权。因此，法定赔偿具有补偿、预防、惩罚、威慑的功能。知识产权法预先规定法定赔偿金的幅度范围，使法定赔偿制度产生平衡知识产权权利人与社会公众的利益的功能，对权利人来说是一种激励，如有侵权就有赔偿，以保护知识产权，但不能滥用权利，不能在权利人的损失、侵权人的获利能够查清的情况下，径行以法定赔偿作为赔偿方式；此外，在法定赔偿中，赔偿也是有范围的，不能一概以最高限额或最低限额判赔。对社会公众来说，要尊重他人的知识产权，如果侵权，不管是否给权利人造成损失，不管有否侵权获利，都要赔偿，但赔偿不是象征性的，也不是天文数字，是以实现知识产权损害赔偿的目的为限。

（三）确定具体法定赔偿数额的比例性

狭义比例原则（均衡性原则）是指实现目标所采用的手段所造成的损害与社会获得的利益之间应当均衡，手段不得与所追求目的不成比例。在具体的个案中，法官在适用法定赔偿金时，应考虑知识产权的类型和性质、市场价值、侵权行为人的主观过错程度、侵权行为的手段和情节、侵权行为的持续时间、侵权产品的价值等因素。考虑这些因素的过程是法官通过心证行使自由裁量权的过程。其实质就是一种价值判断、利益衡量的过程，以平衡当事人之间的利益和权利人与社会公众之间的利益。法官综合这些因素得出的法定赔偿金具有平衡当事人之间的利益和权利人与社会公众之间的利益的功能，以使具体的赔偿金额与知识产权创新的贡献度、侵权行为的程度等因果关系比例和过错比例相匹配。

四、比例原则下的知识产权法定赔偿细则

知识产权法定赔偿制度的比例性目的在于保护知识产权,使当事人之间、当事人与社会公众之间的利益达到平衡。为了使法定赔偿制度在司法实践中具有可操作性,在行使自由裁量权时有可以遵循的依据,尽量使法定赔偿的适用能够体现比例性原则,达到利益平衡的目的,真正做到案结事了,不致产生新的矛盾和利益冲突现象,应该根据比例性原则制定知识产权法定赔偿适用细则。

(一) 法定赔偿的适用范围

知识产权损害赔偿的基本原则必须坚持全面赔偿的原则,赔偿具有补偿性,是填平受害人的损失。因法定赔偿是法官行使自由裁量权的结果,无论做到如何完美,也不可避免地具有主观因素。所以,法定赔偿只能作为全面赔偿原则的补充,只能在特定的知识产权损害赔偿案件中适用。因此,法定赔偿的适用不能免除当事人就权利人的损失或者侵权人的获利进行合理举证的义务。只有在权利人的损失或者侵权人的获利无法查清的情况下才可适用法定赔偿。但对于侵权的性质或事实决定不能举证证明权利人损失或侵权人获利的案件,可以适用法定赔偿。

(二) 限制当事人对法定赔偿的选择权

虽然我国法律对知识产权损害赔偿的计算标准规定了顺位。但司法实践中,许多原告不愿意就自己的损失或被告的获利进行举证,法院也不愿意对原告提供的自己损失的证据或者被告获利的证据,以及被告提供的获利的证据进行审核,而直接适用法定赔偿。当然也有人认为应赋予当事人对不同的赔偿方法进行自由选择的权利,当事人对法定赔偿的选择适用不应受到任何限制。这样既符合知识产权民事诉讼的本旨,又有利于减少诉讼成本,提高审判效率。[1] 法定赔偿制度作为全面赔偿原则的一种补充,它的功能不完全是弥补损失,而是利益平衡,因此

---

[1] 王诺. 知识产权法定赔偿相关法律问题探析 [M] //蒋志培. 专利商标新颖疑难案件审判实务. 北京:法律出版社,2007:339.

应该限制当事人对法定赔偿的选择权。如果原告起诉时，诉讼请求为请求法院适用法定赔偿方式判令被告支付一定金额的赔偿金时，法官首先应该向当事人行使释明权，告知当事人就原告的损失或被告的获利进行举证。如果当事人提供的证据能够证明原告的损失或者被告的获利，那么告知原告变更诉讼请求，依据证据证明的数额进行裁判。如果原告不同意变更，可让其承担败诉的风险。如果当事人客观上无法举证或者提供的证据难以确定原告的损失或者被告的获利，则适用法定赔偿进行裁判。如果当事人在起诉时，主张以实际损失或被告获利作为赔偿依据，而经过庭审查明当事人提供的证据不足以证明原告的损失或被告的获利，则允许原告在辩论终结前提出适用法定赔偿的请求。如果原告不提出法定赔偿请求，法院可以依职权适用法定赔偿。

（三）法定赔偿应根据知识产权的类型、性质、市场价值确定基准数额

知识产权的类型根据知识产权的客体可以分为著作权、商标、专利、商业秘密等。这些知识产权类型根据各自的内容还可以细分；如著作权有文字作品、戏剧作品、音乐作品、曲艺作品、舞蹈作品、美术作品、摄影作品、影视作品等；商标可以分为世界驰名商标、国内驰名商标、省级著名商标、地市级知名商标、普通商标等；专利可以分为重大发明专利（具有科技开创性的或者商业应用范围较广、商业价值较高的发明专利）、普通发明专利、实用新型专利、外观设计专利。在通常情况下，知识产权的类型、性质是决定侵权行为所造成的权利人的损失大小或者侵权人获利多少的关键因素，也是知识产权市场价值评估的重要依据。知识产权保护要与知识产权的创新贡献程度相适应。专利的价值是通过专利在市场上的转化和应用得以体现，而商标的价值在于商标通过使用取得的知名度和较强的显著性，提升商品的美誉度得以体现。因此，权利人对自己的专利、商标在市场上的使用状况以及该产品的价格是决定知识产权价值的重要因素。此外，知识产权的市场价值还体现在侵权人的侵权行为中。其他人之所以会侵犯某项知识产权，正好说明该知识产权有市场价值，具有值得他人仿冒的价值。所以，在法定赔偿中首先应该根据知识产权的类型、性质、市场价值，根据我国20多年知识产权司法审判的经验法则，通过大数据分析的手段，对比以往案例中相应案件的法定赔偿金额，制定法定赔偿的细则。

1. 专利侵权

由于 2009 年 10 月 1 日施行的修正后的专利法规定法定赔偿的幅度是 1 万元至 100 万元，因此专利权的基准数额也得提高。（1）侵犯具有开拓性、原创性的重大发明专利的，赔偿 50 万元；（2）侵犯普通发明专利的，赔偿 30 万元；（3）侵犯实用新型专利的，赔偿 20 万元；（4）侵犯外观设计专利的，赔偿 15 万元。如果权利人不能证明该专利已经投入实际使用的，则基准数额按上述标准的 0.5 倍计算。如果每件专利产品（如果专利仅系零部件的，指该零部件的价格）的价格在 1 000 元以下的，则对基准数额不足调整，在 1 000 元至 1 万元的，则在上述金额的 1.5 倍以内确定基准数额。如果单件专利产品的价值在 1 万元以上的，则基本可以用权利人的损失或侵权人的获利进行赔偿，而不必再适用法定赔偿，不对基准数额进行调整。

2. 商标侵权

（1）侵犯世界驰名商标的，赔偿 40 万元；（2）侵犯境内驰名商标的，赔偿 30 万元；（3）侵犯省级著名商标的，赔偿 20 万元；（4）侵犯地市级知名商标的，赔偿 15 万元；（5）侵犯普通注册商标的，赔偿 10 万元。如果权利人不能证明该商标在中国大陆境内进行持续性商业使用的，则基准数额按上述标准的 0.1 倍确定；如无法证明 3 年内实际使用的，则不予赔偿。如果每件商品的价格在 1 000 元以下的，则对基准数额不足调整，在 1 000 元至 1 万元的，则在上述金额的 1.5 倍以内确定基准数额。如果单件商品的价值在 1 万元以上的，则基本可以用权利人的损失或侵权人的获利进行赔偿，而不必再适用法定赔偿，不对基准数额进行调整。

3. 著作权侵权

（1）侵犯商业应用范围较广或者商业价值较高的计算机软件、数据库的，赔偿 30 万元，侵犯普通计算机软件、数据库的赔偿 15 万元；（2）侵犯电影作品的以及以类似摄制电影的方法创作的作品、录音录像制品的，如果是知名或畅销的作品、制品的，每部电影赔偿 30 万元，每集电视赔偿 1 万元，每首歌曲赔偿 1 000 元；如果是普通的作品、制品的，每部电影赔偿 10 万元，每集电视赔偿 5 000 元，每首歌曲赔偿 500 元；（3）侵犯知名或者畅销文学作品的，赔偿 10 万—30 万元，侵犯普通文字作品的，按国家版权局公布的稿酬标准计算；(4) 侵犯具有较强文学艺术价值的口述作品、音乐作品、戏剧作品、曲艺作品、舞蹈作品、杂技艺术作品、美术作品、摄影作品、建筑作品、图形作品、模型作品的，赔偿 5 万—10 万元；如果艺术性较弱、工业性或实用性较强的，则基准数额在 1 万元以内确定，纯粹工业性实用性的美术作品、摄影作品、建筑作品、图形作品、模型作品，按 100 元/幅计算。

（四）根据侵权人的主观目的和过错程度确定法定赔偿数额的系数

在大陆法系国家，由于民事赔偿贯彻全面赔偿原则，赔偿数额与损失额有关，与主观过错程度无关。但英美法系国家由于引入了惩罚性赔偿制度，对于部分恶意侵权采用惩罚性赔偿。我国消费者权益保护法、食品安全法对于经营者欺诈消费者的行为，以及最高人民法院对于商品房买卖中开发商的欺诈行为，也引入了惩罚性赔偿制度。法定赔偿具有惩罚的功能，因此对于恶意的侵犯知识产权行为进行惩罚，以起到利益平衡的功能。至于主观上是否以营利为目的，甚至成为能否阻却侵权的事由。因为著作权法和专利法都规定特定情况下未经权利人许可而非营利性使用知识产权属于合理使用，不构成侵权。一般而言，只有侵权人以营利为目的实施侵权行为，才会对权利人造成损失，才会对侵权人带来获利；如果不以营利为目的，那么侵权人自身没有获利，于此情形下，只有侵权人基于恶意的损人不利己的主观意图，才会给权利人造成损失，如系善意，则应减轻赔偿责任。因此，对于因故意或重大过失侵权的，无须考虑是否以营利为目的，对于一般过失、轻过失、轻微过失的侵权行为，则应考虑是否以营利为目的。

(1) 屡次故意侵权，以侵权为业的。如侵权行为被行政机关处理过或者已被生效裁判文书确定侵权后仍继续故意侵权的，第 2 次侵权可以在基准数额的 2 倍以内进行赔偿；以后每增加 1 次侵权行为，以侵权行为的次数作为倍数。如第 3 次侵权，则基准数额乘以 3，以此类推。

(2) 故意侵权的，即没有证据证明属于屡次侵权的，但是在明知他人享有知识产权的情况下，仍旧实施侵权行为的，可以在基准数额的 1.5 倍以内进行赔偿。

(3) 重大过失侵权的，一般不对基准数额进行调整。

(4) 以营利为目的，因一般过失或者轻过失而侵权的，可以在基准数额的

0.5—1倍以内进行赔偿。

(5) 以营利为目的，对于尽到合理审查义务，因轻微过失而侵权的，如贴牌加工的情况下，侵权人对于商标进行了合理的审查，没有发现国内在相同或者类似的商品上有相同的商标存在，但因是否近似而无法判断而从事侵权行为的，可以在基准数额的0.1—0.5倍以内进行赔偿，但专利侵权赔偿数额应大于等于1万元。

(6) 不以营利为目的，而实施侵权行为的，如科研机构、慈善机构为了自己科研、慈善目的实施了少量侵权行为的，可以在基准数额的0.1倍以内赔偿，但专利侵权赔偿数额应大于等于1万元。

(五) 根据侵权行为的手段、情节确定法定赔偿数额的系数

侵权行为的手段与情节，是指侵权行为人实施侵权行为的方法、手段以及实施侵权行为的规模、程度。侵权行为的手段、情节不同，则侵权行为人在实施侵权行为的过程中扮演的角色和所起的作用不同，其实施的侵权行为产生的损害后果和社会影响也不同。(1) 大规模制造者、复制者应当在基准数额结合主观过错的系数的基础上增加不超过50%的赔偿额；(2) 其他制造者、复制者、信息网络传播者、大规模销售商、网络经营者等，应当在基准数额结合主观过错的系数的基础上不作调整；(3) 其他销售者、发行者、出租者，其赔偿数额在基准数额结合主观过错的系数上减少不超过70%的赔偿额；(4) 许诺销售者、放映者、广播者、展览者及其他尚未投入市场、刚起步、小规模的侵权行为，应当在基准数额结合主观过错的系数的基础上减少不超过90%的赔偿额，但专利侵权赔偿数额应大于等于1万元。

(六) 根据侵权行为的持续时间确定法定赔偿的系数

侵权行为的持续时间一般可以反映侵权行为所造成的损害后果的严重程度。一般情况下，时间越长，造成权利人的损失或侵权人的获利越大，造成的社会影响也较大。反之，时间较短，造成的损失或获利就较小，社会影响也较小。(1) 侵权行为持续时间在2年以上的，应当在基准数额结合主观过错再结合侵权行为的情节、手段的系数的基础上增加不超过30%的赔偿额；(2) 侵权行为在1—2年的，应当

在基准数额结合主观过错再结合侵权行为的情节、手段的系数的基础上增加不超过 10% 的赔偿额；(3) 侵权行为在 6 个月到 1 年的，在基准数额结合主观过错再结合侵权行为的情节、手段的系数的基础上不做调整；(4) 侵权行为在 6 个月以内的，应当在基准数额结合主观过错再结合侵权行为的情节、手段的系数的基础上减少不超过 30% 的赔偿额，但专利侵权赔偿数额应大于等于 1 万元。

（七）根据侵权产品的价格确定法定赔偿的系数

侵权产品的价格某种意义上也是知识产权市场价值的体现，因为该侵权产品上凝结了他人的知识产权。此外，侵权产品的价格也是衡量侵权人获利的重要因素。如果每件侵权产品的价格在 1 000 元以下的，则对基准数额不足调整；在 1 000 元至 1 万元的，则在上述金额的 1.5 倍以内确定基准数额。如果单件侵权产品的价值在 1 万元以上的，则基本可以用权利人的损失或侵权人的获利进行赔偿，而不必再适用法定赔偿，不对基准数额进行调整。

结　语

比例原则与利益衡量在某种程度上具有共通之处，在当前经济形势下，应该严格坚持法定赔偿制度的比例性原则，考虑各种影响利益平衡的因素制定法定赔偿适用细则。只有在权利人的损失或侵权人的获利难以确定的情况下，结合知识产权的类型和性质、市场价值、侵权行为人的主观目的和过错程度、侵权行为的手段和情节、侵权行为的持续时间、侵权产品的价格等因素确定法定赔偿数额，以达到加强知识产权保护，平衡知识产权权利人与相关主体及社会公众间的利益之目的。

后　记

　　宁波市是全国5个计划单列市、15个副省级城市之一，经济发达，制造业和国际贸易并驾齐驱。改革开放之后，宁波凭借港口之便、开放之利，一跃成为长三角南翼经济中心和国家先进制造业基地，每年的商标申请量、注册核准量和专利申请量、授权量都排在全国前列。宁波市2016年的商标申请量35 295件，注册核准量21 401件；专利申请量和授权量分别为68 244件和40 792件，其中发明专利申请量和授权量分别为19 328件和5 669件；2016年仅宁波市中级人民法院新收知识产权民事案件1 248件，其中专利案件310件（宁波市下属的10个基层法院中，有6个基层法院具有商标、著作权等非技术类知识产权一审民事纠纷案件的管辖资格）。当然，一个地方的知识产权数量并不能完全反映该地方的知识产权质量以及发展与保护水平。但是，有一定数量的知识产权才是知识产权运用、保护、研究的基础。此外，知识产权的发展与保护水平与知识产权的运用活跃程度密切相关，而知识产权运用的活跃程度正系市场活跃程度的直接体现。浙江作为民营经济大省，其市场经济一直都比较活跃；宁波作为近代四大商邦之一"宁波帮"的发源地，商贸经济发达。目前的宁波舟山港作为世界上吞吐量最大的港口，2016年集装箱吞吐量位居全球第四位。因此，宁波的知识产权运用、保护、研究既有数量支撑，又有市场需求。2016年，宁波市中级人民法院、宁波市知识产权局在浙江省高级人民法院、浙江省知识产权局的指导下经市委市政府批准，联合宁波市市场监督管理局、宁波市版权局、宁波市司法局、宁波海关、宁波市律师协会、宁波大学法学院等组建了宁波市知识产权综合运用与保护第三方平台，成立了宁波市知识产权纠纷人民调解委员会。宁波市在知识产权运用、保护上取得的成绩得到了国家层面的肯定。2016年，全国首个"中国制造2025"试点示范城市花落宁波，同时宁波获批为国家知识产权纠纷调解试点城市和全国地方商标受理窗口。

　　宁波市在知识产权运用和保护上取得的成绩，离不开知识产权人才的智力支持，尤其是知识产权保护水平的高低更是知识产权司法、行政保护参与者水平的直接体现。而知识产权律师既是法律职业共同体的成员，又是知识产权职业共同体的一员，此外还是联系市场与行政管理、司法裁判的纽带。因此，宁波知识产权运用与保护的市场，对宁波知识产权律师而言，既是机遇又是挑战。机遇体现在宁波具有相当数量的知识产权申请量和知识产权案件量，市场需求巨大；挑战体现在宁波的知识产权法律服务市场面临着外地律师、代理人的竞争。据笔者了解，可喜的是，经过十多年的培育，宁波已经拥有了一大批知识产权律师，而且很多律师积极参与全球、全国的知识产权活动，也承办了大量知识产权典型案件。作为宁波市律师协会知识产权专业委员会的成果之一，宁波市律师协会等组织了部分宁波知识产权律师参与编写了本书。因此，本书的出版是对宁波知识产权律师学术研究水平和实务办案经验的一次总检阅。

本书在出版过程中，得到了浙江省高级人民法院知识产权庭负责人应向健法官和宁波市中级人民法院知识产权庭朱代红庭长的指导。同时，宁波市司法局、宁波市律师协会第七届、第八届理事会，第一届、第二届监事会以及宁波市科技信息研究院对本书的出版也给予了大力支持。中国社会科学院知识产权中心主任李明德教授、宁波大学法学院院长张炳生教授这两位学术大家慷慨应允为本书作序，更是我们宁波知识产权律师的莫大荣幸。此外，浙江海泰律师事务所的沈燕为本书前期的排版付出了很多精力。其他好友、同仁为本书的最终出版也提供了不少帮助，在此不再一一列举。最后，我仅代表本书编委会一并予以致谢。

本书撰稿分工如下：吕甲木，第一章、第七章、第八章、第十一章、第十二章、第十六章、第十七章、第十八章、第十九章、第二十三章；董莎，第二十二章；黄妙、常军帅，第六章；严宁荣，第十四章；杜晶、胡宋亲，第二十一章；俞则刚，第二章；胡维朗，第三章、第二十章；金华良，第四章；隆忠和，第五章；林飞君，第九章；卢柯权、骆俊峰，第十章；张民元，第十三章；袁芳，第十五章。

本书由主编统稿，最后由主编负责调整、修改、定稿。

吕甲木
2017 年 5 月